죽지 않아요, 죽지 않아요

김재영 법사 불교인생 60년~, 불사不死의 현장 Report!

죽지 않아요,
죽지 않아요

김재영 지음

운주사

부처님께서 주시는 불사不死의 수기授記

'험한 벌판길 함께 가는 길동무처럼
어려운 가운데서도 나누는 사람은
죽어가는 것들 가운데서도 죽지 않느니
이것은 영원한 진리(法)라네.'
－ 상윳따니까야 1, 4, 2「Macchari-sutta」 －

서사|序詞

합 송 ; 「보살의 원생서원願生誓願」

부처님 앞에 나아가
합장하고 간절하게 함께 외우며
굳센 불퇴전不退轉의 서원을 발한다.

(목탁/죽비~)

「이제 우리도 부처님같이
애쓰고 애쓰면서
참고 견디면서
싸워 이기면서
보살 원생願生 서원합니다.
보살 원생願生 서원합니다.
원력으로 살고
원력으로 돌아오기 서원합니다.

낡은 옷 훌훌 벗어버리고
빛나는 원왕願王 보살로 다시 돌아와
이 땅의 동포들과 함께 나누고 섬기면서
사바정토娑婆淨土의 길 걷고 걷기 서원합니다.

5

세세생생世世生生 보살도를 닦아지이다.
세세생생世世生生 보살도를 닦아지이다.

부처님~, 저희를 인도하소서.
이 어리석은 중생들 인도하소서.
불보살님~, 저희를 수호하소서.
이 허약한 중생들 수호하소서.
사랑하는 우리 가족들~, 제자들~, 친구 도반들~,
열심히 살아가는 이 땅의 동포들~,
수호하소서~, 수호하소서~.
나무 석가모니불 (삼념)」

1편 〔옥천玉川-마산 시절〕

졸졸콸콸 졸졸콸콸~,
내 몸속에 흐르는 도전-저항 의식

- 지금도 꼿꼿한 허리~, 불의 앞에 물러서지 않는다 -

내 몸속에 흐르는 고향 물소래*

-옥천玉川 물소래, 고향 물소래~, 내 생애를 흐르는 청정한 울림~

1. 〔합성에서〕

촐촐콸콸 촐촐콸콸~, 지금도 귀에 쟁쟁한 옥천 물소래

1) 활활 타오르는 달집 불놀이~,
한데 어우러져 밤새 춤추는 마을공동체

가) 대보름밤 마을 달집 불놀이~, 밤새 어우러져 한덩어리 되고

내 고향 마산 합성合城 마을~,
마을 뒤에는 옥녀봉玉女峰 높이 솟은 제2금강산金剛山~,
옆으로는 옥천玉川 맑은 물이 흐르고,

---

*   '물소래'는 '물소리'의 마산토박이 발음이다.

냇물 따라 곰뱅이들(野) 옥답沃畓들이 펼쳐져 있다.

어릴 때 소를 몰고 들판에 가서 풀 먹이다가, 소가 어린 아이라고 깔보고 일부러 고집을 부리면서 고삐줄 잡고 있는 나를 끌고 가면 아찔해하던 기억이 새록새록 떠오른다.

매년 정월 대보름날 저녁~,

동리 앞 큰 마당에서 한판 축제가 벌어진다. 동쪽 하늘에 달이 떠오르면 먼 산에서부터 연기가 솟아오른다. 달집 태우는 것이다.

장관이다.

마침내 동네 하늘에 달이 뜨면 마당에 세워놓은 큰 달집에 불을 지른다. 활활 타오르는 불길을 보면서 남녀노소가 모두 두 손 모으고 행운을 빈다.

드디어 춤판이 벌어진다.

꽹과리를 두들기고 징을 치면서 남정네들이 굿을 벌리면 아주머니들도 한데 어울려 춤을 춘다. 처녀 총각들 가릴 것 없이 한데 어우러져 춤을 춘다. 이 시간에는 남녀유별도 효력정지다. 아이들도 어른들 틈에 끼여서 춤을 춘다. 바둑이들도 덩달아 춤을 춘다. 동네 유지들이 기부금을 성큼성큼 내 놓는다. 돈이 나오고 술이 나오고 떡이 줄줄이 나온다. 절약가로 소문난 우리 아버지도 이날만은 기분 내신다. 큰돈 쓰신다. 나는 덩달아 어깨가 으쓱한다.

마을 춤판은 밤새도록 계속된다.

빈부귀천 쌓인 갈등이 하나로 용해된다.

보름밤의 달집불놀이~,

정월 초하루 대大보름밤의 활활 타오는 달집불놀이~,

마을공동체를 지켜온 선조들의 아름다운 지혜~,

활활 타오르는 달집 불길이 내 가슴을 뜨겁게 달군다.

활활 타오르는 달집불놀이~,

남녀노소 빈부귀천~,

한데 어우러져 밤새 춤추는 마을공동체의 불놀이~,

어린 내 맘속에 뜨거운 DNA로 지금도 활활 살아있다.

내가 살아온 불교인생 60여 년~, 이 불놀이의 연장선상에 있다.

활활 타오르는 마을공동체의 불길~, 그 연장선상에 있다.

'나 혼자 깨닫고 해탈하는 불교'~,

그래서 나는 이런 불교 상상을 못한다.

나) 깨달음~, 저 불길 속에서~, 덩실덩실 춤추는 저 동포들 속에서~

명상하고 앉아서~,

참선하고 앉아서~,

'나 혼자 깨닫겠다'~

이런 독선적 독각주의獨覺主義는 별 의미가 없는 것이다.

선종禪宗~, 조계종이 한국불교의 원류 아니다. 정통 아니다.

한국불교는 조계종도 아니고 태고종도 아니다.

선종禪宗도, 교종教宗도 아니고, 선교합일禪教合一도 아니다.

한국불교는 그냥 불교이다. 불교는 그냥 불교일 뿐이다.

아닌 것은 아니라고 분명하게 말해야 한다. 종이니 종파니 하는 것은 본래부터 불교의 본질과 관계없는 것이다. 세속의 많은 사람들~, 민중들~, 시민들과 아무 관계없는 것이다. 종宗-종파宗派・부파部派는 전문 수행승집단들의 다양한 행태적 분파에 불과한 것이다.

깨달음~,

저 불길 속에서 이루어진다.

깨달음~, 견성해탈~, 붓다의 정각正覺~,

저 대보름 달집 불길 속에서 이뤄지는 것이다. 덩실덩실 춤추는 저 동포들의 애환 속에서 이루어지는 것이다. 붓다 석가모니의 육년 고행도 바로 이 민중들 속에서 이루어진 것이다.

붓다는 한시도 저 많은 사람들~, 동포들~, 시민들 떠나지 않는다.

언제나 많은 사람들~, 동포들~, 시민들의 현장에 함께 있다.

'저 많은 사람들~,

민중들~, 시민들~,

이 엄혹한 사회적 모순과 갈등 속에서~,

죽음의 고통~, 공포 속에서 어떻게 살려낼까?'~

붓다는 한 순간도 이 생각에서 떠나지 않는다.

'고통과 죽음의 원인~,

첩첩한 욕심과 원망, 분노, 증오~,

민중들 가슴 속에 쌓인 이 어둔 무의식~, 어둔 생각들~,

어떻게 저 불길처럼 용해해낼까?

서로 어울려 나누고 섬기는 공동체로~,

어울려 덩실덩실 춤추는 보살 공동체로 활활 살려낼까?'~

불교는 한 순간도 이 문제의식에서 벗어나지 않는다.

부처님~, 불교는 처음부터 이랬다. 이래왔다.

이것이 '불교'다. '붓다의 가르침'이다.

이 문제의식에 투철하다면, 선禪도 좋고 염불念佛도 좋고 주력呪力
도 좋고 교리敎理도 좋다. 조계종도 좋고 태고종도 좋고 천태종·진
각종 다 좋다. 심지어 무당불교도 좋다. 모두 원류며 정통이다.

그러나 이런 문제의식 없으면 이미 불교 아니다.

이런 의식 없이 '깨닫겠다'고 앉아 있으면, 선종도 조계종도 별 의
미 없는 것이다. 명상하고 앉아서, 혼자 깨달아서, 뭘 어쩌겠다는
것인가? 이 살벌한 세상~, 타오르는 증오 분노 폭력~, 수없이 죽고
상처받는 동포들~,

그 속에서 혼자 깨달아서~,

뭘 어쩌겠다는 것인가?

뭘 어찌해 왔는가?

2) 어머니의 불심佛心~, 내 인생을 지배하는 뿌리 깊은 DNA

가) 우리 어머니~, 불심으로 운명을 개척하신 여장부

1938년 무인년戊寅年*,

음력 동짓달 초사흘 신시辛時,

창원군 내서면 합성리合城里 559번지,

지금 창원시 마산 회원구 합성동~,

나는 이렇게 출생~, 호랑이띠다.

아버지 김기성金基聲

어머니 김덕임金德壬 (佛名: 大光明 보살)

본관本貫 : 金海(金氏) 삼현파

누님 : 학이鶴伊

형님 : 점윤点潤, 호영浩泳

이것이 내 족보族譜다.

이렇게 나는 삼남 일녀三男一女의 막내로 출생하였다.

어릴 때 이름은 '광윤光潤'이~,

---

* 호적상에는 출생신고가 당시 관행으로 1년 늦게 되었기 때문에 1939년으로 돼 있다.

빛날 광~, 빛날 윤~,
형님들은 점윤点潤이, 감윤甘潤이~,
아버지가 호적에 올리면서 개명을 하셨
다. '감윤'이 형님은 '호영浩泳'이 되고,
'광윤'이는 '재영再泳'이가 됐다. 큰 형님
점윤이는 미처 개명을 못하고~. '광윤光
潤'이 그대로 두었으면 한 가닥 하고 빛났
을 텐데~, 아쉽다.

우리 어머니 김씨 대광명金大光明
보살

우리 아버지는 때를 못 만난 한학자漢學
者시다.
할아버지로부터 물려받는 사대부 집안을 지키는 데 전념하시고,
시대적인 변화나 새로운 문물을 받아들이는 데는 기회를 만나지
못하셨다. 큰아버지가 일찍 돌아가시고, 아버지가 집안의 큰 살림
을 주관하셨다.

어머니 김씨 대광명金氏 大光明~,
본명 덕임德壬~,
무술생戊戌生 개띠~.

총명한 기운이 서린 얼굴에 나지막한 코~,
코밑에 작은 점이 하나 있다.
우리 어머니의 개성 포인트다.

우리 어머니는 활기 넘치는 개척자開拓者시다.

시대적 역경을 불심佛心으로 극복해 가신 개척자시다.

어머니는 가까운 마을 농사꾼 외가댁의 일남 이녀의 막내시다.

어머니는 두뇌가 명석하고 출중하셨다. 또 성품이 밝고 활달해서 사람들과 잘 어울리고, 어디 가서도 리더(leader) 노릇을 하셨다. 마을 사람들이 '내성댁' '내성댁' 하며 다들 좋아하고 잘 따랐다. 요즘 같았으면 큰 여성 지도자가 될 만한 인물이셨다.

나) '칠원 장춘사 미륵불'~, 어머니의 태몽胎夢

어머니,

'김씨 대광명(金氏 大光明) 보살'~

어머니는 이 불명 그대로 보살로~, 빛으로 사셨다.

어린 나를 데리고 먼 절 가까운 절 찾아다니기를 좋아하셨다.

태산같이 높은 산을 타고 올라가서 깊은 산골 절에서 밤을 지내던 기억이 새롭다.

'우리 재영이는 미륵불의 하생下生이다.

내가 칠원 장춘사에 가서 이레 동안 무릎이 빳빳해지도록 기도를 드리고, 이레째 되는 날 새벽 잠깐 잠이 들었는데, 꿈속에서 법당의 미륵불을 보고 바로 너를 배게 되었다~.'

'칠원 장춘사長春寺의 미륵불~,
우리 재영이는 장춘사 미륵불을 닮았어~.'

이것이 어머니가 들려주신 내 태몽이다.
나는 이 얘기를 어릴 때부터 시도 때도 없이 들어왔다. 다 커서도~,
귀에 못이 박힐 정도로 들어왔다. 나도 은연중에 믿게 되었다.

'나는 미륵불이야~,
장춘사 미륵불이 내게로 오신 거야~.'

오래 전에 칠원에 있는 봉불사로 지정知淨 스님을 찾아간 적이 있
다. 지정 스님은 광덕 스님의 맏상좌로 한때 불광법회 회주를 지내
셨다. 점잖고 순수한 분으로 나하고도 친교가 깊다. 스님이 내 얘기
를 듣더니 바로 장춘사로 안내하셨다. 장춘사에 가서 참배하고 확
인해보니, 미륵불이 아니고 지장보살님이셨다. 어머니가 잘못 아신
것이다. 그러나 지금도 여전히 내게는 미륵불이시다.

'미륵불~,
칠원 장춘사의 미륵불~'

내 마음의 DNA다.
내 무의식 깊은 곳에서 끊임없이 영감의 신호를 보내고 있다.

다) '관세음보살님이 우리 재영이를 살리셨다'

어머니는 항상 염주 들고 염불하기를 쉬지 않으셨다.
한 번은 초등학교 입학도 하기 전 어린 시절~,
내가 친구들과 동네 옆의 큰 개울로 멱 감으러 갔다가 바위에서 미
끄러져 깊은 웅덩이에 빠졌다. 물에서 허우적거리며 가라앉았다
솟았다 하는데, 거의 정신을 잃을 지경이었다. 절체절명~, 죽음이
촌각에 이르렀을 때, 한 어른이 뛰어들어 나를 구해내셨다.

정생규 아저씨~,
필연이 누나 아버지~,
키 크고 잘 생긴 우리 마을의 유지有志시다.

집에 돌아왔더니 어머니께서 하루 종일 관세음보살 염불하고 계셨
다. 내 젖은 옷을 보고 말씀하셨다.

'관세음보살님이 우리 재영이를 살리셨다.'

물에 빠져 허우적거리던 기억이 아직 생생하게 살아있다. 지금도
고향 사람들 만나면 생규 아저씨 얘기를 잊지 않고 한다. 평생의 은
인이시다.

나는 거의 전적으로 어머니의 유전자를 물려받았다.

코가 낮으막한 외모부터 평생 불교 못 놓는 것까지~, 사람들이 나를 보고 '외탁이다'고들 많이 하신다. 대개 다들 그렇겠지만, 아버지는 가끔 생각나지만, 어머니는 매순간 생각난다.

어머니의 불심佛心~,
내 인생을 지배하는 제일 깊은 DNA다.

관세음보살님~,
내가 동네 웅덩이에 빠져서 죽다 살아날 때부터, 내 인생을 지켜주시는 구세주救世主~, 수호신守護神~, 지금도 여전히~,
어머니로부터 물려받은 귀중한 유산이다.

'관세음보살' '관세음보살'
지금도 몸이 아프고 힘들면 나도 모르게 찾는다. 즉시 평화를 느낀다. 구원을 느낀다. 이렇게 불교는 소박한 신앙信仰이다. 머리 굴리고 명상하기 전에 먼저 소박한 신앙이다.
부처님~, 불보살님 믿고 의지하는 소박한 신앙이다.
불교는 본질적으로 '기복신앙祈福信仰'이다. 이것 없으면~, 부처님에 대한 무조건의 신앙 없으면, 불교는 뿌리 없는 조화造花~, 아무것도 안 된다. '깨달음'~, '해탈'~, 다 헛소리다. '자력自力'이니~, '타력他力'이니~, 다 분별망상이다.

3) 촐촐콸콸 촐촐콸콸~, 지금도 귀에 쟁쟁한 옥천玉川 물소래

가) 제2금강산 옥천~, 진달래 따먹고 옥천물 마시고

합성 제2금강산 옥녀봉玉女峰 기슭~,
옥천 개울물이 흐르는 곳에 옥천암玉川庵 있다.
1945년경, 내가 8살 때,
어머니 김씨 대광명 보살이 시주한 수행 도량道場이다.

'제2금강산
옥천玉川~, 옥천암玉川庵'~,

'옥천玉川~, 구슬 냇물'~,
'옥빛 구슬처럼 흐르는 냇물'~,

지금 들어도 기분이 상쾌해지는 이름이다.
뒤로는 옥녀봉이 높이 솟아 있고, 산등성이 왼쪽으로는 제2금강산
들어가는 큰 길이 있고, 그 옆으로 큰 개울이 흐르고 있다.
길 따라~, 계곡 따라 올라가면 모양이 특이한 '농암聾巖'이 나온다.
'귀머거리 바위'~,
벼슬하던 우리 할아버지께서 낙향하여 호를 '농암聾巖'이라 하신
그 바위다. 할아버지는 이 바위를 손수 걸레질하듯 극진히 가꾸셨
다 한다. 더 깊이 올라가면 산딸기나무 군락지가 나온다. 여름이면

딸기나무가 하늘을 덮는다. 그 속에 들어가 빨갛다 못해 허옇게 익어버린 산딸기 따느라 정신없던 기억이 새롭다.

옥천玉川~,

암자 옆으로 흐르는 구슬 개울~,

암자 바로 앞에 높이 2m 정도의 작은 청석靑石 폭포가 있고, 청석 바위 위로 개울물이 떨어지면서, 콸콸~ 콸콸~ 맑은 소리를 내고 있다.

겨울에 얼음이 두껍게 얼어서 폭포가 얼어붙으면, 청석 물이 얼음 안으로, 촐촐~ 촐촐~ 흘러내린다.

나는 때때로 청석 물에 발을 담그고, 큰 바위 틈으로 미끼를 넣어서 게를 잡기도 하고, 봄에는 버들강아지를 따 먹기도 한다.

가끔 학교 갔다 와서 점심거리가 없으면 여기 와서 쫀득쫀득한 버들강아지 한입 따 넣고 옥천 맑은 물 한 움큼 마시면 배가 부르다.

뒷산에 올라 창꽃(진달래)을 따 먹기도 하고, 핍끼를 뽑아 먹기도 하고, 소나무 가지 통통한 걸 잘라서 껍질을 벗기고 송곳을 만들어 먹기도 한다.

그때는 다들 그렇게 살았다.

촐촐콸콸~, 옥천 물소래

버들강아지

옥천물 한 움큼

창꽃 픕끼 송곳~,

지금 생각하면 최고의 건강식이다.

지금 이만큼 건강한 것도 다 애들 덕분이다.

나) 맴맴맴~, "재영이는 전생에 매미였나 봐"

제2금강산 옥천玉川~,

산과 물과 나무들, 꽃들, 새들~,

껑충껑충 산기슭을 내달리는 노루들뿐~

나는 어릴 때 여기서 살다시피 했다.

15분 거리에 마을집이 있었지만, 옥천이 좋아서 옥천과 함께 지냈다. 그래서 지금도 '우리집' 하면 '옥천 물소래'~, '옥천암'을 먼저 생각한다.

할아버지 재실齋室 앞에 넓은 터가 있고, 관리하는 분의 집이 있고, 그 앞에 큰 백일홍 나무가 있다. 여름이면 붉은 꽃이 활짝 피고, 매미들이 울어댄다.

나는 때때로 이 백일홍 나무 위에 올라가 큰 가지 위에 드러누워서 노래를 부른다.

'맴 맴 맴~'

매미들하고 같이 노래를 부른다.

우리집에서 일하시던 눈 큰 아주머니가 말했다.

"재영이는 전생에 매미였나 봐~,
매일 나무에 올라가서 맴맴 하네~."

'전생에 매미~'

그래서 그런가~, 나는 노래를 좋아한다.

지금도 나는 노래 듣기 좋아한다. 클래식 국악 발라드 트로트~, 장르 불문~, 노래 프로그램을 즐겨 듣는다. 요즘도 절 공부방에서 노래 프로그램 찾아 듣는 것이 거의 유일한 취미다. JTBC의 '싱 어게인', TV조선의 '미스 트로트' '미스트 트로트', MBN의 '현역가왕'~, 웬만한 가수 이름도 다 안다. '미스 트로트' 어린 소녀 정서주~, '바람 바람아'를 듣고 눈물을 쏟아냈다.

'洗心/세심'~,
'마음을 씻는다'~

옥천玉川 물길이 흐르는 바위 바닥에 이렇게 새겨져 있다.

할아버지 친필이다.

할아버지 농암聾巖 선생 김한근金瀚根~,

구한말舊韓末~, 대한제국 때 대과大科에 급제하고, 사헌부(司憲府, 감사원) 감찰(監察, 감사위원)과 경상도 도찰방(都察訪, 교통국장)을 지내시고, 정삼품 통훈대부通訓大夫의 품계 받으셨다. 제2금강산 재실齋室 앞 유적비遺蹟碑에 이렇게 기록돼 있다.

그래서 합성마을 사람들이 우리집을 보고 '찰방댁' '찰방댁' 하고, 나를 '찰방댁 막내 손주'라며 귀히 여기셨다. 나라 망하자 이곳 제2금강산에서 귀머거리가 되어 '洗心/세심'~, 마음 닦으며 사셨다. 이렇게 이 옥천은 선대로부터 가꾸어오는 수행도량이다.

촐촐콸콸
촐촐콸콸~,

옥천 물소래 들려온다, 고향 물소래 들려온다.
사시장천 옥천 물소래~, 고향 물소래 들려온다.
지금도 눈감으면 촐촐 콸콸 촐촐 콸콸~ 청석 물소래 들려온다.
이 옥천 물소래가 나를 정화시키는 청정수淸淨水~,
지금 이 나이 되도록 큰 허물 짓지 아니하고 살 수 있었던 것은 옥천 물소래~, 이 청정한 울림 때문이다.
절의 내 공부방도 '玉川山房'이라고 이름 붙였다.

2. 〔마산에서〕

'세상을 바꾸려는 저항의식'~, 내가 불교 하는 또 하나의 DNA

1) '내 고향 남쪽바다~, 그 파란 물 눈에 보이네'

1945년~, 여덟 살,

8월 15일 광복~, 십리 떨어진 마산에서 들려오는 만세 소리~,

그 함성 아직도 귀에 쟁쟁 남아 있다.

1946년 가을~, 아홉 살,

성터에 새로 건립된 합성초등학교에 입학했다.

가을 운동회 때 달리던 모습~,

아버지가 오셔서 기부금도 내시고 기뻐하던 모습~,

풋사랑 기선이~, 점심시간 때 나만 몰래 불러 삶은 계란 먹이던 방앗간집 기선이~,

동순이~, 일본서 돌아온 눈이 큰 아이~,

목발 집고 다니던 친구 놀리다가 한판 붙어서 내가 얻어맞던 일~,

끊긴 필름처럼 생각난다.

1947년~, 열 살,

한 해 월반越班해서 3학년~,

1949년~, 열두 살, 5학년~,

마산으로 이사 오면서 회원會原초등학교 5학년으로 전학 왔다.

자식들 진학을 위해서 마산으로 옮긴 것이다.

합성집(큰집)은 그대로 보전하고 선산과 전답을 지키고 있었다.

마산 회원동 이산매 우리집~,

탱자나무 울타리가 성벽처럼 둘러싸고 있다.

집 뒤 언덕에는 불영암佛影庵이 있다.

불영암은 어머니가 시주施主로 일으킨 작은 암자다.

집 앞에는 벼농사 짓는 논〔畓〕들판~, 기찻길이 깔려 있다.

조금 달려가면 구舊 마산역~, 마산 앞 합포合浦바다가 보인다.

처음에는 기차들이 시커먼 석탄연기를 뿜으며 칙칙폭폭 달리더니,

몇 년 뒤부터 디젤기관차가 '윙~' 소리를 내며 달렸다.

6.25전쟁 때는 무서운 탱크들, 대포들을 싣고 달리고, 때로는 군대

뽑혀가는 장병들이 창밖으로 손을 흔든다. 나도 달려 나와서 기차

를 향하여 손을 흔든다. 그 아저씨들 다 무사했을까?

마산 회원동 이산뫼 탱자나무 울타리집~,

나는 여기서 초등학교, 중학교, 고등학교를 다녔다.

내 십대十代의 꿈과 낭만이 무르익은 곳이다.

기찻길 너머로 좁은 도로 따라서 길다랗게 마을이 있다.

길 아래쪽으로 일본에서 돌아온 귀환동포들의 집들이 있었다.

그때는 '귀환歸還동포'가 아니라 '우환憂患동포'라고 했고, '집들'이

아니고 '하꼬방'이라고 불렀다. 일본서 거의 맨몸으로 나와서 사는

형편들이 다들 곤궁했다. 지금으로는 상상이 안 된다.

마을 친구로는 아랫집에 동급생 박헌주朴憲柱가 있고, 길 건너 마을에 몇 살 어린 춘자春子네가 있어서 자주 놀러가곤 했다. 6.25전쟁 중에 건장하신 헌주 삼촌 성갑(朴成甲) 아저씨가 군대 갔다 전사戰死하시고, 전사통지를 받은 헌주 할아버지, 어머니가 '아이고~, 아이고~' 하며 통곡하던 광경이 잊히지 않는다. 이 시절에는 이런 일들이 도처에서 벌어지곤 했다. 아픈 상처들이다.

지금도 '고향' 하면 '마산'이다.
지금은 '창원시'로~, '창원시 마산회원구' '마산합포구'~, 이렇게 돼 있지만, 내게는 언제나 '마산'이다. '창원'이나 '마산'이나 그 땅이 그 땅이지만, 그래도 내 무의식 깊이 '마산馬山'~, '마산 사람'이다. 마산 선창가의 거친 바닷바람 때문인지, 마산 사람들은 좀 거칠고 저항적이다. 마산의 거친 바닷바람이 내 속에서 끊임없이 '저항抵抗의 물결' 일으키고 있다.

'내 고향 남쪽 바다
그 파란 물 눈에 보이네.
꿈엔들 잊으리오
그 잔잔한 고향바다
지금도 그 물새들 날으리
가고파라 가고파
어릴 때 같이 놀던
그 동무들 그리워라~'
　　　　　　　　　　　－노산 이은상 시, 김동진 곡

마산 사람 노산鷺山 이은상 선생이 쓰신 '가고파'~,

이 '가고파' 들으면 지금도 가슴이 출렁인다.

'합성 옥천 물소래와 마산 바다'가 한데 어우러져 내 마음의 고향~,

내 영혼의 고향으로 끝없이 출렁이고 있다.

그리운 산하山河~,

그리운 친구들~, 꿈엔들 잊을까.

간절하게 생각난다.

2) 6.25전쟁~, 흙바닥에 세운 피난학교

1950년~, 열세 살, 6학년~,

6.25사변이 터졌다.

북한군이 사흘 만에 수도 서울에 침입하고, 전국이 불길에 휩싸였다. 수많은 사람들~, 민간인들이 죽어나가고, 공장들 집들이 불타고, 피난민들이 남으로 몰려왔다. 밤마다 시뻘건 불기운이 마산의 산들을 둘러싸고 넘실대고, 꽝꽝 포성소리가 우리를 공포 속으로 몰아넣고 있었다.

회원초등학교 6학년 여름 어느 날,

느닷없이 미군 차량들이 학교운동장으로 들어와서 텐트를 친다. UN군으로 우리나라를 구하러 온 것이다. 그때 미군들~, 흑인병사들을 처음 봤다. 하얗게 먼지를 뒤집어쓰고 껌을 씹으면서 흰 이빨 드러내고 뭐라고 꼬부랑말을 하는데 무섭기도 하고 신기하기도 했다. 손짓해서 가까이 가면 난생 처음 보는 츄잉검(chewing gum, 껌)을 던져주곤 했다.

우리는 이렇게 미군들에게 학교를 내주고, 회원동 야학당에 가서 공부를 계속했다. 전쟁 중에도 학교는 멈추지 않았다. 밤마다 사방에서 타오르는 시뻘건 불길~, 죽음의 공포 속에서도 선생님들과 학생들이 목숨 걸고 학교를 지켜냈다. 북한군에게 점령당하면 보따리 싸서 남쪽으로~, 대구로 부산으로 이사 와서 학교를 계속했다. '피난학교'다. 서울대, 고려대, 연희대(지금 연세대)가 다 그랬다. 이 억척같은 '학교 지키기'가 대한민국을 지켜내고 부흥시킨 원동력이다.

회원동 야학동~,

이렇게 시작된 유랑생활~,

고등학교 졸업 때까지 우리는 학교 건물에 들어가지 못했다. 중학교 때부터는 학교운동장 주변에 가건물을 짓고, 맨흙바닥 위에 책걸상을 놓고 공부했다. 흙먼지를 마시면서도 불평하지 않고 잘들 뛰놀았다. 이런 속에서도 학교 가는 것이~, 열심히 공부하는 것이 우리를 파괴와 죽음 속에서 살려주는 구원의 손길인 줄 알았기 때문이다. 누가 가르쳐주지 않아도, 내 눈으로 보면서, 내 몸으로 겪으면서 너무 잘 알았기 때문이다.

회원동 야학당~,

6학년 2반~, 담임 박종문 선생님~,

매우 쾌활하고 인정 깊은 선생님~,

이산뫼 우리집에 가정방문 오셔서, 어머니가 막걸리를 대접하니까, 그렇게 기분 좋아 하셨다.

현광열(지금 장로), 김성택(작가, 필명 김병총), 박사한(속초고 교감), 여자아이처럼 예쁜 이종진, 여관집 아들 강기원, 봉오재 사는 김창렬, 연필칼로 장난하다가 내 손등에 자국을 남긴 안태봉,

다른 반이지만, 1반 반장 윤형원, 3반 반장 김동준,

그리고 '앞으로 앞으로'의 작곡가로 널리 알려진 이수인,

마산여고 대대장(학생회장) 지낸 장말순,

고등학교 때 마산포교동 동문인 최승연~,

아직도 잊지 못하는 코흘리개 동창들이다.

3) '친미親美'니 '반미反美'니~, 이 허구적 이념주의

6.25전쟁~, 야학당~,

미군 아니었으면~, 우리가 살아남았을까?

미군이 주도하는 UN군 아니었으면~, 우리가 이렇게 살아남았겠는가?

미국의 원조와 도움 아니었으면~, 우리는 벌써 오래전에 죽은 목숨들 아닌가? 지금 우리가 누리는 평화~, 세계 10위의 경제대국~, 국민소득 4만 달러~, 세계를 경탄케 하는 K-문화~, 'K-pop' '기생충' 'BTS' '오징어게임'~, 꿈이나 꾸었겠는가?

'반미反美다' '자주다' '민족이다' '평화다' '통일이다'~,

참 좋다. 얼마나 좋은 소리들인가?

'자주' '평화' 하자는데, 누가 마다하겠는가?

그러나 이미 죽은 자들에게,

구원 받지 않았으면 이미 죽었을 자들에게~,

이런 가치들이 무슨 의미가 있겠는가?

죽은 자들이 무슨 자유~, 무슨 평화를 누리겠는가?

6.25 북한군의 남침~,

미국을 비롯한 UN 16개국의 참전~,

대한민국의 생존과 번영~

이것은 복잡한 논리가 아니다.

'친미親美'나 '반미反美'나~, 무슨 주의主義나 이념의 문제가 아니다.

단순명료한 생존의 문제~, 생존의 사실들이다.

'눈앞의 팩트(fact)'~, '눈앞에 보이는 사실事實들'이다.

우리가~, 내가 이 눈으로 보고 이 몸으로 겪은 체험적 사실들이다.

그래서 나는 '친미'니 '반미'니~, 이런 허망한 진영논리 믿지 않는
다. '좌파'니 '우파'니~, 이런 허구적 진영논리 믿지 않는다. 사실에
근거하지 아니하는 머리장난~, 말장난~, 권력투쟁~, 선동선전~,
믿지 않는다. 지금도 매일같이 옛날 동창들이 카톡으로 '좌파놈들
때문에 나라 망한다'고 메시지들 보내오지만, 나는 믿지 않는다. 나
는 내가 직접 본 사실들만 믿는다. 전쟁 사흘 만에 서울이 북한군에

게 허무하게 함락되고 수많은 피난민들이 밀물처럼 남쪽으로 밀려오는 걸 눈앞에서 보고도 '북침'이니 '민족통일전쟁'이니~, 이런 헛소리들이 나올까? '민족' '통일' 위해서는 사람들 죽여대도 좋은 것인가?

'이념' '주의'
'사상' '정의' '진영'
'조국' '민족' '민중'
'자주' '평화' '통일' '혁명' '적폐청산'
'좌파' '우파' '반미' '친미' '반일' '친일' '토착왜구'~

이것은 모두 권력자들의 지배수단에 불과한 것 아닌가?
권력을 쟁취하기 위한 선동선전에 불과한 것 아닌가?
사실에 근거하지 아니하는 허구적 이념주의理念主義~,
이념의 횡포에 대한 저항~, 민중선동에 대한 분노와 저항의식~,
이것이 내가 붓다의 가르침에 생애를 걸고 살아온 결정적 DNA다.
그리고 이런 저항의식抵抗意識은 내 성장 과정에서~, 초등학교 야학당에서 6.25전쟁을 몸으로 겪으면서 몸에 밴 것이다.

3. 〔마산상고에서〕
마상馬商의 억센 기질~, 불의에 맞서는 저항정신

1) '용마산龍馬山 억센 기운'~, 우리 가슴 속에 서려 있고

1951년, 열네 살~,

나는 회원초등학교 졸업하고 마산 동중東中에 입학했다.

마산 동중 1회다. 동중 3년도 가건물(假建物, 임시건물)에서 흙바닥에 책상 놓고 공부했다. 회원초등학교 옆에 학교건물을 신축하고 있었는데, 우리는 끝내 들어가보지 못했다.

1954년, 열일곱 살~,

마산상고에 응시해서 전체 4등으로 입학했다.

그 시절에는 학교별 시험선발 방식이었다.

마산상고 31회다.

마산상고는 일제강점기 때부터 전국적으로 손꼽히는 학교다.

특히 금융계나 기업 쪽에서 훌륭한 동문들이 많았다. 한때 명성을 날렸던 한양漢陽그룹도 동기 배종렬裵鐘烈 친구가 창업한 것이다.

또 정신적으로 강인하고 굽힐 줄 모르고~, 저항정신이 강하고~,

운동 잘하고 싸움 잘하고~,

우리 때는 축구를 잘했다. 한때 야구도 잘했고, 한참 뒤에는 씨름을 잘했다. 씨름의 대명사~, 이만기와 강호동~, 마상 출신이다. 이만기 선수와 강호동 선수의 강인한 기상과 불굴의 투지가 바로 '마상다운' 것이다. 자랑스럽다.

마상 학생들의 거친 기질은 전통적인 것이다.
선배들로부터 물려받은 것이다. 마상 다니다 보면 자연히 물든다.
나도 이 범주에 속한다.
천하의 겁쟁이~, 누가 덤비면 도망가기 바쁜 겁쟁이~,
그런데 상고 들어가서 3년~, 많이 달라졌다. 절대 굽히지 않는다.
사나이답게 억세게 나간다. 또 불의에 대하여 물러서지 않는다. 맞서 싸운다. 학교 때 스트라이크(strike)~, 동맹휴학 때도 앞장섰다.

'저항의식抵抗意識'
'불의不義에 맞서는 저항정신抵抗精神'~,

어릴 때부터 내 속에 깃들기 시작한 이 정신~,
마산상고를 거치면서 더욱 깊이 내면화되고, 내 무의식을 지배하는 하나의 DNA로 굳어져갔다.

지금은 인문계 용마고龍馬高로 바뀌고, 마산상고는 역사 속으로 사라졌다. '마산'도 사라지고, '마산상고'도 사라지고~, 돌이킬 수 없는 상실감喪失感~, 아쉽고 섭섭하다. 나는 때때로 마산상고 시절 그리며 교가校歌를 흥얼거린다.

'용마산 억센 기운 우리 가슴 속에 서려 있고
합포만 푸른 물결 우리 가슴 속을 흐르나니
남국의 자랑 마산 상업
보라 여기 새 일꾼 자라고 있다.'

2) 'Orion Club'~, 내 인생의 봄날~, '나〔自我〕의 껍질'을 벗고

'Orion Club'~,
'오리온 클럽'~,

마산시절, 내가 참여했던 클럽의 명칭이다. 우리 때는 학생들 사이에서 클럽활동이 대유행이었다.
'클럽 전성시대'라 해도 좋을 것이다. 폐쇄적인 학교 풍토에서 학생들이 젊은 기상을 분출시킬 수 있는 거의 유일한 출구가 클럽활동이었다. 요즘은 학교나 사회단체들이 각종 클럽활동을 공식화하고 장려하고 있지만, 우리 때는 가까운 친구들끼리 모여서 만드는 일종의 사조직私組織이다. 그만큼 은근하고 끈끈한 동지애를 공유한다. 전후戰後의 황폐와 빈곤 속에서 갈 곳 없는 십대들이 의지하는 마지막 공동체~, 의지처依支處였다.

진일상
늠름한 기상으로 기율부장 하던 내서면 친구
성정식

훤칠한 키에 누나집에서 살던 총명한 친구

신상기

늘씬한 몸매 서글서글한 성품의 함안 칠서 친구

이종구

운동으로 단련된 체력으로 싸움도 잘하던 신마산 친구

김봉세

자그마한 체구에 노래 잘하고 필치 좋고 다재다능하던 성호동 친구

조병제

반장 하고 주산으로 명성을 날리던 함안 친구

조오성

야무진 체격에 반장 하고 논리적이던 함안 친구

권순영

우리보다 세 살 정도 연상으로 키가 훤칠하고 미남인 진전 친구

조병무

낭만적인 성품에 학교 때부터 시詩를 잘 써서 이름 날리던 추산동 친구

현광열

대대로 내려오는 독실한 크리스찬으로 사교성이 남달랐던 교방동 친구

이 'Orion Club'을 통하여~,

나는 각기 개성이 다른 친구들과 함께 어울릴 수 있었다. 고독한 나

의 껍질을 벗고 친구들~, 많은 사람들과 한데 어울릴 수 있었다.

'찰방댁 손주,
머리 좋고 공부 잘하고'~,

항상 내 무의식 속에서 꿈틀대고 있는 이 이기적 자아(自我, ego)~,
나는 'Orion Club'을 통하여~, 이 어둔 '나의 틀'에서 벗어나 '공동
체'로~, 보통 사람들~, 평범한 사람들과 섞여서~, 보통 평범~, 그
자체로 함께 어울릴 수 있었다. 한데 어울려 살아가는 법을 배울 수
있었다. 불교에서 말하는 '화광동진和光同塵'이 이런 것일까?

나는 이 'Orion Club'을 통하여~,
나의 십대를 꿈과 순수열정으로, 창조적 에너지로 불태웠다.
우리 'Orion Club'은 단순한 친목단체를 넘어서 훨씬 깊고 뜨거운
하나의 용광로鎔鑛爐로 타올랐다. 우리는 낮이고 밤이고 한데 어울
려서 서로의 꿈을 털어놓고 공유했다. '이 세상을 어떻게 바꿔갈 것
인가?'~, 토론하고 때로는 언쟁도 하며 미래의 청사진을 공유해갔
다. '이 세상의 불의와 맞서 싸우며 어떻게 개척해갈 것인가?'~, 용
기와 신념을 공유하며 서로 북돋워갔다.

'도전적 저항의식~,
불의와 맞서는 도전적 저항의식~,
거칠고 억센 개척정신~'

내 무의식 속의 이 강렬한 DNA~,

마산상고를 통하여~, 'Orion Club'을 통하여~,

깊어지고 구체적인 형상을 그려가고 있었다.

3) '육인방六人房 친구들'~, 내 생애 가장 큰 축복

안광열安光烈 지연수池連守 박상진朴尙鎭

배종철裵鐘喆 이수인李秀仁 윤도계尹道啓~

'육인방六人房 친구들'~,

Club 아닌~, 이 여섯 친구들은 '내 평생친구'다.

전생前生의 깊은 인연~, 좋은 벗들이다.

내게 참으로 귀중한 것은 이 평생친구들과의 운명적 만남이다.

이 친구들과의 인연은 내 생애 가장 은혜로운 축복이다.

안광열安光烈

도전정신이 강해서 고등학교는 혼자서 서울 덕수상고를 다녔다.
사려 깊고 예의 바르고, 방학 때는 광열이집과 우리집을 오가며 어
울려 살았다. 40대~, 대구에서 사업하다가 교통사고로 먼저 갔다.
아깝고 아깝다.

지연수池連守

나랑 가장 마음이 통했던 신마산 친구.

연수집에 가서 살다시피 했다. 아버지 어머니가 반겨하시고, 동생 연선이 연구 영애도 한 식구처럼 어울렸다. 한양대 진학해서 같이 자취도 하고~, 마산에서 목재사업을 하다가 병으로 육십대 초반에 먼저 갔다.

박상진朴尙鎭
중학교(東中) 동창, 마고馬高로 진학했다.

우리는 밤이고 낮이고 만나서 인생을 토론하고 미래의 꿈을 그렸다. 경북대 철학과로 진학하고, 졸업 후에는 소식을 전혀 듣지 못하고 있다. 살았는지, 먼저 갔는지~.

배종철裵鐘喆
머리에 새치가 많던 합성 외성마을의 고향친구.

고2때 한반 인연으로 깊이 사귀었다. 체구가 당당하고 힘이 세고 기상이 늠름했다. 만나면 서로 비밀이 없었다. 부산 동아대 진학하고, 한때 경찰로 활동하다가 한양목재 입사해서 부장을 지냈다. 칠십 조금 넘어서 먼저 갔다.

이수인李秀仁
회원초등학교, 중학교(東中) 동창, 마고로 진학했다.

'앞으로 앞으로' '둥글게 둥글게' '별' 등 수많은 동요와 가곡을 작곡하고 KBS 어린이합창단을 육성했던 작곡가~, 바로 그 친구다. 신마산 신월동 언덕바지에 살았는데, 찾아가면 항상 낡은 바이올린을 끼고 깽깽거리고 있었다. 몇 년 전 전화해서 '만나자' 했다. 걸을 수가 없고 외출할 수가 없다고 하더니~, 2021년 먼저 떠났다.

윤도계 尹道啓

지금도 소통하고 있는 친구, 남지 출신.

학생 때부터 정의감이 강하고 불의한 것을 보면 물불 가리지 않고 대항하였다. 경찰간부가 돼서 총경 달고 부산 연제서장署長을 지냈다. 도계는 자기 개성을 가장 잘 살려 성공한 친구다. 자주 전화로, 카톡으로 소식을 주고받고 있다.

'Club 친구들'~,

'육인방六人房 평생 친구들'~,

많이들 떠났지만, 지금도 우리는 함께 살고 있다.

우리는 한 흐름의 공동체~, 지금도 내 삶 속에서 함께 살고 있고,

내생來生~, 또 빛나는 모습으로 다시 만날 것이다.

2장

〔격랑激浪 속으로〕

대학에서~, 해병대에서~

1. 〔대학에서〕

낭만 속에서 싹트는 역사의식~, '역사를 움직이는 힘' 무엇일까?

1) '역사'란 무엇일까? '역사를 움직이는 힘'~, 무엇일까?

가) 대학시절~, 청량대淸凉臺 동산의 낭만~

1957년 2월,

마산상고 졸업식~,

나는 500여 명 가운데 전체 수석으로 표창 받았다. 모처럼 아버지 어머니가 나란히 오셔서 기뻐하셨다.

고2 가을~, 창원 상남上南 가는 통학열차에서 만난 첫사랑 수守~,

꽃다발을 한아름 안고 왔다.

내 인생의 봄날이 활짝 핀 것이다.

1957년 3월 초, 이제 갓 스무 살,
하늘 높은 줄 모르고 나대는 꿈과 열정의 시대~,
나는 서울대학교 사범대학 역사과 1학년 신입생이 됐다.
57학번~, 서울대 12회~,
입학시험 때 수학문제 10문제 가운데 달랑 1문제 풀고 포기하고
있었는데~, 뜻밖의 합격이다.

역사과 동기 25명,
명문 고등학교들의 쟁쟁한 인재들, 나는 운 좋게 그중에서 수석으
로 합격했다. 수학문제 겨우 하나 풀고 '수석'이라니, 좀 어이가 없
다. 우리 과科 동기들 하나하나 생각난다. 강의가 없는 시간에는 동
기들과 함께 학교 뒷동산 청량대淸凉臺로 올라가서 잔디밭에 둘러
앉아 담론談論을 벌였다.

'역사란 무엇인가?'
'정의란 무엇인가?'
'민중이란 무엇인가?'

때로는 토론에 열중한 나머지 감정싸움까지 벌어지곤 했다.
마산상고 동기이자 역사과 동기인 김용조金容祚 친구, 안동 퇴계 선
생의 후손 이원강李源綱 친구, 경기고 출신의 구석회具碩會 친구, 듬

직한 김동혁金東爀 친구~, 하나하나 생각난다. 토론이 격화돼 분위기가 험할 때쯤~, 진주에서 온 이성만李成萬 동기가 기타를 갖고 와서 가요도 부르고, 서울고 출신 한덕찬韓德燦 친구가 마리오 란자의 가곡 솜씨를 뽐내기도 했다. 우리도 함께 흥얼거리면서 어느 새 하나가 되어 있다. 정신여고 출신의 탁순덕卓順德 동기, 숙명여고 학생회장 지낸 임영희林英熙 동기, 사대부고 출신인 손경해孫敬海 동기 등 9명의 여학생 동기들도 거리낌 없이 자리를 함께 했다. 먼~ 훗날~, 이기영 박사의 구도회 강의실에서 손경해 동기를 만났다. 독실한 보살님이 되어 있었다.

역사과 4년에서 가장 기억에 남는 것은 역시 '고적답사古蹟踏査'다. '고적답사'는 전국의 역사적 유적 유물을 찾아다니면서 현장에서 탁본拓本도 하고 실물 그대로 공부하는 것이다. 봄 가을~, 일 년 두 차례는 꼭 갔다.

부여 낙화암落花巖에 서서 삼천궁녀들의 한恨을 느껴보고,
낙화암 중턱에 있는 고란사皐蘭寺를 찾아 향을 피우고,
또 백마강白馬江에서 노를 젓기도 했다.
경주 남산南山에 갔을 때,
남산에 그렇게 불상佛像이 많은 것이 놀라웠다.
신라불교의 원천이 불국사나 석굴암이 아니라,
바로 경주 남산이라는 사실을 발견했다.
남산의 불상들은 소박한 민중들의 모습 그대로다.

안동 도산서원陶山書院에서 퇴계退溪 선생의 고결한 체취를 느끼고, 여주 세종대왕 능(英陵)을 찾았을 때는 동기들과 함께 밤에 한강漢江 백사장에 몰려나와 한잔하고 춤을 추다가 교수님들한테 혼나기도 했다.

한국사 동양사 서양사를 폭넓게 배우면서, 역사의 현장을 답사하면서, 청량대의 낭만~, 친구들과 열띤 토론을 벌이면서, 나는 '역사의 눈'을 떠가고 있었다. 역사적 사실에 대한 객관적 지식을 넘어서, 사실의 인과관계因果關係를 생각하게 되고, 민중들 민초民草들의 삶의 현장을 보게 되고, 역사를 움직이는 어떤 힘~, 역사의 동력動力을 느껴가고 있었다. 조금씩 역사의식歷史意識이 싹트고 있는 것이다.

나) '역사'란 무엇일까? '역사를 움직이는 힘'~, 무엇일까?

역사歷史란 무엇일까?
수많은 풍파를 겪으면서도 유유하게 흘러가는 역사~,
그것을 움직이는 보이지 않는 힘은 무엇일까?
수많은 고통과 좌절을 겪으면서도 꺾이지 않고
이렇게 살아 움직이는 역사발전의 동력은 무엇일까?
동양 고대의 지성知性들이 말하는 '하늘의 뜻'일까?
고대 그리스 사상가들이 내세우는 '영웅들의 모험의식'일까?
서양 중세의 신학자神學者들이 말하는 '신神의 뜻'일까?

1편 [옥천-마산 시절]

근대 역사철학자들이 말하는 '인간의 이성理性'일까?
유물론자들이 말하는 '계급투쟁의 의지'일까?~

나는 차츰 이 모든 것을 넘어서는 어떤 힘~,
'민중들의 의지意志'~,
'민초들의 열정熱情'을 느끼고 있었다.

현상을 타파하고
'한번 잘 살아보겠다'는 강인한 생존의지生存意志~,
장애를 극복하고 새로운 길 열어가는 도전적 개척의 열정~,
앞길 가로막는 일체의 사회적 불의와 목숨 걸고 맞서 싸우는 저항
의식抵抗意識~

'민중들의 의지,
민중들의 개척열정과 저항의식'~,

이것이 역사를 움직이는 보이지 않는 동력이라는 것을 차츰 깨달
아갔다. 역사란 것은 '한번 살아보겠다'고 애쓰고 애쓰는 개척의 열
정~, 사회적 불의에 맞서 싸우는 이름 없는 많은 사람들~, 시민들
~, 민중들의 억센 저항~, 그 개척과 저항의 현장이라는 것을 깨달
아가고 있었다.

'나도 부처다'~,

'부처'만 찾는 불교~,

'깨달음'~, '아라한'만 찾는 불교~,

'도인道人' '선사禪師'들만 찾는 불교~,

'출가出家'가 우월의식으로 받아들여지는 불교~

나는 지금도 이런 불교 하지 않는다.

아니~, 할 수가 없다.

하루하루 살아가기 위해,

새벽부터 시장바닥에서 외치는 민중들 외면하고,

그 고통과 열망의 현장 외면하고,

이런 고상한 불교~, 상근기上根機 불교~,

폐쇄적 우월주의優越主義~, 그들만의 게임(game)~,

나는 할 수가 없다.

나 혼자 깨닫는 독각주의獨覺主義 불교~,

나는 하지 않는다.

내 몸에 밴 무의식無意識이 움직이지 않는다.

'깨닫지 못하는 평범한 시민들'~, 어찌할 것인가?

'부처 되지 못하는 거리의 민중들, 동포들'~, 어찌할 것인가?

99퍼센트의 이 시민들~, 동포들이 역사의 주역 아닌가?

이 시민들이 '불교의 주역' '깨달음의 주역들' 아닌가?

1퍼센트~, 아니 0.1퍼센트도 채 안 되는 잘난 사람들,

선민選民들, 지식인들~, 언제까지 '홀로 깨달음' '나 부처' 찾고 앉

아 있을 것인가?

현장現場을 망각한 눈 어둔 사람들~,

눈에 보이는 민중들의 고통 외면하고,

'우주진리' '법신불' 찾고 앉아 있는 이 땅의 불교지식인들~, 수행

자들~,

언제 깨어날까?

언제 허구虛構에서 깨어날까?

언제 환상幻想에서 깨어날까?

언제 정신 차리고 눈앞의 사실~, 현실을 볼까?

그런 날이 오기나 할까?

2) 점차 깊어지는 회의~, '3.15 마산의거義擧' 현장 앞에서

가) 충정로 인호네 가족~, 지금도 그리운 사람들

3학년 학기 초~,

나는 김용조金容祚 친구의 주선으로 서대문 충정로 한적한 주택가

에 있는 '인호네 집' 가정교사로 들어갔다.

'인호~,

박인호朴寅浩 군~'

박씨 집안의 외아들이다. 딸 여섯에 아들 하나~, 귀하게 자랐다. 얼굴이 잘 생기고, 총명하고, 기상이 있었다. 그때 중학교 1학년이었다. 중3 때 명문 고등학교 가는 것이 지상목표다. 나는 이 사명을 띠고 인호군을 맡은 셈이다.

인호 아버지 박성완朴盛完 어른~,
신설동에 있는 서울사이다(SC 사이다) 회사의 상무常務시다.
어머니는 곱고 기품 넘치는 가정주부~,
큰 누님은 결혼했고,
둘째 경순敬順이 누님~, 키가 늘씬하고 숙녀의 기품이 몸에 밴~,
그러면서도 사려 깊고 따뜻한 분이었다.
셋째 혜순惠順씨~, 나보다 두 살 아래~, 이화여대 사회생활과 1학년~, 성품이 쾌활하고 솔직했다.
넷째 영순英順이~, 숙명여고 3학년~, 공부 잘하는 학생~,
다섯째 지순智順이~, 여중 3학년~,
막내 기순基順이~, 예쁘게 생긴 초등학생이었다.
그리고 가사도우미로 나이 좀 많은 미쓰 김~, 십대의 문숙이~.

내가 이렇게 가족들을 일일이 소개하는 것은 '인호네'가 단순한 가정교사 집을 넘어서 내 따뜻한 보금자리가 되었다는 사실을 의미하는 것이다. 4년 동안의 대학생활에서 가장 행복했던 시절이었다는 사실을 의미하는 것이다. 나는 지금도 그 시절~, 그 가족들 잊지 못하고 있다.

나) '이 현장'을 두고~, 어찌 연구실로 갈 수 있을까?

청량대淸凉臺의 낭만~,
고적답사의 신선한 체험~,
좋은 강의, 역사적 안목의 개안開眼~

그러나 나는 점차 회의懷疑를 느끼고 있었다. 나는 '학문하는 것'에
대하여 회의에 빠져들고 있었다.

학년이 올라갈수록 장래를 생각하게 되고, 구체적인 준비를 하게
되는데, 나는 처음부터 학문할 생각을 하고 있었다. 학교성적도 계
속 좋았고, 특히 김용섭 교수님께서 나에게 관심을 보이셨다. 김용
섭 교수님은 서울사대 역사과 선배시고, 뒷날 연세대 사학과 교수
로 큰 업적을 남긴 올곧은 역사학자시다. 그때 교수님께서는 우리
역사과 강사로 출강하시면서, 조선왕조시대의 양안量案연구에 몰
두하고 있었다. 양안量案은 지금말로 하면 토지대장이다. 방대한 양
의 자료를 분석하는데, 손이 필요한 상황이었다. 한 번은 교수님께
서 나를 부르시더니 자기 연구실에서 같이 일할 것을 권유하셨다.
말하자면 연구실 조교助敎가 되는 것이다. 학문을 계속하려면 대학
원에 가야 하고, 유능한 교수의 연구조교가 되는 것이 장래를 보장
받는 하나의 코스(course)다. 나는 얼른 대답을 하지 못했다.

'역사는 현장現場이다.
많은 사람들~, 시민들~, 민중들의 삶의 현장이다.

이름 없는 많은 사람들의 생존과 개척, 저항의 현장이다.'

내 머리 속에는 이미 '현장'이 깊이 자리하고 있었다. 이러한 현장 의식은 내 성장 과정과 함께 몸에 배여 온 것이다. 합성 시절부터~, 마산 시절~, 마산상고 시절부터~, 내 무의식 속에서 성장해 온 것이다. 대학에 와서~, 역사학을 공부하면서~, 좀 더 분명하게 논리 論理를 갖추고 힘을 얻은 것이다.

'이 현장을 두고 어찌 연구실로 갈 수 있을까?
자료를 분석하고 이론을 정리하고 논문을 쓰는 것이 마땅히 가야 할 학문의 길이지만, 내가 그걸 할 수 있을까?
그것이 내 적성에 맞는 것일까?
그것이 내가 진실로 원하는 것일까?
현장을 떠난 역사~, 역사학이 무슨 의미가 있는 것일까?'

나는 며칠 고민하다가 용기를 내서 '못하겠다'고 말씀드렸다.
김용섭 교수님께서 아쉬워하시면서 '아직 시간 있으니까 잘 생각해보라'고 하셨다. 후배를 생각하는 따뜻한 배려시다.

'김용섭 교수님, 감사합니다.'

바로 이때~, 1960년 3월 15일 밤~,
추가등록일을 며칠 앞두고, '3.15 마산의거義擧'가 터져 나왔다.

마침내 마산馬山에서 민중봉기가 일어난 것이다. 이승만 자유당정권의 사사오입개헌捨四五入改憲~, 그리고 극도에 달한 '3.15 부정선거'~, 이날 밤, 마산에서 대학생 고등학생들을 중심으로 하는 시민들이 궐기해서 '부정선거' '선거무효'를 외치며 개표가 진행되고 있던 마산시청을 공격하였다. 이때 자유당 경찰은 이들 학생들~, 시민들을 향하여 무차별 총격을 가하였다. 수십 명이 현장에서 목숨을 잃었다. 이것이 바로 '3.15 마산의거'이다. 며칠 뒤~, 4월 11일~, 마산 앞바다에서 마산상고 1학년 김주열 군의 시신이 떠올랐다. 경찰이 쏜 최루탄이 얼굴을 뚫고 박힌 참혹한 광경~, 이것이 도화선이 돼서 마침내 '4.19 혁명의 불길'이 터져 나온 것이다.

나는 결심했다.
'그래~, 마산으로 가자~,
피 흘리는 역사의 현장으로 가자~'

2. 〔마산 거리에서〕
4.19 혁명의 격랑 속으로~, '민주사수' 머리띠 동여매고

1) '한얼동지회' 창립~, 타오르는 50여 명의 젊은 동지들

나는 다음 날 학교에 휴학계休學屆를 냈다.
나는 도저히 나 자신을 어찌할 수 없었다.

정든 친구들~, 인호네를 떠나 마산 집으로 내려왔다.

'내년에 꼭 오세요. 기다리고 있을 게요~.'

인호네 가족들은 나를 붙들고 신신 당부했다. 내 짐 대부분 남겨놓고 가방 하나 들고 내려왔다.

마산 내려오는 길로 나는 친구들과 의논하고 '한얼동지회'를 만들기로 했다.
'한얼'은 '큰 정신' '높은 꿈'이다. '한글'이 바로 그런 글이다. '한얼동지회'는 큰 정신~, 높은 이상理想으로 이 세상을 바꾸려는 젊은청년들의 결사結社다. 마산상고 친구들과 후배들이 대거 동참했다. 50여 명이 모였다. 시대적 분위기가 크게 작용한 것이다.

1960년 4월 말경~,
신마산 상공회의소 강당~, 거창하게 창립총회를 열었다.
우리들의 열정은 대단했다. 평생 변하지 아니하고 새 세상을 향하여 나아가려는 열의가 뜨겁게 달아올랐다. 우리는 의논한 끝에 이열정熱情~, 이 열의熱意들을 모아서 '동지들의 맹약盟約'을 다짐하는 연판장을 만들어 땅에 묻는 이벤트(event)를 갖기로 하였다. 내가 맹약문盟約文 문안을 썼다.

'우리 한얼 동지들은

이 세상 정의롭게 바꾸는 일에
평생을 걸고 헌신하고
변하지 아니할 것을 맹세합니다'

50여 명 동지들이 한 사람 한 사람씩 서명하고, 작은 항아리에 담아서 밀봉하였다. 그리고 제2금강산을 찾아가 우리 할아버지 재실齋室 옆에 있는 감나무 밑에 땅을 파고 파묻었다. 지금 생각하면 좀 치기稚氣어린 짓이지만, 그때 우리들 마음만은 순수하게 활활 타올랐다.

이 시기에 아버지께서 떠나셨다.
1960년 3월 31일~, 내가 스물세 살 때~,
아버지께서 60대 초반 연세로 먼저 떠나셨다.
제2금강산 산기슭~, 선산에 계신다.
입관할 때, 아버지의 차가운 얼굴 손으로 어루만지면서
나는 깊은 회의에 빠져들고 있었다.

'이렇게 가시는가?
다들 이렇게 가시는가?
죽음~, 피할 수 없는 것인가?
나도 이렇게 죽어가야 하는가?~'

2) '민주사수'의 머리띠 동여매고~, 4.19 혁명의 격랑 속으로

마침 5월에 국회의원을 새로 뽑는 총선거가 열렸다.

낡은 자유당 세력들 청산하고 새로운 시대 새로운 인물로 수권授權 세력을 교체하는~, 고체해야 하는 결정적인 계기다. 우리는 이 총선거에 대해서 깊은 관심을 가지고, '우리가 할 일이 무엇일까?'~, 하고 관찰하고 있었다.

마침 그때 바로 마산에서 문제가 생겼다. 자유당 출신의 이용범李龍範씨가 출마한 것이다.

이용범씨는 대동공업大同工業의 창설자이자 재벌이다. 자유당 정권 때, '이승만 대통령의 양아들'로 불리며 국회의원을 하고, 권력의 핵심에서 큰 역할을 하고 있었던 분이다. 마산 오동동에 있는 그분의 저택은 '오동동 경무대'로 불릴 정도로 위세가 하늘 찔렀다. '경무대'는 지금의 '청와대'다. 그런데 이 분이 자기 세력과 재력을 믿고 새 시대 새 인물을 뽑는 새 공화국 국회의원 총선에 출마한 것이다. 그 기세가 만만치 않았다. 이대로 가면 신진 후보를 누르고 그분이 당선될 가능성이 충분했다.

우리는 이 사건을 '불의不義'로 규정하고 맞서 싸우기로 결정했다. 우리 젊은 혈기만 믿고 막강한 권력, 재력과 맞서려는 것이다. 하룻 강아지 범 무서운 줄 모르는 모험이다.

처음에는 오동동 경무대 앞에 몰려가 마이크를 대고 외쳤다.

'물러가라 이용범~,
무찌르자 자유당~'

그러나 아무 반응이 없었다.
시민들의 반응도 미미했다. '또 데모하나 보다'~, 이런 정도였다.
우리는 화가 났다. 독이 올랐다.

'그럼 우리도 나가 싸우자.
목숨 걸고 맞서 싸우자.'

우리는 마침내 단식斷食을 시작했다.
몇 명 안 되는 우리들이 갈 수 있는 길은 이것뿐이라고 판단했다.
'민주사수'라는 쓴 머리띠를 만들어서 머리에 동여맸다.

3) '민주사수 민주사수'~, 터져 나오는 시민들의 함성

5월의 무더위~, 식음 전폐~,
시간이 지나면서 문제가 심각하게 돌아가고 있었다. 우리 청년들
이 하나 둘 쓰러지고 병원으로 실려갔다. 이때부터 분위기가 급속
히 바뀌기 시작했다. 시민들의 관심이 고조되었다.

'저러다가 젊은이들 다 죽겠네.
저 사람들 살려야제~'

투쟁에 참가하는 시민들이 늘어났다.

밤이면 백여 명이 넘는 대중들이 함께 구호를 외치며 싸웠다. 식수며 약품이며 음식들도 쏟아져 들어왔다. 언론들도 큰 관심을 보이기 시작했다. 그때 호영이 헝님이 조선일보朝鮮日報 마산 주재駐在 기자고, 배성덕 선생이 지국장을 맡고 있었다. 며칠 뒤 조선일보 전국판에 '마산 민주사수들의 의거義擧'가 큰 기사로 보도되었다. 전세가 완전 역전되었다. 저쪽이 점차 위축되고 우리 '민주사수'들은 힘이 났다. 우리 '민주사수'가 대세를 장악한 것이다. 단식을 포기하고 먹고 싸우기로 했다. 오동동에 머물지 않고, 트럭을 동원해서 확성기를 달고 마산 시내를 달리며 외쳤다.

'민주사수' '민주사수'~,

여기저기서 구호가 쏟아져 나왔다. 합동 유세장에까지 몰려가서 시위를 했다. 중간에 회유하려는 시도가 있었지만, 우리는 단호하게 거부했다. 드디어 저쪽에서 백기白旗를 들었다. 이용범 후보가 사퇴한 것이다.

'만세 만세
민주사수 만세
민주주의 만세~'

우리는 만세를 불렀다. 아니, 시민들이 모두 나와서 만세를 불렀다.

1편 [옥천-마산 시절]

이 분위기가 경상남도로 확산되고, 중앙언론을 타고 전국적으로 확산돼 갔다. 비슷한 상황에 있는 여러 곳에서 응원요청이 왔다. 함안, 의령, 창녕, 삼천포~, 우리는 '민주사수'를 동여매고 삼천포까지 달려가서 시민들과 함께 행진했다.

'민주사수' '민주사수'~

지금도 시민들의 함성이 귀에 쟁쟁하다.
이 모든 역사는 필경 시민들의 것이다.
이름 없는 시민들이 해낸 것이다.

3. 〔해병대에서〕
'안 되면 될 때까지'~, 불굴의 해병정신~, 고행苦行정신

1) '안 되면 될 때까지'~, 진해 해병학교 입교~

가) '안 되면 될 때까지'~, 첫눈에 기氣가 팍 죽었다

1961년 3월~, 4학년으로 복학했다.
충정로 인호네 집으로 다시 돌아왔다.
1961년 5월 16일~, '5.16 군사혁명'~,
'마침내 올 것이 왔구나.'

1962년 2월~, 스물다섯 살~, 동숭동 대학본부에서 졸업식을 가졌다. 충정로 경순이 누님, 혜순씨가 와서 사진도 찍고 함께 기뻐하였다.

1962년 2월 말~,
나는 대학을 졸업하자마자 해병대 입대했다.
간부후보 시험에 합격한 것이다.

2월말 예비입교~,
진해 해병학교로 갔다.
하룻강아지 범 무서운 줄 모르고~,
해병대가 얼마나 무서운 줄 모르고 끄덕끄덕 달려간 것이다.

해병학교海兵學校~, 해병장교를 양성하는 해병사관학교다.
진해시 경화동~, 장천 비행장 가는 도중~,
학교 옆에는 아직도 차가운 겨울바다가 출렁이고 있었다.
'학교'라고 해봤자, 몇 동의 가假건물~, 널따란 연병장(운동장)이 전부다.

'안 되면 될 때까지'

해병학교에 들어서니까 확~ 눈에 들어왔다. 학교 입구에 해병대 특유의 붉은 바탕에 황금빛 글자로 이렇게 크게 써 놓았다.

이것은, 말하자면, 해병학교 교훈校訓이다.

'안 되면 될 때까지'

이 글귀를 보는 순간~,
기氣가 팍 죽었다. 그리고 마침내 깨달았다.

'아~, 잘못 왔구나.
귀신 잡는 해병대라 하더니, 사람 잡는 것 아닌가.
내가 잘못 왔구나, 고생이라고는 해본 적 없는 이 물탱이가 번지수
를 잘못 찾아왔구나. 그렇다고 이제 와서 물릴 수도 없고'~.

나) 첫날 밤 '비상'~, '팬티바람 5분 내 선착순'

입교 첫날~, 밤 1시인가~, 2시인가~,
내무반에서 자고 있는데 갑자기 깨운다.
호루라기 소리가 나고, 그러면서 '비상' '비상' 하더니, 팔각모 날카
롭게 쓴 구대장이 들어와서 외쳤다.

'팬티바람으로 병사兵舍 앞 5분 내 집합, 선착순~'

모두 팬티바람으로 달려나갔다. 병사 앞 찬바람 속에서 한 줄로 늘
어섰다. 다들 부들부들 떨고 있다. 마음이 언 것일까? 몸이 언 것일

까? 환~한 외등外燈이 우릴 비추고 있다.

선착순~, 이렇게 무서운 줄 몰랐다. 해병학교 끝날 때까지 이 '선착순'은 매일같이 계속되었다. 나는 다시 한 번 후회했다.

'이제 죽었네, 이 일을 어쩌지?'

순간 내 눈에 확 떠올랐다.

'안 되면 될 때까지'

강렬한 붉은 바탕 황금색 글귀가 확 가슴에 박혔다. 그 순간 전의戰意 같은 것이 솟구쳤다. 아니~, 오기傲氣일 것이다.

'그래~, 한번 붙어보자.

나는 지금까지 붙어서 진 적 없어~, 싸워서 이겨냈어~.

물러서지 않고 극복해냈어.

해병대~, 그래 한번 해보자~.'

전의가 타올랐다.

'절대 물러서지 않겠다'는 불굴의 전의~,

'싸워 이기겠다'는 강렬한 투쟁심리가 타오르고 있다.

2) '낙오~, 또 낙오'~, 나의 참담한 흑黑역사

가) '첫 구보'~, 낙오자의 비애悲哀~

1962년 3월 3일~,

진해 해병기지사령부 강당~,

엄숙하게 입교식을 거행하고, 우리는 간부후보생이 돼서 정식 훈련으로 들어갔다.

해병학교~,

해간海幹 31기期~, 해병〔海〕 간부〔幹〕 31기~,

눈이 반짝반짝 빛나는 동기同期 50명~,

나는 학번 17번의 후보생이 되었다.

정식 입교 다음 날 아침 6시~,

기상과 더불어 처음으로 구보驅步훈련이 있었다.

1962년 3월 초, 아직도 쌀쌀한 바닷바람이 거센 진해 경화 해병학교, 훈련복으로 갈아입고 병사兵舍 앞에 집합해서 구보훈련이 시작됐다. 첫 구보는 진해 시내에 있는 충무공 이순신 장군의 동상 왕복하는 '충무공동상 구보'~, 약 4km의 거리다. 나는 뭣이 뭔지도 모르고 대열에 들어섰다. 구보가 얼마나 무서운 것인 줄도 모르고, '그냥 달리기 하면 되는가 보다' 하고 들어선 것이다. 그러나 곧 그것이 허세虛勢라는 사실을 깨달았다. 위가가 닥친 것이다.

병사兵舍를 떠나서 기지基地 정문을 나서기도 전에 벌써 숨이 가빠오기 시작했다. 문을 나서서 도로를 따라 달리는데 숨이 차올라서 고통스럽다. 그렇다고 첫 훈련에서부터 빠질 수도 없고, 참고 헉헉거리면서 뛰고 또 뛰었다. 2km 정도 달려서 충무공 동상을 겨우 돌아섰다. 도저히 더 이상 안 되겠다. 숨이 차올라서 정신을 잃을 지경이다. 체면이고 뭐고 돌볼 겨를이 없다. 해병대고 뭐고 다 때려치우고 싶다. 포기상태다. 동상 돌아서자마자 대열에서 빠져나왔다. 낙오落伍다.

동기들은 씩씩하게 잘도 뛰어간다. 대열을 맞춰서 구호를 외치면서 잘도 뛰어간다.
나는 헐떡거리면서 뛰다 걷다를 반복하며 따라갔다. 대열과 점차 거리가 멀어진다. 마침내 동기들의 대열이 시야에서 사라졌다. 서울사대 출신 이종록李鍾錄 동기 등 몇몇 동기들이 대열에서 떨어졌다.

'낙오落伍~,
낙오자落伍者'~,

나는 뛰다 걷다 하면서 멘붕상태가 되었다. 내 인생이 여지없이 무너져 내렸다. 20여 년 '1등'으로만 살아온 내 자존심이 땅으로 굴러 떨어졌다.
90kg 가까운 과체중에 연대장처럼 배가 나오고~,

운동이라고는 해본 역사가 없고~,

〔'연대장'은 우리 중대장 임기현 대위님이 첫 점호 때 배가 불룩 나온 나를 보고 하신 말이다. 이때부터 동기들 사이에 나는 '연대장'으로 통했다.〕

허망하다.

난생 처음으로 깊은 자괴감自愧感에 빠졌다.

'아~, 헛살았구나~,

내 인생 헛살았구나~,

첫 구보에서부터 이렇게 낙오라니, 이제 끝이다, 희망 없다.'

나) '낙오~, 또 낙오'~, 나의 흑역사는 계속되었다

맨손으로 뛰는 '맨손 구보'~,

총을 들고 뛰는 '단독무장 구보'~,

철모 배낭까지 짊어지고 뛰는 '완전무장 구보'~,

멀리 바라보이는 천자봉天子峰까지 올라가는 '천자봉 구보'~,

이렇게 구보는 매일같이 계속되었다. 강도를 높여가며 매일같이 계속되었다.

해병대 훈련은 구보로 시작되고 구보를 끝나간다.

동기생들은 잘들 달렸다. 서너 명을 제외하고는 다들 놀랄 만큼 잘 달렸다. 해병대 독한 정신에 벌써 물든 것일까? 몸을 돌보지 않고

잘 달렸다. 서울대 농대 출신인 이동철 동기는 완전무장 구보하다가 다리가 부러졌다. 그런데도 멈추고 않고 선두에 서서 끝까지 달렸다. 그것으로 인해서 이동철 동기는 이후 한쪽 다리를 절며 살았다. 해병정신의 한 표상이다.

'구보~'
'충무공 동상 구보~'
'장천 비행장 구보~'
'천자봉 구보~'

나는 빠지지 않고 따라 나섰다. 그러나 얼마 못가서 또 낙오다. 숨이 차고 가슴이 아파 와서 더 갈 수가 없다. 점차 그 거리가 줄어들었다.
초기에는 기지 정문을 나가서 한참 달리다가 떨어지고, 얼마 뒤에는 정문쯤 가서 떨어지고, 또 정문도 못 가서 떨어지고~.

'구보'~,
나중에는 말만 들어도 가슴이 철렁했다. 바로 그 자리서 숨이 차올랐다. 돌이켜보면, 심각한 '구보 트라우마(trauma)'에 걸린 것이다. 심각한 '심리적 장애현상'에 빠진 것이다.
'구보~' 하면 내 얼굴이 창백해진다고 동기들이 놀리기까지 했다.

'낙오~,

낙오자'~

첫 구보훈련에서 시작된 나의 흑黑역사는 이렇게 계속되었다.
슬프고 분한 일이지만, 어쩔 수가 없었다.
몸이 말을 듣지 않는 걸 어찌하겠는가.

다) '해병대는 정신이야'~, 나를 구해주신 박경렬 대령님

'열외列外'란 것이 있다.
구보나 훈련하기 전에 환자나 특별한 사정이 있는 후보생은 구보
나 훈련을 면제해주는 것이다. 병사兵舍를 지키면서 편히 쉬면 된
다. 매번 몇 명씩 나온다.
그러나 나는 열외하지 않았다. 한 번도 열외하지 않고 따라 나섰다.
구대장님이나 동기생들이 '열외하라'고 좋은 뜻으로 권고해도 나
는 듣지 않고 매번 구보대열에 섰다. 그리고 매번 얼마 못 가서 떨
어졌다. 이렇게 반복하다 보니까 몸에 무리가 왔다. 양쪽 발이 퉁퉁
부어올랐다. 온전히 걸을 수가 없다. 쩔뚝거리면서 걸었다. 기지 의
무실에 가서 처방을 받아도 아무 효과가 없다. 집에 연락해서 밖에
서 특효약을 가져와서 발에 발라 봐도 역시 아무 효과가 없다. 쉬어
야 하는데 자꾸 무리를 하니까 더 악화돼 갔다. 그래도 나는 포기하
지 않고 매번 구보대열에 섰다. 쩔뚝거리며 얼마 달리다고 또 떨어
져 나왔다.

'낙오~,
고질적인 구보 낙오자~'

이것이 문제가 되었다.

구보로 시작해서 구보로 끝나는 훈련인데, 구보를 못하는 것이 어찌 문제가 안 되겠는가? 특히 해병대의 간부를 양성하는 해병학교에서 어찌 문제 삼지 않을 수 있겠는가? 학교에서 간부회의가 열렸다. 일반으로 말하면 교무회의 같은 것이다. '김재영 후보생의 처리 문제'가 의제로 올랐다. 객관적으로 보면 당연 퇴교退校감이다.

그때 학교장 박경렬朴慶烈 대령님이 나서서 말씀하셨다.

"김재영 후보생은 정신이 살아있어.
절뚝거리면서도 열외하지 않고 구보대열에 들어서곤 하는 걸 내가 직접 봤어. 해병대는 정신전력이 중요해. 정신이 살아있는 해병장교가 필요해."

다행히 중대장 임기현 대위님께서도 현장 지휘관으로서 나를 적극적으로 옹호하고 나섰다. 이렇게 해서 나는 살아났다. 사지死地 가까이 갔다가 천만다행으로 살아난 것이다.

이 소식을 듣고 나는 눈물을 흘렸다. 그리고 더욱 열심히 했다. 쩔뚝거리며 달리기도 계속했다.

이렇게 고행의 3개월~,

12주를 보내고, 1962년 5월~,

기지사령부 강당에서 수료 및 장교임관식을 가졌다.

마산에서 배종철 김봉세 등 친구들도 왔다.

해간海幹 31기期

해병 소위 김재영

군번 62185~,

나는 해냈다. 물러서지 않고 해냈다.

절뚝거리면서도 결코 열외列外하지 않고 끝까지 뛰고 뛰어서 마침

내 해냈다.

그리고 임관 후 6개월간의 기초반 과정(OBC 코스, Officer's Basic

Course)~,

끝날 때 나는 동기생 중에서 전체 수석으로 수료했다.

해병대 사령관 김두찬 해병중장의 표창장을 받았다.

좋은 은인들 만난 덕분이다.

해병학교장 박경렬朴慶烈 대령님~,

중대장 임기현林基鉉 대위님~,

어디 계시건 잊지 않겠습니다.

세세생생世世生生~, 그 은혜 잊지 않겠습니다.

경례 올립니다.

'차렷, 단결!'

3) 'Once Marine Always Marine'~, 나는 아직도 해병이다

가) 'R. O. K. M. C.~, 우리는 해병대'

1965년 5월~, 스물여덟 살~,
김포 청룡부대 포병대대 9중대 전포대장을 끝으로, 나는 전역원을
내고 해병대를 떠났다. '예비역 해병중위'다.
전역하고 가족들과 함께 마산 집으로 왔다. 이렇게 해서 만3년 몇
달 간의 해병대 생활은 끝이 났다. 그러나 나는 지금도 해병이다.

'Once Marine Always Marine
한 번 해병이면 영원한 해병'

팔순이 훨씬 넘어 백발이 성성하지만,
지금도 나는 해병이다. 자랑스런 해병 용사다.

'우리들은 대한의 바다의 용사
충무공 순국정신 가슴에 안고
태극기 휘날리며 북진통일로
힘차게 전진하는 단군의 자손
나가자 서북西北으로 푸른 바다로

조국통일 위하여 대한해병대~'

지금도 매일 절에서 포행할 때 '해병대 노래'를 부른다.
해병대 '곤조가(歌)'도 자주 흥얼거린다.
'곤조가'는 해병대 용사들이 한잔하고 부르는 십팔번이다.
대원들이 즐겨 부르지만, 장교라고 예외가 아니다.
우리는 다같이 '무적無敵 해병대'~, '귀신 잡는 해병대'다.
세계 최강의 미국 해병대도 두려워하는 '한국해병대'다.
'곤조가'는 이렇게 끝난다. 앞 구절은 잊어버렸다.

'우리는 해병대,
R. O. K. M. C.
(Republic Of Korea Marine Corps/한국해병대)
헤이빠빠 리빠 헤이빠빠 리빠
때리고 부수고 마시고 퍼져라,
헤이빠빠 리빠- '

나) '불굴의 저항정신'~, 이것이 내가 불교 하는 동기다

'안 되면 될 때까지- '
진해 해병학교 입교 첫날~,
정문에서 마주쳤던 이 일곱 글자~,
붉은 바탕 금색 교훈은 지금도 내 맘속에 살아있다.

여전히 강력하게 살아서 작동하고 있다.

'아직도 꼿꼿한 허리~,

굽히지 않는 불굴의 신념~,

싸워서 이기는 도전과 개척정신~,

쩔뚝거리면서도 절대 열외 하지 않고

마지막 순간까지 뛰고~, 걷고~,

나약한 자신을 극복하고 결코 물러서지 않는 도전과 개척정신~,

강한 세력들~, 사회적 불의 때리고 부수고 싸워 이기려는 불굴의
저항정신'~,

이것이 내가 불교 하는 동기다.

이것이 내가 평생 이렇게 불교 하는 심리적 동기다.

결코 물러서지 아니하는, 물러설 줄 모르는~,

이 치열한 도전과 개척의 저항정신~,

내 성장 과정에서 함께 성장해 온 이 도전과 개척의 저항정신~,

초등학교시절 '6.25의 상처와 분노'를 거치고

마산상고 시절 '싸워 이기려는 투사闘士 기질'을 거치고

대학시절 '자유를 외치며 내달리던 민주사수'를 거치고~,

무적無敵 해병대의 '안 되면 될 깨까지'를 거치면서

이 도전과 개척의 저항정신~,

더욱 굳건하게 내 무의식으로 성숙된 것이다.

앉아서 명상하는 불교~, 나는 믿지 않는다.

앉아서 삼매 찾는 불교~, 나는 믿지 않는다.

'색즉시공色卽是空 공즉시색空卽是色'~,

앉아서 머리 굴리는 불교~, 나는 믿지 않는다.

'깨닫는다'고 '한소식 한다'고

끝없이 앉아 있는 불교~, 나는 믿지 않는다.

'불교는 깨달음이다'~, 나는 믿지 않는다.

허구적 '깨달음'에 묶여서

아무것도 못하는 불교~, 나는 믿지 않는다.

'공空'이니 '무無'니~,

사람들 힘 빼고 도전의 열정 꺾는 불교~, 나는 믿지 않는다.

눈앞의 사회적 불의와 몸 던져 싸우지 못하면서

'해탈解脫 열반涅槃'이니 '적멸寂滅'이니~,

고요한 죽음으로 끝나는 불교~, 나는 믿지 않는다.

'죽음 이후의 생명'~, 말 못하는 불교~, 나는 믿지 않는다.

'새 생명' '불사不死의 새 생명'~,

말하지 못하는 불교~, 나는 믿지 않는다.

'많은 사람들' '동포들' 없는 '도인道人불교'~, 나는 믿지 않는다.

눈앞의 명백한 사회적 불의~, 맞붙어 싸워 이기지 아니하면서

'평화' 찾고 '자비' '화쟁和諍' 찾는 불교~, 나는 믿지 않는다.

촐촐콸콸 촐촐콸콸~,

지금 이 순간에도 옥천 물소래 흐르고 있다.

내 안에서~, 내 무의식으로~,

도전과 저항의 물소래 흐르고 있다.

합성~, 순수동심의 시절 거치면서

마산상고~, 깡다구의 시절 거치면서

대학생활~, 민주투사의 시절 거치면서

해병대~, 쩔뚝거리면서도 결코 물러서지 않는 저항의 시절 거치면

서~,

출촐콸콸 출촐콸콸~,

지금 이 순간에도

저항의 물소래 흐르고 있다.

4. '우리 집사람' 만나고, '우리 어머니' 떠나보내고

1) '우리 집사람' 김송자金松子~, 훤칠하고 출중한 인물

1962년, 스물다섯 살~,

12월 20일~, 마산 한성예식장~, 나는 결혼식을 올렸다.

주례는 유광현 의학박사님~, 호영이 형님이 주선했다.

해병학교의 기초반 과정을 막 마치고 포항 사단으로 가는 사이, 1
주일의 휴가를 받았는데, 이때 바로 결혼식을 올린 것이다. 사람들
이 많이 와서 성황을 이루었다. 무척이나 기분이 좋았던 기억~, 아

직도 생생하다.

김송자金松子~,
아명兒名 옥지玉枝~,
1940년 (양력) 9월 18일생~, 나하고 두 살 차이~,
아버지 김우상金又相 님, 어머니 강순화姜順化 부인~,
처제 김송선, 미경, 미정~.

창원시 구산면 난포 바닷가 출신~,
어머니 강씨姜氏 부인은 집사람 어릴 때 먼저 떠나시고, 지금 장모
님 보살핌 속에 자랐다. 강씨姜氏 장모님 묘가 남포 마을 뒷산자락
에 있어서 집사람과 여러 번 찾아가 뵈었다. 마산 성지중·고등학
교를 다녔는데, 중학교 때부터 신마산 사시는 고모님 댁에 와서 살
았다. 박종식 수대 종만이 민숙이~, 고종처남 처제와도 친형제처
럼 지냈다. 그러면서 무역사업을 하시는 처고모님의 영향을 많이
받아서 사업수완이 좋았다. 처고모님 따라 절에도 열심히 다녔다.

우리 집사람 김송자~,
키도 크고 얼굴이 잘 생겼다. 특히 코가 크고 매력적이어서 내 나지
막한 코와는 대조적이다.
성품이 활달하고 사교적이어서 남들과 잘 사귀고 인기가 있었다.
리더십이 뛰어나서 어디가도 대장노릇을 했다. 고모님을 닮아서
경제관념과 자립심이 강하고, 사업수완도 있어서 일을 시원하게

잘 처리한다. 지금 생각해도 훤칠하고 출중한 인물이다. 내가 전생에 공덕을 많이 쌓아서 이런 집사람 만난 것이다. 멋있는 여자다.

2) '우리 집사람'~, 사랑보다 깊은 감사~

1957년~, 스무 살~,
대학 1학년 여름방학 때, 집사람을 처음 만났다.
정확하게 말하면, 김송자씨를 처음 만난 것이다. 마산상고 3학년 때 1학년 강경수를 S동생으로 삼았는데, 송자씨가 경수의 고종누나다. 내가 경수 집에 놀러가서 처음 만나게 된 것이다.

1962년 2월~, 스물다섯 살~, 송자씨와 다시 만났다.
처음 만난 이후 별 소식 없다가 다시 만난 것이다. 이때 나는 대학을 졸업하고 해병학교 입교를 앞두고 마산으로 내려왔다. 몇 년 전에, 어머니가 노령老齡이 되시면서 이산매 탱자나무 집을 팔고, 마산 성호동 추산공원 기슭~, 참한 기와집을 사서 이사 와 있었다. 서울서 내려와 보니, 집안사정이 매우 어려웠다. 어머니께서 노환老患이 심해지셔서 거동을 잘 못하신다. 이때 형님들은 타지에 나가 있었다. 점윤이 형님은 육군 대위로 복무중이고, 호영이 형님은 서울 조선일보 기자로 일하고 있었다. 집안 살림을 돌보던 도우미 아주머니도 나가고 없었다. 며칠 후에는 나도 집을 떠나야 한다. 병든 어머니 홀로 두고~, 참으로 막막했다.

나는 송자씨를 만나서 집안사정을 털어
놓았다.

그럴 경우가 못 되지만, 급한 마음으로
속사정을 털어놓은 것이다.

뜻밖의 일이 생겼다. 송자씨가 우리집
에 와서 어머니를 돌보겠다고 한다.

그때 송자씨는 직장에 나가고 있었는
데, 다 접고 우리 어머니를 돌보겠다는

집사람과 함께

것이다. 체면이고 경우고~, 앞뒤를 가릴 여유가 없었다. 나는 송자
씨 손을 덥석 잡고 절실한 심정으로 부탁했다.

"그럴 수 있겠습니까?
송자씨가 그래주시면, 내가 안심하고 해병학교 갈 수 있겠는데~"

송자씨는 쾌히 응락했다.

"어머님은 제가 보살펴드릴 테니까, 군대 잘 들어가십시오."

나는 감동했다. 속으로 눈물을 흘렸다.

'하아~, 세상에 이런 일도 다 있구나.
부처님께서 도우셨는가?
관세음보살님께서 도우셨는가?~'

송자씨는 다음 날 바로 우리집으로 왔다. 직장 정리하고 짐을 싸 들고 들어온 것이다.

그리고 팔 걷어붙이고 집안 청소하고, 시장가서 장을 봐 와서 저녁밥을 준비하고~, 어머니하고 나는 오랜만에 밥 같은 걸 먹어본 것이다. 어머니가 어린애처럼 기뻐하신다. 그리고 며칠 뒤 나는 해병학교 입교했다. 3개월간 집에 오지를 못했다. 내가 진해에서 훈련받는 동안 한 차례 송자씨가 면회 왔다.

5월에 임관하고 기초반 과정 훈련 받을 때는 출퇴근이다. 나는 마산집에서 아침저녁 버스를 타고 마산 – 진해터널을 넘어서 출퇴근했다.

집에 돌아와 보니, 송자씨가 혼자서 너무 고생하고 있었다. 살림할 돈이 없어서 자기가 벌어 모은 돈 다 쓰고, 점윤이 형님이 보낸 군대용 의류까지 다 팔아서 보태고 있었다. 그래도 부족해서 여기저기 빚을 얻어서 살림하고 있었다. 그러면서 어머니에게 약을 달여드리고, 좋아하시는 고기반찬 떨어지지 않게 차려드리고 있었다.

이렇게 해서 나는 집사람과 결혼했다.

우리는 '결혼하자'고 약속한 일 없다. 결혼을 조건으로 송자씨가 우리집에 온 것 아니다. 이것은 거룩한 인연因緣이다.

전생前生에서부터 맺어진 거룩한 인연~,

사람들은 전생도 내생來生도 잘 믿지 않는다. 그러면서 사람들은 '어제가 있다'고 믿고, '내일이 온다'고 믿고 있다.

어제가 전생 아니고 무엇일까? 내일이 내생 아니고 무엇일까?

이렇게 나와 집사람은 오랜 전생-내생을 함께 살면서 맺어온 인연이다.

내생에도 또 만날 것이다. 그때는 내가 집사람한테 진 빚을 갚을 것이다.

그래서 나는 감사하고 있다. 우리 집사람한테 평생 감사하고 있다.

감사~,

사랑보다 깊은 감사~,

이것이 나와 우리 집사람의 관계다.

나는 구舊시대의 촌놈이라서, '여보'라고 부르지도 못하고,

'사랑한다'는 말 한 번도 못해봤지만,

이것이 집사람에 대한 나의 사랑이다.

3) 어머니를 떠나보내고~, 가슴에 사무친 한恨

1963년 가을~, 포항 사단에 근무할 때, 나와 집사람은 주말에 애기(첫째 용근이)를 데리고 마산으로 갔다.

할머니한테 인사드리러 가는 것이다. 군인용 가방에 어머니 드릴 선물을 사서 넣고 갔다. 이때 어머니는 노환이 심해져서 상태가 좋지 않았다. 가정부 아주머니가 돌보고 있었다. 몰라보게 수척해졌고, 그 총명했던 어른이 판단력도 많이 흐릿해져 있었다. 그런 속에

서도 손주를 보고 기뻐하셨다. 하룻밤을 자고 일요일 포항으로 돌아갈 시간이 돼서 어머니한테 인사를 드렸다. 그때 어머니께서 눈물을 흘리시며 말씀하셨다.

"재영아~,
나도 같이 데리고 가~,
너거하고 같이 살고 싶어~"

"어무이(어머니)도 참~,
어무이를 어떻게 데리고 가요,
여기 집에 계셔야지~"

"집에 있기 싫어~,
너거 가방에다 나를 넣고 같이 가줘~"

기가 찼다.
가슴이 내려앉았다.

'우리 어무이~,
그 총명했던 어른이 어찌 이 지경 되셨을까~'

집사람한테 정情이 많이 드신 모양이다.
그러나 병든 어머니를 모시고 가는 것은 사실상 불가능한 일이다.

단칸방 살림에 어찌해볼 도리가 없었다. 우리는 눈물을 흘리면서 어머니를 떼 놓고 포항으로 돌아왔다.

그리고 몇 달 뒤,
1964년 음력 4월 11일~,
내 나이 스물일곱 살 때~, 어머니는 떠나셨다.
예순여덟 살~, 거룩한 보살인생을 마치고~,
내생來生의 새 생명으로 훨훨 떠나셨다.

'김씨 대광명 보살金氏 大光明 菩薩'

어머니 묘비석에는 이렇게 쓰여 있다.
합성 제2금강산 선산先山 자락에서 어머니는 지금도 옥천 물소래 듣고 계신다.
나는 어머니 앞 잔디에 앉아 보고 있다.
어머니의 마지막 모습을 보고 듣고 있다.

'재영아~,
나도 같이 데리고 가~,
너거하고 같이 살고 싶어~,
너거 가방에다 나를 넣고 같이 가줘~'

'너거 가방'이 눈앞에 떠오른다.

해병대 마크가 선명한 하늘색 가방이 눈앞에 떠오른다.

'그때 어머니 모시고 갈 걸~,

가방에 넣어서라도 모시고 갈 걸~,

단칸방이면 어떻고 반칸방이면 어떠랴~'

내 평생의 한恨~, 가슴에 사무쳐온다.

때늦은 후회로 이렇게 눈물을 흘리고 있다.

그러나 부질없는 자위自慰~,

불효자不孝子의 한갓 허망한 변명~,

어머니는 이미 다 아시고

미소로 나를 지켜보고 계신다.

내 몸~, 내 맘 상할까봐 염려하고 계신다.

그것이 우리 어머니~,

이 세상의 어머니들이다.

2편 〔동덕불교-청보리 시절〕

A Legend~, 빛나는 전설의 현장~, 불교사의 흐름을 바꾸다

- '독각獨覺의 도인불교'에서 '만인견성의 시민불교'로 -

3장

〔방황과 각성覺醒〕
'죽음'이~, 빙산氷山처럼 무너져 내리다

-'마음이 모든 것에 앞서 간다'~, 만인견성 만인불사의 문을 열다-

1. 'Miles to go before I sleep'~, 잠들기 전에 내가 가야 할 먼 길은?

1) 60년 만에 받은 제자의 글~, 'Miles to go before I sleep'

1965년 5월~, 스물여덟 살~,

나는 해병대를 전역하고 마산으로 돌아왔다.

신마산 처고모님 소유의 집에 정착했다. 고모님은 집을 여러 채 갖고 계셨는데, 그중 한 채를 우리에게 내주셨다.

1965년 10월 17일~,

이 집에서 둘째 성근性瑾이가 태어났다.

급히 나오는 바람에 내 손으로 애기를 받고 탯줄을 끊었다. 그리고 고모님께 급히 연락해서 미역국도 끓이고 산후 조리를 받게 되었다. 이렇게 해서 우리집 가족이 네 명으로 늘어났다.

'성품이 구슬처럼 빛나라'고 해서 '성근性瑾'이라고 내가 작명했다. 첫째 용근이는 포항에서, 막내 보현普賢이는 서울 와서 태어났다.

1966년 3월 초~, 스물아홉 살~,

나는 호영이 형님의 주선으로 마산 제일여고에 교사로 부임했다. 1학년 담임을 맡았다. 반장 이혜선~, 부반장 명숙이, 그리고 황말선이란 애들이 생각난다. 그러나 나는 얼마 있지 못하고 서울로 올라오게 되었다. 상고 동창이자 사대 역사과 동문인 김용조 친구가 사범대학 변태섭 교수님에게 부탁해서 서울 동덕여고同德女高 국사과 교사로 발령이 난 것이다. 나만 먼저 서둘러서 마산역에서 서울행 기차를 탔다. 그때 우리반 아이들이 전송 나왔다. 미안한 마음에 이별의 인사도 제대로 남기지 못했다.

2022년 6월~,

내 나이 여든다섯 살~,

60여 년 가까운 세월이 흐른 뒤~,

어느 날 안성 도피안사에서 한 권의 책을 받았다.

*책 제목 :『아버지의 교육법』(시문학사)
*저 자 : 이혜선李惠仙

이혜선~,

바로 그 혜선이다.

제일여고 내가 담임 맡았던 그 반 반장 이혜선~,

내가 마산역에서 서울 떠날 때 전송 나왔던 그 혜선이~

그 혜선이가 지금 어엿한 시인詩人, 문학박사~, 그리고 한국문인협회의 이사장이 되어 있다.

그 이혜선이 문단의 원로이자 한때 마산제일여고 교사를 지낸~,

그리고 내 평생의 벗 조병무한테서 소식을 듣고, 자기 수필집 한 권을 보내온 것이다.

'김재영 은사님께

2022. 6.

제자 이혜선 드림'

'마산馬山'이란 낙관落款이 가슴을 울렸다.

책을 열어보니, 제일 앞칸에 '프로스트의 약속의 시'라는 제목의 글이 실려 있고, 그 글이 바로 우리 만남을 기록한 것이다.

잃어버린 역사~,

까맣게 잊어버린 스물 몇 살 시절의 역사~,

60여 년 지나서 제자의 글 속에서 다시 찾아낸 것이다.

감정이 벅차오른다.

'아~, 내가 이랬던가.

미국의 대표적 시인 프로스트(Frost, Robert, 1874~1963)의 시를 이야기하고~,

내가 이렇게 낭만적이었던 때도 있었던가~'

참으로 소중한 기록이어서 간추려서 여기 전재轉載한다.

2) 옛 제자 이혜선의 글~, '프로스트의 약속의 시'

「입학한 지 한 달여 만에 새로 뽑힌 학급 간부들이 온 힘과 정성을 다하여 환경미화를 끝낸 사월 하순경, 뜻밖에도 담임을 맡은 김재영 선생님이 전근 가신다는 소리를 들었다.

급우들의 섭섭함을 뒤로 하고 선생님이 떠나시던 날 부반장 명숙이와 나는 학급 대표로 마산역에 나가 서울로 떠나는 선생님을 배웅하였다. 바닷가에 위치한 마산역은 바로 앞에 엎드린 돝섬이 손짓하고 있고 역사 양 옆으로 넓게 보리밭이 펼쳐져 있었다.

그 날 우리는 선생님을 실은 기차가 떠나는 기적소리를 들으며, 봄비에 머리감고 더 푸르러진 머릿결로 손짓하는 보리밭 사잇길을 걸어서 섭섭함을 달래며 학교로 돌아왔다.

한 달쯤 후에 서울 가신 선생님에게서 편지가 왔다. 그토록 애써서 단장한 환경미화가 담임선생님 안 계신 중에도 전교에서 1등을 한 날이었다. 떠나실 때 명숙이와 나는 선생님의 양말을 이별 선물로 사 드리고 내가 편지를 썼는데, 언니의 시詩 공책에서 '떠나는 벗에게 한 송이 꽃을 드립니다. 나 하나의 꿈을 드립니다'라는 시를 베

껴 넣었다. 그런데 선생님은 서울 ㄷ여고 부임한 후, 하숙집에서 내가 써 준 편지를 읽으며 이 글을 쓴다고 하시면서 "너는 문장력이 있으니 문학공부를 하여 문학가가 되는 것이 좋겠다"라고 나의 적성을 지적해 주셨다. 그때 동봉해서 보내주신 시가 프로스트의 '눈 내리는 저녁 숲가에서 서서'였다. 영어원문까지 함께 보내주신 그 시는 지금까지 내가 애송하면서 지키고자 하는 약속의 시가 되었다.

'숲은 아름답고 깊고 그윽합니다.
그러나 내게는 지켜야 할 약속과
잠들기 전에 가야 할 먼 길이 있습니다.
내가 잠들기 전에 가야 할 먼 길이 있습니다.'
……

이제 나는 내 인생에게 한 약속, 그때 선생님과 편지로 나눈 약속을 지키고 있는 것일까? 때때로 자신에게 물어본다.
그때의 담임선생님은 프로스트의 시처럼 잠들기 전에 가야 하는 먼 길을 너무도 성실하게 열심히 가고 계신다는 소식을 풍문으로 듣고 있다. 그런데도 나는 서울 생활 몇 십 년이 되어도 아직 선생님께 선뜻 "약속을 지키고 있습니다" 하고 연락드리지 못하고 있다.
아직은 내가 자신과 삶에게 한 약속을 충실하게 지키고 있다는 자신감이 없으며, 때때로 아니 거의 모든 시간을 게으름부리면서 내실 없는 겉치레에만 스스로 만족하고 있는 것을 알기 때문이다.
겉으로 보이는 표면적인 모습과, 자신의 마음 깊이 느끼는 성취감
은 별개의 것이다.

그래도 언젠가는 "선생님, 저 혜선이 그때의 약속을 지키느라 지금
까지 노력하고 살았습니다"하고 말씀드리며 대견하게 웃어주실 선
생님의 얼굴을 바라보고 싶다. 언제쯤이면 그 일이 가능할까?」

〔이혜선, 『아버지의 교육법』(2022, 시문학사) pp.13~17〕

3) 'Miles to go before I sleep'~, '잠들기 전에 가야 할 먼 길'~, 무엇인가?

The forest is beautiful, deep and dark,

But I have a promise to keep,

And miles to go before I sleep,

Miles to go before I sleep.

-Frost, Robert-

(이 영문은 60여 년 전 기억을 더듬어 쓴 것이기 때문에 몇 자 틀릴 수
도 있다)

'숲은 아름답고 깊고 그윽합니다.

그러나 내게는 지켜야 할 약속과

잠들기 전에 가야 할 먼 길이 있습니다.

내가 잠들기 전에 가야 할 먼 길이 있습니다.'

평생을 바쳐 자기와의 약속을 지키기 위해
땀 흘리며 살아온 제자 이혜선~,
아름답고 깊은 숲을 이룩한 시인 이혜선~,

혜선이는 나와의 약속을 훌륭하게 지켜내고 있구나.
아니~, 자기 자신과의 약속을 참으로 진실하게 지켜내고 있구나.
혜선이를 바라보면서,
혜선이의 글을 읽고 또 읽으면서,
이제 나는 나 자신에게 묻고 있다.

'Miles to go before I sleep~,
내가 잠들기 전에 가야 할 길'

'나는 약속을 지키고 있는가?
잠들기 전에 가야 할 먼 길을 가고 있는가?
그렇게 걸어왔는가?

그 약속~, 무엇인가?
그 먼 길~, 무엇인가?
기억하고 있는가?
생각하고 있는가?'

이제 내가 묻고 있다.

제자 앞에서 내가 내게 묻고 있다.

'그 약속'~, 무엇일까?

'그 먼 길'~, 무엇일까?

'나는 그 길로 가고 있는 것일까?'

2. '동덕여고'~, 내 인생의 절대적 상수常數

1) '동덕여고'~, 내 이력서는 딱 한 줄

1966년 4월~, 스물아홉 살~,

나는 서울 동덕여고同德女高 국사과 교사로 부임하였다.

재단 이사장 춘강春江 조동식趙東植 박사,

교장 손정순孫貞順 선생님~,

서울 동대문 근처 창신동에 자리 잡고 있는 2층 붉은 벽돌의 학교 교사校舍, 벽을 타고 오르는 담쟁이 넝쿨의 파란 생명력~

동덕여고는 손꼽히는 우리나라 사학명문私學名門이다.

춘강 조동식 박사가 1908년 약관의 나이로 '나라 살리는 길은 여성 교육에 있다'라고 자각하고 세운 민족사학民族私學이다. 이 시기의 학교들이 대부분 이화 배화 정신 경신 등 서양 선교사들이 세운 미션스쿨(Mission school)이거나, 숙명 진명 휘문 등 왕실이나 외척들

동덕여고

이 세운 학교들인데 비하여, 동덕은 순수 민간사학民間私學이다. 동덕여고를 흔히 '민족사학'이라고 일컫는 것에는 천도교天道教와의 관계도 작용하고 있다. 1910년대 전후해서 천도교 교주 손병희孫秉熙 선생이 한때 교주校主를 맡았다. '동덕同德'이란 교명校名도 흔히들 '동문수덕同文修德'으로 해석하고 있는데, 이 교명은 천도교의 교리와도 관계 깊다. 그래서 동덕은 유난히 '애국애족愛國愛族'을 강조한다. 초등학교 교과서에 실린 '할아버지의 태극기'도 조동식 박사가 실제 보관했던 것~, 지금도 학교 전시관에 걸려 있다. 올해 개교開校 114주년~, 동덕여대, 동덕중·고교, 대전 성덕여중의 동덕학원으로 조용히 성장해가고 있다. (현재 이사장 조원영 박사)

'동덕여고 교사教師'~,

이것이 내 이력서다. 내 이력서는 이 한 줄로 끝이다.

다른 직장을 가져본 적이 없다. 수많은 좋은 기회들이 찾아왔지만, 출세의 기회가 눈앞에 찾아왔지만, 나는 동덕을 떠날 수 없었다. 집사람한테 원망도 많이 들었다. 참 못나기도 했지~. 이렇게 동덕과의 만남은 내 인생의 운명적 사건이다. 스물아홉 이후 내 인생은 '동덕'을 떠나서 생각할 수 없다. 동덕은 33년간 근무한 단순한 직장이 아니다. 지금까지~, 여든일곱 살 지금 이 나이에 이르도록, 60여 년 내 인생에서 동덕은 '절대상수絶代常數'다. 가정생활, 불교생활, 친교생활~, 내 인생의 모든 영역에서 '동덕'은 절대적 조건으로 작동하고 있다.

'옥천玉川 물소래'
'마산상고' '해병대' '동덕'~,
이것은 내 무의식 깊이 작동하고 있는 정신적 자산이다.

2) 1966년 첫 수업~, "선생님~, 결혼하셨어요?"

1966년 4월~,
동덕에 와서 첫 수업(授業, 강의)에 들어갔다.
고3 국사國史 시간이다. 며칠 연구하고 강의안講義案을 짜서 열성껏 가르쳤다. 한 시간 수업을 잘 마치고 교실 문을 나서는데 학생들이 우루루 몰려왔다. 몸빼바지를 입은 말馬만 한 처녀아이들이 나를 둘러싸고 질문을 쏟아냈다.

2편 〔동덕불교-청보리 시절〕

"선생님~,
결혼하셨어요?"

이것이 내가 받은 첫 질문이다.
넉살 좋게 이 질문을 던진 녀석이 바로 심혜섭沈惠燮이다.
그 반 반장이고, 전교 학생회장~, 동덕 51회다.
키가 훤칠하고 활달하고 사교적인 학생이다.

"그래~, 결혼했다. 애가 둘이다~"

아이들이 실망하는 기색이 역력하다.
그렇다고 거짓말할 수도 없고~

얼마 뒤 심혜섭 일당이 우리집을 찾아왔다.
혜섭이가 아무 예고도 없이 말만 한 고3 아이들 대여섯 명을 이끌고 우리집을 방문한 것이다. 그때 우리집은 종암동 병숙이네 셋방이었다. 햇빛도 잘 들지 않는 작고 컴컴한 '우리방'이었다. 아이들 먹을 것이랑 살림살이 도움 되는 걸 잔뜩 사서 들고 온 것이다. 그러면서 우리 집사람과도 잘 어울리고 아이들과도 잘 놀았다. 이후에도 여러 차례 찾아와서 집사람하고는 자매처럼 지냈다.

심혜섭~,
졸업하고 나서는 통 소식을 알 수 없다. 혜섭이 친구들에게 물어봐도 아는 사람이 없다. 이민이라도 간 것일까?

3) 수많은 동덕 아이들~, 그리운 얼굴들 하나하나~

1967년 3월~, 서른 살~,
나는 처음으로 고3 담임을 맡았다.
3학년 6반(52회)~, 67명의 아이들~, 동덕 나의 첫사랑들~,
지금도 하나하나 얼굴이며 이름이 떠오른다.

반장 강인혜, 곱슬머리 안경숙, 1번 손순례, 67번 키다리 박명수,
짧은 단발머리 안숙현, L.A.서 만난 노필윤, 눈이 큰 김기혜,
얌전한 유혜순, 말 없는 미소 최창애, GS 김종순, 야무진 김점순,
눈망울이 똘망똘망한 김도경, 은근한 한정숙(상회),
깔끔 멋쟁이 정유화, 채송화 같은 최송희, 안개꽃 같은 김숙경,
총명 발랄한 손승숙, 전교수석을 다투던 임종옥, 이후복 …

33년간 수많은 아이들이 거쳐 갔다.
아직도 가슴속에 맴도는 아이들이 많다.
지금 다들 할머니, 어머니가 돼 있겠지~.
이름 떠오르는 몇몇 아이들~

나상임 심재성 김진숙 강지정 홍영상 김순정
지설근 허광자 김경옥 공유식 김영자 용계숙

조현영 (수녀) 이계숙 강보인 권용란 민혜인
김용숙 문혜숙 이선영 주은렬 최은봉 남 주
황정현 오윤아 강인원 김지영 안봉화 김서윤 …

지금 이름은 잊었지만
하늘의 별처럼 떠오르는 얼굴 얼굴들~,
입에 맴도는 이름 이름들~,
단발머리 하얀 카라~, 몸빼바지~

'내 일생 기쁜 곳은 우리 학교요
밤낮으로 생각키는 우리 학우라, …'

이것은 동덕 교가校歌~, 첫 머리다.
무슨 행사 때 아이들이 부르는 노래~,
나는 지금도 이 노래 흥얼거리고 있다.
동덕은 내게도 평생 기쁜 곳~,
밤낮으로 생각키는 우리 제자들~

창신동의 빨간 벽돌담~,
방배동의 교문 오르막길~,
그 아이들~, 그 선생님들~,
내가 맡은 학급에서 아침마다 하던 '명상의 시간'~,
매달 한 번씩 주고받던 '대화의 노트'~,

문득문득 생각킨다.

수많은 혜섭이들
첫사랑 3학년 6반 아이들~,
나는 오늘 아침에도 아침 수행시간 말미에 이렇게 기도했다.
매일 하는 일과다.

'모든 생명들이여, 부디 행복하소서.
사랑하는 사람들이여, 부디 행복하소서. …
사랑하는 동덕의 제자들~,
심혜섭 이래 수많은 동덕의 제자들~,
동덕 청보리들~, 부디 행복하소서.'

3. '죽음'이~, 빙산처럼 무너져 내리다

1) 고1 겨울방학~, 느닷없이 들이닥친 '죽음'

아름다운 동덕학원~,
눈빛 초롱초롱한 착한 아이들~,
인정 깊은 좋은 선생님들~,

그러나 나는 편안하지 못했다.

이 평화롭고 애정이 넘치는 보금자리에서 나는 평화롭지 못했다.
심리적으로 끊임없이 '죽음의 공포'로 괴로워하고 있었다.

'죽음의 공포'~

잘 나가다가,
느닷없이 무슨 말인가?

그랬다.
'죽음'은 느닷없이 찾아왔다.
'죽음의 공포'는 실로 느닷없이 나를 찾아와 덮쳤다.

1954년 겨울~, 열일곱 살~, 고1 겨울방학 때~,
어느 날 새벽 갑자기 잠이 깨면서 느닷없이 '죽음의 공포'가 나를
덮쳤다. '아닌 밤중에 홍두깨'라 할까~, 자다가 '죽음'이라는 생각
이 느닷없이 내 전신을 쓰나미처럼 휩쓸었다.

'어떻게 죽는단 말인가?
부모형제들 친구들 다 버리고 어떻게 죽을 수 있을까?
죽음의 고통 어떻게 감당한단 말인가?
죽음이란 대체 무엇인가?'

이렇게 끝없는 '죽음'에 빠져 헤어나지 못했다. 나는 '죽음의 공포'

에 휘말려서 사흘 밤을 새우다시피 하였다. 무슨 특별한 계기가 있었던 것도 아니다. 가까운 사람이 세상 떠난 것도 아니다.

나는 지금도 까닭을 모르겠다.

내가 그렇게 충격적으로 '죽음의 공포'에 빠지게 된 까닭을 알 수가 없다. 내 무의식 속에 잠재해있던 전생의 무슨 사연이 있는 것일까? 전생에 내가 이 문제로 괴로워하고 무슨 출구를 찾고 있었던 것일까?

2) '죽음의 공포'~, 시커멓게 내 일상을 지배하다

'죽음'~,
'죽음의 공포'~

이것은 단순한 것이 아니다.
단순히 관념적인 것이 아니다.
무슨 '해탈'을 찾고 '영생'을 찾고~, 이런 철학적인 것이 아니다.
몸이 덜덜 떨릴 정도로 이 공포는 눈앞에 보이는 것이다. 내 마음을 어둡게 지배하는 정서적 심리적인 현상이다.

'죽음'~,
'죽음의 공포'~

이 '공포'는 시커멓게 내 일상을 지배하며 나를 괴롭혔다.

나는 공부도 열심히 하고 친구들도 잘 사귀고 적극적으로 살았지만, 내 내면 속에는 항상 이 '죽음의 공포' '죽음의 고뇌'가 나를 괴롭히고 있었다. 이런 내면적 불안과 어둠 속에서 대학도 나오고 군대 가고 결혼하고 자식 낳고 학교에 취직해서 아이들 열심히 가르치고 있었다. 그러나~, 그러면서도 나는 항상 이 공포와 고뇌로 마음 편할 날이 없었다. 끈끈하고 끈적끈적한 때〔垢〕가 내 몸을 감싸고 있는 느낌~, 한시도 마음 편한 날이 없었다.

어느 때 대학 다닐 때~, 대학 2학년 때던가~,
역사과에서 초가을에 양산 통도사로 고적답사를 갔다. 매년 봄 가을 한두 번씩 가는 연례행사다. 과科 친구들과 어울려 통도사 근처에서 일박하는데. 나는 밤에 몰래 빠져나와 절 앞 큰 개울물에 들어가서 돌멩이를 주워서 내 몸을 박박 문질렀다. 끈끈한 검은 때를 닦아내기 위해서다. 그래도 내 불안은 변함없이 끈질기게 내 일상을 어둡게 내리누르고 있었다. 요새말로, 우울증 공황장애 걸리지 않은 것이 그래도 다행이라고 할까. 아니~, 이것이 바로 그런 증상인지 모른다.

3) '죽음'이~, 빙산氷山처럼 무너져 내리다

가) 우연히 만난 『법구경』 1장 1절~, '마음이 모든 것에 앞서 간다'

1967년 10월~, 서른 살~, 동덕에 온 지 2년째~,

가을이 무르익어가는 어느 날 오후~,

나는 3학년 6반 담임을 맡아서 열심히 하고 있었지만, 내심으로는 불안해서 자리에 편히 앉지를 못하고, 학교 안을 이리저리 방황하기 일쑤였다. 이 날도 2층에 있는 진학실(고3 담임들 교무실)을 나와서 정처 없이 헤매다가, 나도 모르게 발길이 별관 3층의 학교도서관으로 들어섰다. 책 읽을 마음의 여유도 없으니까 건성으로 여기저기 서가書架 사이를 거닐다가, 운동장이 내려다보이는 창가에 가서 무심코 책 한 권을 집어 들었다. 책에 먼지가 뽀얗게 쌓여 있다.

첫 장을 넘겼다.

이렇게 쓰여 있었다.

별 생각 없이~, 무엇 기대하지도 않고 그저 읽어본다.

〔합 송〕

허리 곧게 펴고

합장하고 함께 외우며 깊이 새긴다.

(목탁/죽비~)

「마음이 모든 것에 앞서 간다.

마음이 모든 것의 주인이다.

마음이 모든 것을 만들어내나니

마음으로 어둔 것을 생각하면

고통이 그를 따르리.

마치 수레가 황소를 뒤 따르듯~.

마음이 모든 것에 앞서 간다.
마음이 모든 것의 주인이다.
마음이 모든 것을 만들어내나니
마음으로 밝은 것을 생각하면
즐거움이 그를 따르리.
마치 그림자가 물체를 뒤따르듯~.」
－Dhp 1 ;『법구경』제1 게송 －

나) 순간 빛이 '번쩍'~, '죽음'이 빙산처럼 와르르 무너져 내리다

'마음이 모든 것에 앞서 간다.
마음이 모든 것의 주인이다.~'

번쩍~,
순간 빛이 번쩍했다.
마음속인지 가을 하늘인지 모르게 섬광이 번쩍하고 지나갔다.
와르르 무너져 내렸다.
그 순간~,
끈끈한 어둔 장벽이 무너져 내렸다.
오랜 세월~,
나를~, 내 마음을 감싸고 지배해온 어둔 때들~,

끈적끈적한 때들의 덩어리가 무너져 내렸다.
마치 북극 빙산이 무너져 내리듯~,
큰 굉음을 내며 와르르 무너져 내리는 것이다.

내 가슴에서~, 내 심장에서~,
어둔 껍질들이 와르르 쏟아져나갔다.
가슴이 숨을 쉰다. 심장이 펄떡펄떡 뛴다.
생기生氣가 솟아난다. 불끈~, 힘이 솟아난다.
살 것 같다~, 아니~, 살아났다.

광명찬란~,
광명이 찬란하게 빛나고 있다.
문득 창문 너머 바라보니,
운동장이 광명으로 빛나고 있다.
가을하늘이 광명으로 빛나고 있다.
온 세상이 광명으로 빛나고 있다.
내 몸이~, 내 마음이 광명으로 빛나고 있다.

깊은 숨을 들이 쉬었다.
평온이 왔다. 실로 오랜만에, 나는 편안하게 웃었다.
일대사 인연一大事因緣을 새로 만난 것이다.
새로운 내 인생이 시작된 것이다.

이렇게 해서 나는 벗어났다.

아니~, 살아났다.

열일곱 살 겨울 한밤중에 느닷없이 들이닥친 '공포'~,

서른 살 가을에 이렇게 여지없이 벗어난 것이다.

『法句經』(법구경),

정신을 차려 책 제목을 보니, 한문으로 이렇게 씌어 있었다. 현암사

의 김달진 선생 번역본이었다. 지금껏 듣도 보도 못한 낡은 책 한

권이 내 인생을 이렇게 바꿔놓은 것이다.

내 인생은 여기서 결정되었다.

내 운명이 여기서 결정되었다.

내 불교인생은 이렇게 새로 시작된 것이다.

불교 아무것도 모른 채, 나는 빛을 보고 새 생명의 길을 본 것이다.

4장

〔부처님 친견親見〕

사왓띠성(城) 미가라마타 강당~, 나는 여기서 부처님 친견하다

1. 불경佛經~, 읽고 또 읽고~, 꿀꺽꿀꺽 삼키다

1) 『법구경』 한 권 석 달 동안~, 그냥 꿀꺽꿀꺽 삼킨다

가) 그냥 꿀꺽꿀꺽 삼킨다, 해석하지 않는다, 체계 세우지 않는다

『법구경法句經』을 읽기 시작했다.

바로 그 『법구경』을 대출 받아 집으로 가져가 읽기 시작한 것이다.

내가 불경을 제대로 읽는 것은 이번이 처음이다. 고등학교 때, 조병무 김봉세 등 친구들과 함께 마산포교당(지금 正法寺) 불교학생회를 열심히 다니면서, 고2 때 회장까지 지냈지만, 그때는 재미로~, 친구 만나고 여학생들 만나는 재미로 다닌 것이지, 무슨 생각이 있어서 다닌 것은 아니다. 경전 한 권 제대로 읽지 못했다. 그러다가 이

번에 『법구경』을 만난 것이다.

새벽같이 일어나서 읽는다.
학교 출근하기 전 30분 정도 읽는다.
맑고 고요한 정신으로 읽는다.
처음에는 소리 내서 읽고,
두 번째는 마음으로 읽고,
세 번째는 외우면서 읽고~,
책상에 단정히 앉아서
부처님을 모시는 느낌으로 한 줄 한 줄 읽어간다.
많은 양量을 읽을 생각을 하지 않는다.
진도를 나갈 생각을 하지 않는다.
그저 읽는 그 자체에 몰두한다.
하루 2, 3 게송 읽는 것으로 족하다.

〔고요한 관찰〕
허리 곧게 펴고
한 줄 한 줄 외우면서
마음에 새기면서 고요히 받아들인다.

'마음이 모든 것에 앞서 간다.
마음이 모든 것의 주인이다.
마음이 모든 것을 만들어내나니

마음으로 어둔 것을 생각하면

고통이 그를 따르리.

마치 수레가 황소를 뒤따르듯~'

'법구경 제1 게송'~,

한 줄 읽고 고요히 받아들인다.

두 줄 읽고 고요히 받아들인다.

눈을 감고 외우면서 가슴 깊이 받아들인다.

무슨 뜻인지~, 해석하지 않는다.

'마음'이 무엇인지~, 알려고 하지 않는다.

'모든 것'~, '법法'이 무엇인지~,

해석하고 분석하려 하지 않는다.

체계 세우려 하지 않는다.

그냥 읽고 꿀꺽꿀꺽 삼킨다.

목마른 나그네가 물을 찾아 마시듯~,

그냥 읽고 꿀꺽꿀꺽 삼킨다.

좀 이상한 말씀이 나와도 꿀꺽 삼키고,

이해 안 되고 모순된 말씀이 나와도 꿀꺽 삼키고~.

나) '보리씨앗'인가? 내 속에서 뭔가 자라고 있다

꿀꺽꿀꺽 삼킨다.

그냥 무턱대고 읽고 꿀꺽꿀꺽 삼킨다.

'마음'도 꿀꺽 삼키고, '법法'도 꿀꺽 삼킨다.

'마음'도 내 뱃속에 간직하고, '법'도 내 뱃속에 간직하고~,

그러면서 때때로 반추反芻한다.

소가 여물을 되새김하듯, 법구法句 하나하나 되새김한다.

거기 깃든 의미들이 조금 조금씩 소화된다.

나도 모르는 새 녹아서 내 핏줄로 스며든다.

그 피가 전신을 타고 흐른다.

안팎으로 돌고 돈다.

내가 바뀌어간다.

순간순간~, 하루하루~,

내가 조금씩 바뀌어간다.

내 정서가 바뀌고~,

내 생각이 바뀌고~,

내 행위가 바뀌고~,

내 삶이 바뀌고~,

우리 가정이 바뀌고~,

우리 학교가 바뀌고~,

우리 마을이 바뀌고~,

만나는 학생들~, 선생님들이 바뀌고~,

나를 둘러싼 세상이 바뀌고~,

뭔가 자라고 있다.

내 안에서 뭔가 자라고 있다.

새봄에 진달래 꽃망울이 자라듯~,

내 맘 속에서 뭔가 소리 소문 없이 자라고 있다.

'부처님 씨앗'인가?

'불성佛性의 씨앗'인가?

'보리씨앗'~, '깨달음의 씨앗'인가?

이렇게 석 달 걸려서 읽었다.

『법구경』 한 권을 석 달 걸려서 읽었다.

1주일이면 족할 것을~, 석 달이나 걸려 읽었다.

2) 『우리말 八萬大藏經』~, '아~, 불교 이런 것이구나'

1968년 초~, 서른한 살~,

『법구경』 한 권을 다 읽고, 『우리말 팔만대장경』을 읽기 시작했다.

조계사 앞 불서보급사에서 산 불서佛書~,

나는 1천 쪽 가까운 이 책을 잡고 또 전투하듯 덤벼들었다.

아침 7시에 일어나 30분간 읽고 또 읽는다. 몇 줄 읽고 멈춰서 고요
히 생각하고 받아들이고 꿀꺽꿀꺽 삼킨다. '생각한다'고 해서 이리
저리 분석하고 따지고 시비를 거는 것 아니다. 글의 뜻을~, 부처님
말씀의 뜻을~, '아~, 이런 것이구나' 하고 생각하는 것이다. 대긍정
大肯定의 마음으로 받아들이는 것이다. '사유思惟'란 표현이 더 적절

할 것이다. '사유'는 이리저리 생각하는 것 아니다. '사유'는 고요히 받아들이는 것이다. '아~ 이런 것이구나' 하고 고요히 받아들이는 것이다. '오온개공'이라고 하면, '아~ 오온이 텅 빈 것이구나. 나, 자아自我라는 것이 어떤 실체가 아니고, 한때 지나가는 텅~ 빈 생각이구나', 이렇게 받아들이는 것이다. '색色'을 분석하고 '공空'을 논하고, 체계 세우고~, 이러는 것 아니다. 이것이 팔정도의 '정사유', '바른 사유, 바른 생각'이다. 불교는 사유하는 것이 우선이고, 사려분별思慮分別하는 것은 그다음이라는 것을 깨달았다.

『우리말 팔만대장경』~,
불교의 전체적 맥락을 공부하는 데는 딱 좋은 책이다.
내가 운運이 좋아서 이런 책을 만난 것이다. 부처님께서 인도하심이다. 이 책에는 붓다의 생애로부터 시작해서, 초기경전, 율장, 대승경전까지 주요 경전들이 다 망라되어 있다. 붓다의 경전들이 하늘의 별처럼 섬광을 발하고 있는 것이다. 아침마다 이 별들의 빛을 체감하면서 나는 형언할 수 없는 희열喜悅에 빠져든다. 법열法悅이 이런 것일까. 오랜 세월 나를 지배했던 '죽음의 공포' '우울'이 자취없이 사라진다.
찬란한 광명이 솟아난다.
무한생명의 에너지가 온몸 가득 솟아난다.
새 생명의 길이 환~하게 열려온다.
나의 하루는 이렇게 기쁨으로 벅차오른다.

『우리말 팔만대장경』~,

6개월이 걸렸다.

책 한 권 읽는데 반년이 걸린 것이다.

이러는 사이~,

뭐가 조금씩 보이는 것 같다.

뭐가 조금씩 손에 잡히는 것 같다.

'아~, 불교 이런 것이구나.

부처님의 가르침~, 이렇게 좋은 것이구나.'

3) 나의 One-Pick 『Suttanipāta』~, '자애慈愛 Sati'가 'Key-Word'~

나는 멈추지 않았다.

여러 경전들~, 저술들을 몰두해서 공부해갔다. 『우리말 팔만대장경』에 간략하게 나온 경전들을 하나하나 찾아서 공부해갔다.

고익진 선생이 펴낸 『한글 아함경』을 통해서 초기경전의 실체를 체감했다. 동국역경원에서 펴낸 『한글대장경 잡아함경雜阿含經』 세 권을 읽고 붓다의 실체에 보다 가까이 다가갔다.

법화경法華經을 읽고 무한생명[無量壽]의 찬란한 빛[無量光]을 배웠다. 유마경維摩經을 읽고 '중생이 곧 깨달음'이라는 사실을 배웠다. 화엄경華嚴經을 읽고 시공을 초월하는 보살행원의 무량공덕을 배웠다. 열반경涅槃經을 읽고 끝없는 자애慈愛가 곧 열반이란 사실을 배웠다.

정토 삼부경淨土三部經을 읽고 죽음이 새로운 탄생의 과정이란 사실을 배웠다. 미륵 삼부경彌勒三部經을 읽고 이 고통의 사바娑婆에 정토를 세우는 것이 부처님의 궁극적 이상理想이라는 사실을 배웠다.

『숫따니빠따(Suttanipāta)』~,

이 경전은 '나의 One Pick'이다.

이 경은 가장 오래된 붓다의 목소리를 담고 있는 최고층最古層의 경전이다.

나는 여기서 붓다 석가모니의 체온이 살아있는 원음原音을 듣는다.

〔합 송〕

허리 곧게 펴고 합장하고

부처님 우러러 보면서

붓다 석가모니의 체온 느끼면서

함께 외우고 깊이 새긴다.

(목탁/죽비~)

"어머니가 목숨 걸고

외딸 외아들을* 지키듯이

---

* 원문에는 '외아들'로 돼 있지만, 이 '외아들'은 곧 '외딸, 외아들'이다.

모든 생명들에 대하여

자애慈愛와 한량없는 마음을 닦아야 한다.

위로 아래로 옆으로

걸림 없이 원한 없이 증오 없이

온 세상에 대하여

자애慈愛와 한량없는 마음을 닦아야 한다.

서 있거나 걷거나 앉아 있거나

누워 있거나 깨어 있는 한

자애慈愛에 대한 사띠(Sati/念)를 닦아야 한다.*

이것이 이 세상에서 청정한 삶이라고 일컫는 것이다."

－Suttanipāta 1, 8, 「MettaSutta/멧따숫따/慈愛經」 149~151 －

(2번 3번 외우면서 깊이 새긴다)

'자애(慈愛, Metta/멧따)

자애(慈愛)에 대한 Sati~,

자애(慈愛) Sati~, Metta-Sati/멧따사띠'

---

* 　이 부분을 전재성 박사는 '자애의 마음을 굳게하여 지이다'로 옮기고, 일아
　　스님은 '자애에 대한 마음집중을 닦아야 한다'로 옮기고 있다. 그러나 빨리
　　원문에 'Sati'라고 분명히 나와 있다. 그래서 '자애 Sati'로 옮긴 것이다. 'Sati'
　　는 곧 '관찰' '마음관찰'이다. ; 전재성 역, 『숫타니파타』 p.137, 일아 스님 역,
　　『숫따니빠따』 p.64.

이 절절한 붓다의 목소리

가슴 적시는 붓다의 목소리

교리로 채색되지 아니한 붓다의 직언직설直言直說~

나는 여기서 무엇보다 먼저

불교가 '자애(慈愛, Metta/멧따)의 길'~,

'연민(憐愍, Karunā/까루나)의 길'이라는 사실을 깨달았다.

'보살의 자애'가 곧 '깨달음'이라는 사실을 깨달았다.

불교가 처음부터~, 초기불교에서부터 '보살의 길'이라는 사실을

깨달았다.

'위없는 바른 깨달음(無上正等正覺)

Anuttara-Sammā-Sambodhi

/아눗따라삼마삼보리/아눅다라삼먁삼보리'~

이것은 곧 '모성母性의 연민'~,

'모든 생명들 외딸 외아들같이 목숨 바쳐 수호하는 어머니의 사랑'

이라는 사실을 깨달았다.

붓다 자신이 처음부터 '보살'이라는 사실을 깨달았다.

아라한(阿羅漢, Arahan)이 본래부터 '보살수행자'라는 사실을 깨달

았다.

무엇보다 놀라운 것은~,

나누고 섬기는 보살의 자애慈愛와 Sati~,

이것이 '불교의 Key-Word'임을 발견한 것이다.

이것이 깨달음 해탈 불사의 대전제임을 발견한 것이다.

이것 없으면, 다 헛것~,

명상 참선도, 공空도 무아無我도 팔만사천법문도~,

헛것~, 허구虛構라는 사실을 발견한 것이다.

여기서 내가 걷는 불교의 향방向方이 이미 결정된 것이다.

2. 참선參禪~, 앉고 또 앉고~, 점차 회의에 빠지다

1) '이뭣고(是甚麽)'~, '한 물건'을 찾아서

불교공부를 시작하자마자 좌선坐禪과 마주쳤다.

1970년대 초~, 그때만 해도 좌선일색坐禪一色이었다. 한국불교는
중국 조사祖師들의 좌선주의坐禪主義에 깊이 빠져 있었다.

사찰이고 법회고~, 어디를 가도 스님들이나 법사들이 '좌선' '참선'
을 말하고, '좌선만이 최상승'이라고 말하고, '참선만이 깨달음의
길'이라고 강조하였다. '참선해서 한소식 해야 생사해탈 자유자재
한다'고 강조하였다. 부처님 얘기는 거의 들어볼 수가 없었다. 불교
서점에 가도 선서禪書 선어록禪語錄들이 주류를 이루고 있었다. 부
처님 성씨姓氏는 몰라도, 육조六祖 혜능慧能의 함자와 육조단경六祖

壇經은 다 알고 있었다.

나도 이 흐름 속에서 선서禪書들을 열심히 읽고,
조사들의 어록에 귀를 기울이고,
화두를 들고 앉는 연습을 게을리 하지 않았다.

「어떤 스님이 귀종歸宗 화상에게 물은 일이 있었다.
"어떤 것이 부처입니까?"
화상은 이렇게 말했다.
"내 이제 그대에게 일러 주고 싶지만, 그대가 믿지 않을까 걱
정이다."
"큰스님의 지극한 말씀을 어찌 감히 믿지 않겠습니까?"
"그것은 곧 너니라~"…」
　_ 보조普照, 『수심결修心訣』

"모든 부처님과 일체중생의 본체는 한 마음일 뿐,
다른 것이 아니다.
이 마음은 시작 없는 옛적부터 나고 죽는 것이 아니고,
푸르거나 누른 것도 아니며,
어떤 형상이 있는 것도 아니다.
모든 이름과 말과 자취와 관계를 초월한 본체가 곧 마음
이다."
　_ 황벽黃檗, 『전심법요傳心要』

참으로 놀랍다.

지금까지 살아온 삶의 지식들을 한순간에 두들겨 부수는 방망이다.

'내가 곧 부처'

'마음이 곧 부처'

'나고 죽는 것이 아니고,

푸르거나 누른 것도 아니고,

어떤 형상이 있는 것도 아니고~'

'내가 부처~,

이것이 무엇일까?

이 마음이 부처~,

이것이 무엇일까?'~,

'이뭣고~,

시심마是甚麽~'

이것이 내 화두話頭다.

조사어록들을 읽고, 내 스스로 선택한 화두이다.

시간 나는 대로 앉아서 좌선에 몰두하였다. 주로 저녁시간 1시간 정도, 내 공부방에 앉아서 화두를 참구하였다.

여름방학 겨울방학~, 사찰로 수련대회 가서는 새벽부터 앉아서 화두를 참구하였다.

학교에 가서 아이들 가르치면서도 이 화두를 놓지 않고 관찰하였다.

좌선하는 순간, 마음이 고요해지고 흔들림 없는 경지로 들어간다.

'이 뭣고'~,

무엇을 보려 하지 않고,

오로지 마음을 고요히 비우는 데만 집중하였다.

'본래무일물本來無一物~,

본래 한 물건도 없는 것이다.

부처도 없고 나도 없고 마음 또한 없는 것~,

이 자리가 무엇인고~'

2) '참선'~, 이것이 불교일까?
   '명상' '참선'~, 이것이 깨달음의 길일까?

'이 뭣고~,

부처를 찾아서~,

마음을~, 본래청정심을 찾아서~,

나를~, 자기를 찾아서~,

깨달음을 찾아서~, 해탈을 찾아서~'

앉고 또 앉는다.

화두를 들고 들숨~, 날숨~,

앉고 또 앉는다.

하루~, 한 달~, 일 년~, 이 년~,

나는 점차 회의에 빠져들었다. 깊은 의문 앞에 마주섰다.

'과연 이것이 불교일까?

과연 이것이 부처님의 가르침일까?

명상, 참선~, 과연 이것이 바른 깨달음의 길일까?

이렇게 해서 한소식 하면,

과연 이것으로 이 세상의 고통~, 구제할 수 있을까?

이렇게 해서 자기를 보고 마음을 보면,

이 눈앞의 동포들의 고통 구제할 수 있을까? …'

나는 역사학도歷史學徒다.

역사학을 전공하고 공부한 학도다.

역사는 '사실(事實, fact)'을 전제한다.

'역사적 사실(事實, historical fact)'을 전제한다.

'사실事實'로써 설득되지 아니하면,

'눈앞의 사실~, 현실'로써 나 자신을 설득할 수 없으면,

더 나갈 수 없다.

중국 선불교禪佛敎의 역사를 관찰한다.

달마, 홍인, 혜능, 도일, 회양~

수많은 조사祖師 선사禪師들이 등장한다.

기라성 같은 조사 선사들~, 도인道人들이 빛을 발한다.

이 빛에 가려서 부처님은 찾아보기 어렵다. '살불살조殺佛殺祖'를 내세우며 의도적으로 '부처님의 존재'를 희석시키고 있다. 그러면서 '교외별전敎外別傳' '사교입선捨敎入禪' '직지견성直指見性'을 주장하며 '조교祖敎'~, '조사의 교'를 앞세우고 있다. '부처'를 제치고 '도인道人'을 내세우고 있다.

이것이 과연 사실(事實, fact)일까?

이것이 과연 역사적 사실(historical fact)일까?

중국의 조사, 선사들이 부처님보다 더 뛰어난 존재들일까?

그 뛰어난 조사, 선사, 도인들이 중국사회를 어떻게 바꾸었는가?

조사, 선사, 도인들이~, 중국불교가~, 중국사회의 모순을 극복하고 민중들의 고통을 구제하기 위하여 무엇을 어떻게 하였는가?

무료급식소를 차렸는가?

요양병원을 설립하였는가?

무식한 동포들을 위하여 야학夜學이라도 열었는가?

민중들의 정의를 실현하기 위하여 통치자의 횡포에 저항하였는가?

핍박받는 여성들의 평등을 위하여 탁발하였는가?

전쟁의 폭력 앞에 온몸으로 나섰는가? …

3) 대체 '불교'가 무엇일까? 부처님도 이런 불교 하셨을까?

'조교祖教'가 무엇일까?

'부처' 찾고 '마음' 찾고 '자기' 찾는다고 면벽 6년~, 10년~,

무슨 의미가 있는 것일까?

'대아大我'를 논하고 '진아眞我'를 외치고~,

'주인공'을 찾는 것이 무엇 하자는 것일까?

힌두교의 범아일여梵我一如 흉내 내는 것 아닐까?

눈앞에서 죽어가는 동포들 살리는 일 아니하고,

외로운 사람들 손잡아주지 못하면서,

'자기' 찾고, '마음' 찾고, '주인공' 찾고~,

자기만족에 빠지는 것 아닐까?

자기허상에 빠지는 것 아닐까?

중화적中華的 우월주의에 빠지는 것 아닐까?

도교적道教的 신선주의神仙主義에 빠지는 것 아닐까?

지금 한국불교는 불교적 사대주의에 빠져 깨어날 줄 모르고 흉내

내고 있는 것 아닐까?

좌선 참선 명상 위빳사나 사마타~,

이것이 과연 인류구원의 보편적 길일까?

5천만 동포 가운데~, 아니 1천만 불교도 가운데~,

이것으로 해서 몇 명이나, 몇 퍼센트나 깨닫고 해탈할 수 있을까?

정신적 불안 육체적 고통 사회적 모순과 불의不義~,

폭력 차별 진영논리 양극화 전쟁과 살육의 공포 기후문제~,

몇 명이나 이 중첩된 고통에서 벗어날 수 있을까?

1%~, 십만이 될까?

0.1%~, 일만은 될까?

99%의 민중들~, 99.9%의 시민들은 어디로 가는 것일까?

그래서 교회로 성당으로 몰려가는 것일까?

대체 '불교'가 무엇일까?

무엇 하자는 것일까?

'깨달음'이 무엇일까?

'부처'가 무엇일까?

'부처님'은 어찌 사셨을까?

'붓다 석가모니'는 어찌 살고 무엇을 추구하셨을까?

붓다께서도 지금 우리처럼 불교 하셨을까?

'붓다의 불교'는 어디 있는 것일까?

3. 사왓띠성城 미가라마타 강당~, 나는 여기서 부처님 친견하다

1) 우리불교~, 부처님이 없다. 우리불교~, 붓다 석가모니가 없다

나는 열심히 불교공부, 불경공부 해나갔다.

때때로 '이 뭣고'~, 화두를 들고 앉아 참구해갔다.

이렇게 열심히 공부하면서도 나는 항상 어떤 허기虛氣를 느꼈다.

'무엇인가 중심이 비어 있다.
불교에 중심이~, 주체主體가 보이지 않는다.'

이런 공허감空虛感에 시달렸다.

그것은 어디서도 부처님을 찾을 수 없었기 때문이다. '불교'는 분명 '부처님의 가르침'~, '붓다 석가모니의 가르침'인데, '붓다 석가모니의 가르침'이어야 하는데, 불교계 어디서도 그 '부처님'을~, '붓다 석가모니'를 찾을 수 없었다. 경을 읽어봐도 '아미타불'·'비로자나불' 등 역사적 실체가 아닌 상징적인 부처님만 나온다. 달마 대사·육조 혜능 등 중국계 선사들만 나온다. '역사적 부처님(Historical Buddha)'~, 곧 '붓다'~, '붓다 석가모니'에 대한 기록은 거의 없다. 겨우 신화적神話的인 『팔상록八相錄』 정도다. 스님들 설법 들어봐도 매양 애매모호한 참선 얘기나 하고, 뜬 구름 잡는 듯한 조사 얘기, 선사 얘기나 한다. 실제로 석가모니께서 어떻게 깨달으셨고, 또 어떻게 중생을 제도하셨는지에 대해서는 전혀 깜깜하다. 내가 불교공부 처음 매진하던 1960~70년대 상황이다.

나는 깊은 회의에 빠졌다.

'과연 이것이 불교일까?
부처님 없는 이 불교가 과연 불교일까?
이 허구虛構의 불교~,

이 허구의 부처님 속에서 무슨 힘이 나올까?

이 세상을 구제하고 동포들 살려낼 무슨 동력이 나올까?

조선왕조 초기의 척불론자斥佛論者 정도전鄭道傳 선생이 지적했던 것처럼, 불교는 이렇게 '허무적멸의 길(虛無寂滅之道)'로 끝나는 것일까?

부처님~, 어디 계시는가?

불교~, 무엇 하자는 것인가?'

2) '나의 허물 지적해주시오'~, 나는 여기서 부처님 친견하다

가) 지금 붓다께서 몸소 참회를 행하신다

1970년 5월~, 서른세 살~,

어느 날, 나는 우연한 기회를 만났다.

조계사 옆에 있는 '불서보급사'란 책방에 가서 『아함경 이야기』라는 번역서를 사 읽게 된 것이다. 일본 불교학자 마스타니 후미지오 박사가 저술하고 시인詩人 이원섭 선생이 번역한 책~, 현암사 판이다.

이 책을 읽으면서 나는 가슴이 설렜다. 여기서 부처님의 모습을 보는 듯했기 때문이다. 그 책 한 장에서 이렇게 기록하고 있다.

「나는 이와 같이 들었다.

한때 세존께서는 5백여 명의 성중들과 함께 사왓티성 동쪽 숲에 있는 미가라마따 강당[東園 鹿子母講堂]에 계셨다.

7월 보름밤, 우안거雨安居가 끝나는 날, 세존께서는 (매월) 보름날에 행하는 포살일에 자자(自恣, pavāraṇā/빠와라나, 자청하는 참회의식)를 행하기 위하여 바깥마당에 대중들과 함께 둘러(pari) 앉아(sā) 계셨다.

그때 세존께서는 고요히 침묵하고 있는 대중들 앞에 한 발 나서서, 두 손 합장하여 높이 세우고, 대중들에게 말씀하신다.

[붓다의 참회--우리들의 참회]
모두 무릎 꿇고
합장하여 두 손 눈앞에 높이 치켜들고
저 부처님을 따라서
간절하게 함께 외운다.
(목탁/죽비~)

"대중들이여,
이제 나는 그대들에게 정성을 다하여 청합니다.
그동안 내가 몸이나 말로 한 것 가운데
그대들이 무엇인가 비난받을 만한 것을
보거나 들었거나, 또는 미심쩍다고 생각을 하지 않았습니까?
만약 그런 일이 있다면,
나를 가엾이 여겨 부디 지적해주십시오.

허물을 알면 마땅히 고치겠습니다."

세존께서 이렇게 말씀하시자,
사리뿟따 존자가 일어나서,
한쪽 어깨가 드러나도록 윗옷을 입고 땅에 오른쪽 무릎을 꿇
은 뒤,
세존을 향하여 합장하고 이렇게 고하였다.

"세존이시여,
세존께서 몸이나 말로 행하신 것들 가운데,
저희들이 비난해야 할 만한 것들은
아무것도 없습니다."」
　　　　　－ 상윳따니까야 8, 7 「자자의 경/pavāraṇāsutta/빠와라나 숫따」* －

나) 사왓띠성城 미가라마타 강당~, 나는 여기서 부처님 친견하다

7월 보름밤,

---

* 　여기 나오는 붓다의 자자에 관한 내용은 상윳따니까야 8, 7의 「자자의 경(自
恣經, pāvaraṇā-sutta)」과 초기율장 「Mahāvagga/마하왁가」의 '自恣'의 기술
을 종합하여 정리한 것이다. : 각묵 스님 역, 『상윳따니까야 1권』 pp.617~21
; tr. Horner. I. B., *The Book of The Discipline* vol. IV(2000, Oxford, PTS)
pp.208~235 ; 마스타니 후미오/이원섭 역, 『아함경』 pp.202~206 ; 김재영,
『붓다의 시대 다시 열린다』 pp.520~531.

사왓티성 동쪽 숲 미가라마따 강당〔東園 鹿子母講堂〕~,
성스러운 침묵으로 둘러앉아 있는 5백 명의 빠리사 대중~,
그 대중들 앞에 나아가 참회하시는 부처님~,
두 손 높이 들고 자신의 허물 물으시는 붓다 석가모니~,

"대중들이여,
이제 나는 그대들에게 정성을 다하여 청합니다.
……"

하아~ 숨이 막힌다.
아무 말~, 아무 생각 할 수가 없다.
전율이다~, 몸이 떨려온다.

세상에 이러신 분 또 보았는가?
공자 예수 무하마드~,
누가 이리하였는가?

'내 잘났다' '내가 제일이다'
'내가 구세주다' '내가 전지전능이다'
'내가 길이고 진리고 빛이다'
'나를 따르라'~

모두들 이렇게 대중들 위에 서서 윽박지르기에 급급한데,

대중들 앞에, 제자들 앞에 두 손 모으고,
스스로 허물을 묻는 이러신 분~,
인류역사상~, 하늘에서 땅에서~,
또 어디서 보았는가?

7월 보름밤,
우안거雨安居 마지막 날 밤~,
사왓띠성 미가라마타 강당~,
역사적인 녹자모鹿子母 강당 밖~,
둘러앉아 자자自恣를 행하는 5백 성중(聖衆, Ariya-parisā)~,
대중들 앞에서 두 손 모아 참회하시는 붓다 석가모니~

이 순간 나는 부처님을 보았다. 나는 여기서 부처님 친견하였다.
오랜 세월 그토록 찾아 헤매던 부처님, 붓다 석가모니를 만났다.
상상의 부처님이 아닌, 역사적 실체이신 부처님을 발견한 것이다.
체온 가득 부처님을~, '눈앞의 fact~, 사실事實'로 발견한 것이다.
'생생한 역사적 사실'로 발견한 것이다.
불교를~, '붓다의 불교'를 발견한 것이다.
부처님께서 몸소 하시는 '붓다의 불교'를 발견한 것이다.
모든 대중들이 평등하게 주인 되는 '대중불교'~,
모든 시민들이 평등하게 주인 되는 '시민市民불교'~,
온몸으로 발견한 것이다.
나는 솟구치는 감동의 눈물을 한없이 쏟고 있다.

3) '자자自恣'~, 시급히 되살려야 할 존엄한 법도

사왓띠성 미가라마타 강당~,
대중들~, 시민들 앞에
두 손 높이 치켜들고 참회하시는 붓다 석가모니~

이것이 바로 '자자(自恣, Pāvaraṅā/빠와라나, Invitation)'다.
이렇게 대중들 앞에 스스로 청하여 참회하는 것을 '자자'라고 한다.
'자기참회' '자기발로'~, 이런 뜻이다. '발로發露한다'는 것은 드러
내는 것이다. 대중들 앞에 스스로, 자신의 뜻 따라서, 자발적으로,
자의恣意로~, 있는 그대로 드러내고, 대중들을 청하여 자기 허물을
묻는 것이다. '스스로〔自〕 자기 뜻에 따라서〔恣〕'~, 그래서 '자자自
恣'다. 영어로 'Invitation'으로 번역하는 것도 이렇게 대중들을 청請
하여~, 초청(招請, to invite)하여 자신의 허물을 묻기 때문이다.

'자자(自恣, Pāvaraṅā/빠와라나),
대중 앞에 스스로 자신의 허물을 드러내는 것,
대중 앞에 드러냄으로써 청정해지는 것~'

이것이 우리 불교 집안의 참회하는 법도이다.
일정한 날 대중들이 함께 모여 계율의 조목들을 읽어가면서 '청정
한가?'라는 질문을 받고 드러내서 참회하는 경우도 있고~, 이것이
'포살(布薩, Uposatha/우뽀사타)'이고, '자자自恣'와 같이, 스스로 대중

앞에 나아가 자기 허물을 묻고 드러내는 경우도 있다.

"대중들이여,
이제 나는 그대들에게 정성을 다하여 청합니다.
……"

나는 탄식했다.
눈물 흘리며 탄식했다.
왜 이런 부처님을 몰랐단 말인가?
왜 우리 불교도들 이 절실한 부처님 모습 몰랐단 말인가?
왜 불교 지도자들은 이런 부처님을 알리지 못했단 말인가?
이런 부처님을 모르면서,
'불교 한다' '한소식 한다' 헛되게 외치고 있었단 말인가?
부처님 공부 아니하면서,
'마음공부 한다' '나를 찾는다'~, 자만하고 있는가?
Buddha-study 아니하면서,
'수행이다' '명상이다' '한소식이다'~, 하고 외치고 있는가?
부처님 모르면서,
부처님의 삶을 모르면서, 무지몽매하면서,
'내가 부처다' '모두 부처다'~, 헛소리 하고 앉았는가?
'깨달음이다' '깨닫는다'~, 헛소리 하고 앉았는가?

'자자自恣'와 '포살布薩'~,

왜 우리는 망각하고 말았을까?

왜 이 존엄尊嚴한 청정淸淨의 법도를 망각하고 말았을까?

'깨달음' '한소식' '명상' '참선'에 빠져서 무시하고 만 것일까?

이것 없이~, 이 청정의 법도 망각하고 무엇으로 깨닫겠다고~?

이것 망각하면~, 이미 불교 아니다.

이것 수행하지 않으면~, 이미 불교도 아니다.

부처님께서 확립하신 불교교단의 엄중한 법도이다.

지금 여기서~, 다시 시급히 살려내지 않으면 안 될 것이다.

이때부터~,

'사왓띠성 미가라마타 강당 사건' 이후~,

나는 내가 참가하는 모든 모임에서 포살과 자자를 행하고 있다.

동덕불교~, 청보리~,

이어서 지금 빠리사학교에서도 포살과 자자를 행하고 있다.

4. '본래청정'~, 붓다께서 '만인청정萬人淸淨'을 선포하시다

1) 우리들의 청정을 일깨우기 위하여~

'포살(布薩, Uposatha/우뽀사타)',

'자자(自恣, Pāvaraṇā/빠와라나)'~

이것이 불교도의 참회하는 법도이다.

붓다께서 몸소 열어 보이시는 빠리사의 법도이다.

이것은 불교도 성립의 필수적 조건~, 이것 없으면 불교도 아니다.

부처님 당시~, 포살에 참가하지 않으면 바로 추방이다.

이렇게 대중들 앞에 참회하는 것이 불교도의 오랜 법도이다.

그래서 불교도의 참회는 '대중참회'라고 한다. 자자自恣도 이런 '대
중참회'의 하나다. 이 자자는 붓다로부터 시작해서 사리뿟따로~,
선배로부터 후배로 차례로 진행된다. 이때 대중들이 고요히 침묵
하면 '청정하다'는 것이 인정된다. 이렇게 해서 우리는 청정해지는
것이다. 자자自恣는 물론 출가 수행승들의 의식儀式이지만, 모든 불
교도~, 재가 대중들이 마땅히 본받고 따라야 할 거룩한 청정의식淸
淨儀式이다.

'자자自恣, Pāvaraṅā/빠와라나)'

포살(布薩, Uposatha/우뽀사타)'~

불교도의 '청정의식淸淨儀式'~,

지금 붓다께서는 '본래청정本來淸淨'을 선포하고 계신다.

우리가 모두 본래 청정하다는 사실을 선포하고 계신다.

부처님은 정각자正覺者~,

일체의 번뇌~, 더러움~, 죄罪를 벗어나 청정하시지만,

이렇게 두 손 높이 들고 참회하는 모습을 보임으로써 대중들의 청
정을 일깨우고 계신다. 저 부처님의 간절한 모습을 보고, 나는~, 우

리는 한때 업業으로 지은 죄~, 업장業障을 벗어나 본래청정으로 돌아가는 것이다. 빛나는 본래 마음[本來心]으로~, 청정한 본성[清淨本性]으로 돌아가는 것이다.

2) '이 마음은 빛난다'~, 몸의 때[垢]~, 씻어내면 깨끗해진다

'본래마음[本來心]'~,

'청정한 본성[清淨本性]'~,

'빛나는 마음'~

이것이 곧 불성佛性이고,

이것이 곧 '보살의 마음'~, '보살원력'이다.

이제 붓다께서 이 불멸의 진리를 선포하신다,

[합 송 ; 「우리 마음은 빛난다」]

허리 곧게 펴고 합장하고

빛나는 부처님~, 빛나는 우리 마음 지켜보며

우렁차게 사자후한다.

(목탁/죽비~)

"수행자들이여, 이 마음은 빛난다.

그러나 이 마음은 밖에서 온 오염원들에 의해서 오염돼 있다.

배우지 못한 범부들은 이것을 있는 그대로 알지 못한다.

그리하여 마음을 닦지 않는다.

수행자들이여, 이 마음은 빛난다.

이 마음은 밖에서 온 오염원들로부터 벗어나 있다.

잘 배운 성스러운 제자들은 이것을 있는 그대로 안다.

그리하며 마음을 닦는다."

– 앙굿따라니까야 1, 6, 1 「손가락 튀기기 품」 1, 2* –

'본래청정本來淸淨'~,

'나는 죄 없다'~, 아니다.

'나는 본래부터 아무 죄 없다'~, 아니다.

나도 죄 짓는다, 우리도 죄 짓는다. 교도소도 많다.

남 욕도 하고, 때때로 거짓말도 하고, 주먹을 휘두르기도 하고~,

그러나 이런 죄는 일시적一時的인 것~, 조건적條件的인 것~,

밖에서~, 외부로부터 온 것~,

참회하면 깨끗해지는 것~,

마음 닦으면~, 마음 닦으며 비우고 비우면~,

우리 본래 마음[本來心]~, 본성本性은 빛을 발하는 것~,

몸에 묻은 때[垢]~, 물로 씻으면, 깨끗해지는 것이다.

대중들 앞에 나아가 포살하고 자자하면서,

스스로 드러내면 본래청정한 몸으로 돌아가는 것이다.

---

*   대림 스님 역, 『앙굿따라니까야』 1권 p.89.

「본래청정~,

이 마음은 빛난다~,

그대들의 마음은 빛을 발한다.」

이제 붓다께서 대중들을 당당히 일으켜 세우신다.

시민들 동포들을 '청정한 주인主人'으로 일으켜 세우신다.

시민들 동포들~, 일체중생을 '본래 빛나는~, 본래 깨어 있는~' '깨

달음의 성중聖衆들'로 일으켜 세우신다.

이렇게 해서 독각주의獨覺主義를 깨고~,

'아라한' '도인'의 소수 선민주의選民主義~, 우월주의를 깨고,

'평등한 대중불교'~, '자유 평등한 시민불교'~,

새 시대~, 새 인간의 문을 활짝 여신다.

사왓띠성 미가라마타 강당~,

역사적인 녹자모鹿子母 강당 밖~,

자자自恣를 행하시는 붓다와 5백 성중聖衆들~,

이것은 실로 인류사人類史의 대전환이고 축복祝福이다.

3) '만인청정 선언'~, 죄와 고난에서 인류를 해방시키다

'나의 고난은

나의 죄罪보다 약합니다'

경부선 판교 입구 한 대형교회에 걸려 있는 대자보大字報~,

인류를 괴롭혀 온 이 어둡고 완강한 고정관념~,

'죄의식罪意識'이 '죄'를 낳고,

'고난의식苦難意識'이 '고난'을 낳고,

'심판의식審判意識'이 '잔인한 폭력과 공포'를 낳고~,

'원죄原罪-심판審判',

'노예奴隷-종'과 '은사恩賜-사랑'~,

인간을 죄와 고난, 폭력으로 묶어놓는 이 뿌리 깊은 죄의식~,

2천년 인류사를 피로 물들여 온 절대군주들의 공포의 지배
Ideologie~,

절대군주를 모방한 절대자, 하느님, 신, 심판 은사審判恩賜~,

'일체유심조一切唯心造'~, 마음이 주인이고 마음이 만들어가고~,

인간의 어둔 마음이 조작해낸 어둔 고정관념~, 마음속의 허상들~,

이 어둔 마음에 사로잡혀 끝없이 서로 죽이는 아브라함의 자손들
~,

유태교도(徒), 천주교-개신교도, 이슬람교도~,

이스라엘, 팔레스타인-가자 지역~,

지금도 여전히~.

사왓티성 미가라마타 강당~,

대중들 앞에 두 손 높이 치켜들고~,

지금 붓다께서 '본래청정本來淸淨'을 선포하신다.

지금 붓다께서 '만인청정萬人淸淨'을 선포하신다.

지금 붓다께서 만인이 본래 빛나는~, 본래 청정한~, 본래 깨어 있는 '만인견성萬人見性-만인불사萬人不死'를 선포하신다.

지금 붓다께서 '죄~, 원죄原罪의 원인무효'를 선포하신다.

지금 붓다께서 우리들의 '무죄~, 본래무죄本來無罪'를 선포하신다.

지금 붓다께서 '죄罪와 고난苦難의 시대'를 끝내고 계신다.

지금 붓다께서 '잔인한 폭력과 공포의 시대'를 끝내고 계신다.

캄캄한 인류무지人類無知~, 무명無明의 긴 밤〔長夜〕을 헤치고,

지금 붓다께서 '인간지성人間知性의 시대'를 열고 계신다.

지금 붓다께서 '만인평등과 평화의 시대'를 열고 계신다.

지금 붓다께서 '대중~, 시민 주체와 자유의 시대'를 열고 계신다.

인류를 위한~, 모든 생명을 위한~,

이것은 붓다 석가모니의 크나큰 자애~, 축복이다.

사왓띠성城 미가라마타 강당~,

대중들~, 시민들 앞에

두 손 높이 치켜드시는 붓다 석가모니~,

나는 여기서 부처님 친견하고 눈물을 쏟아낸다.

그리고 만분일萬分一, 부처님 같이 살아가려고 결의한다.

우리도 부처님같이~

지금도 이렇게 외치면서

이 쓸쓸한 길 걷고 또 걷고 있다.

5장

〔동덕불교학생회~, 작은 등불〕

동덕불교 탄생~, 일대충격~, 새로운 시대의 시작

-시민불교를 위한 작은 실험-

1. 1970년 7월 '동덕불교' 탄생~, 충격~, 2백여 십대들이 모여왔다

1) 우연히 시작된 역사~, 운명을 바꾸다

1970년 7월 18일, 서른세 살~,

토요일~, 제헌절 다음 날~,

동덕불교학생회가 탄생한 날~,

내 인생이 바뀌고~, 한국불교사의 흐름이 바뀌고~.

'일대사—大事'~, 실로 일대 사건이다.

'일대사—大事'~,

그러나 이 사건은 우연히 시작된 것이다.

무슨 큰 꿈~, 큰 계획을 가지고 꾸민 일이 아니고, 어쩌다 어쭙잖게 시작된 일이다. 나는 그때 고1 담임을 하면서 고3 국사를 주로 가르치고 있었다.

6월 어느 날~,

유정애 김옥배 정갑경 장정선 등~,

몇몇 고3 아이들이 교무실로 찾아왔다.

아이들이 느닷없이 말을 꺼냈다.

'선생님~,

우리도 불교반을 만들고 싶어요. 선생님께서 이끌어주세요.'

학교 특활부에 기독교반, 천주교반(cell)은 있는데 불교반은 없었다. 특활부에 편성되면 특별활동(C.A., Club Activity) 시간에 정식으로 모여서 공부할 수 있고, 다양한 활동도 할 수 있다. 불교반은 오래 전부터 없이 왔다. 선생님들 가운데 불교신자들도 많이 계시는데, 누구 하나 문제 삼지 않고, '그러려니'~, 하고 지내왔다. 몸에 밴 무관심과 패배의식~, 여기서도 예외가 아니었던 것 같다.

왜 하필 '나'일까?

왜 아이들이 불교반 창립의 간판으로 나를 지목한 것일까?

나는 국사 시간에 불교 이야기를 많이 했다.

특히 1967년 '법구경 1장 1절 사건' 이후 불교공부에 푹 빠져 있었기 때문에, 수업시간에 나도 모르게 불교 이야기를 많이 한 것 같다. 원효元曉 스님의 '해골바가지 사건'과 '요석공주와의 로멘스'~, 이런 이야기들이 아이들의 관심을 자극하고, '김 선생님은 불교 선생님' 하고 낙인을 찍은 것이다. 특히 '일체는 마음에 달려 있다'라는 메시지가 아이들에게는 충격으로 받아들여진 것 같다. 그래서 생각이 깊고 문학을 좋아하는 아이들이 주축이 돼서 나를 찾아온 것이다.

아이들의 느닷없는 제의를 받고 나도 별 생각 없이 대답했다.

'불교반~,
그래 한번 해보자. 회원모집은 너거들이 맡아서 해.'
'예~, 선생님~,
선생님께서 지도교사를 맡아주시면 아이들이 많이 모일 겁니다.'
'두고 봐야지.~'

이렇게 동덕불교 역사는 우연히 시작된 것이다. 아무 준비 없이, 아무 사전 지식 없이~, 충동적으로 시작된 것이다.
이것이 내 인생을 바꾸는 계기가 될 줄은 상상조차 못한 것이다.

2) 서둘러 준비하고~, 우연히 무진장無盡藏 스님을 모시고

7월 18일, 토요일~,
제헌절 다음 날~, 시청각실~,
이렇게 일정을 잡았다.

아이들은 회원모집에 열성을 기울였다. 맨투맨으로 선전하고, 고3 들이 앞장서 고2, 고1 학급 다니면서 홍보하고~.

창립법회 때 법사님을 모시는 것이 급선무다. 나는 그때 교단, 종단 ~, 스님들에 대해서 전혀 무지한 상태였다. 급한 마음에 일요일 조계사를 찾아갔다. 무작정 찾아간 것이다. 마침 법회가 진행되고 있었다. 들어가 대중들 사이에 앉았다. 한 스님이 법문을 하고 있었다. 무심히 귀를 기울였다. 그리고 깜짝 놀랐다. '웅변'이다. 가슴에 와 부딪힌다. 법회 마치고 스님 찾아가서 다짜고짜로 부탁했다.

'스님~,
7월 18일, 우리 학교 창립법회에 와 주십시오.'

스님도 생각하지 않고 즉석에서 응답하셨다.

'그렇게 하지요.~'

사람들에게 물어보니까, 바로 '무진장無盡藏 스님'이시다. 그때는 '무진장'이 아니고, '김혜명金慧明 스님'이시다. 한참 뒤에, '스님은 법문을 무진장 잘 하신다'라고 해서 '무진장 스님'으로 바뀐 것이다.
학교 돌아와서 아이들에게 소식을 전했다.

'혜명 스님이라는 유명한 스님이 오신다.'

동덕불교 창립법회

아이들도 신명이 나서 당장 포스터를 몇 장 만들어 게시판에 붙이고, 홍보에 열을 올렸다. 나는 주변에 몇몇 선생님들에게도 도움을 요청했다. 사대 선배시고 수학 담당하신 고인휘高仁輝 선생님~, 이대 졸업하고 가정과 담당이신 박종오朴宗五 선생님~, 역시 사대 선배시고 가정과 담당이신 홍영진洪榮眞 선생님~, 같은 국사과 담당이신 유인표柳寅杓 선생님~ 등 대여섯 분이 흔쾌히 동참하시기로 했다. 백만대군을 지원 받은 기분~, 나는 든든했다. 아이들도 신바람이 났다.

3) '일대 충격'~, 2백여 아이들의 눈이 빛났다

가) '동덕불교학생회'~, 감동으로 탄생하다

1970년 7월 18일~,
토요일 오후 2시~, 시청각실~,
볼일 많은 토요일 오후 시간~,
청소년들에게 생소하고 인기 없는 불교~

'얼마나 모일까?
백여 석의 좌석은 채울 수 있을까?
손님 모셔놓고 창피는 안 당할까?'

오후 2시~,
시간이 가까워온다.
나도~, 우리 아이들도 가슴 조이며 기다린다.
그런데 아이들이 몰려온다.
한 명~, 두 명~, 열 명~, 백 명~,
와~, 백 명이 넘었다. 시청각실 좌석이 꽉 찬다.
아이들이 계속 몰려온다. 나와 우리 아이들은 시청각실 앞에 있는
화학실 문을 열고 의자를 갖다 날랐다. 연단 바로 앞 공간까지 좌석
이 꽉 찬다. 그래도 아이들이 몰려와서 좌석과 좌석 사이의 통로까
지 완전히 메운다. 말 그대로 발 디딜 틈이 없다.

2백 명이 넘는다.

와~, 2백 명 넘는 눈푸른 소녀들~,

느닷없이 몰려와서, 눈망울을 반짝이며 개회를 기다리고 있다.

충격~, 감동의 물결이 모두의 얼굴에 넘쳐흐른다.

앉아 있는 아이들 얼굴에도~,

함께하신 선생님들 가슴에도~,

감동의 찐한 물결이 넘쳐흐른다.

유정애 김옥배 등 준비한 고3 아이들은 울고 있다.

속으로 속으로 소리 나지 않게 울고 있다.

나도 모르게 눈시울이 젖어온다.

'부처님~,

감사합니다, 감사합니다.'

동덕불교는 이렇게 탄생했다.

동덕불교학생회는 이렇게 충격과 감동 속에서 우연히 탄생했다.

나) '그대들 마음속 부처님을 섬겨라'~, 귀에 쟁쟁한 무진장 스님 목소리

법회가 시작되었다.

내가 진행을 맡아 보았다.

먼저 '삼귀의'~, '찬불가~ 둥글고 또한 밝은 빛'~,

시작 전에 잠시 배웠는데 아이들이 잘 따라한다.

내가 고등학교 때 마산포교당 학생회 다닌 것이 큰 자산이 되었다.
의식이 끝나고 손정순孫貞順 교장선생님과 화성 용주사龍珠寺 총무
정무正無 스님의 간단한 축사가 있었다.

무진장無盡藏 스님~,
드디어 무진장 스님 법문 시간이다.
아이들은 잔뜩 기대하는 눈빛으로 일어나 서서 스님께 삼배 올리
고 앉았다.

'여러분~,
부처님이 어디 계십니까?'

난데없는 질문에 다들 멍~하다.

'부처님이 법당에 계십니까?'

침묵~

'부처님은 바로 여러분 가슴속에 계십니다.
여러분 가슴마다 진짜 부처님이 계십니다.
여러분 몸이 진짜 법당입니다.
여러분 법당의 부처님을 잘 모셔야 합니다.
그래야 바르게 인간답게 살 수 있습니다.'

'내 안의 부처님~,

내 법당 안의 진짜 부처님~,

그 진짜 부처님을 섬기시오.'

충격~, 충격~,

가득 앉아 있는 눈푸른 아이들이 충격 받았다.

맨 앞자리의 교장선생님~, 십여 분의 선생님들도 충격 받았다.

나도 충격 받았다.

지금도 스님의 목소리가 귀에서 쩌렁쩌렁 울리고 있다.

'그래~,

부처님은 내 안에 계시지~,

내 마음속에 계시지~,

참 부처님은 우리 모두의 가슴법당에 계시지'~

2백여 명의 눈푸른 소녀들~,

동덕불교학생회는 이렇게 충격과 감동 속에서 탄생했다.

충격과 감동으로 솟아나는 순수열정~,

내 몸 법당 속의 부처님 찾으려는 순수 구도열정~,

이 날의 감동과 순수열정이 불멸不滅의 동력動力이 되어서,

동덕-청보리 역사 50여 년~, 줄기차게 작동한다.

2. 1970년 여름 용주사 수련대회~, '은혜는 갚고 원수는 갚지 말라'

1) 화성 용주사~, 동덕-청보리들의 근본도량

1970년 7월 25일~,

창립법회 바로 다음 주~,

여름방학이 되면서 우리는 수련대회를 떠났다.

정무 스님이 총무로 계시는 화성 용주사龍珠寺로 3박 4일 수련대회를 떠나는 것이다.

창립법회 마치고 부랴부랴 서둘러서 회원을 모집했다. 얼마 안 되지만 3일간의 식비食費는 각자 부담하는 조건이다. 처음 가는 '수련대회'~, 명칭도 생소한 '불교 수련대회'~, 낯선 절에 가서 3박 4일 ~, 그것도 말(馬)만 한 여학생들이~, 그런데 또 기적이 일어났다. 그 짧은 기간에 80명 가까이 몰려왔다. 부모님 동의서를 다 받아서 학교에 제출했다. 교장선생님과 간부 선생님들도 놀라는 눈치다. 박종오 선생님, 고인휘 선생님~, 두 분 여女선생님들이 지도교사로 함께 가는 조건으로 학교에서 허락이 났다.

7월 25일~,

우리는 부푼 가슴으로 서울역에 가서 완행기차를 타고 수원을 지나서 병점역에 내렸다. 역에서부터 20여 분 걸어서 갔다. '용주사龍珠寺'가 눈앞에 보인다.

'환영 동덕여고수련대회'

절 입구에 환영 현수막이 우리를 맞이한다.

'절' 하면 으레 높은 산 깊은 계곡에 있는 줄 알았는데, 용주사는 평지에 있다. 뒷산도 나지막한 동산에 불과하다. 일주문 들어서자 정무 스님께서 달려나와 우리를 맞아주신다. 스님의 인도에 따라 다들 짐을 마당에 내려놓고 먼저 법당에 들어가 부처님께 삼배 올렸다. 단원檀園 김홍도金弘道 선생이 그린 부처님 탱화가 우리를 반겨 맞아주신다. 예불 마치고 내려와서 숙소로 배치되어 들어가 짐을 풀었다. 쉴 틈도 없다. 수련복으로 갈아입고 대웅전 앞마당 맞은편에 있는 강당으로 집합했다. '聚華樓/취화루'란 큰 현판이 걸려 있다. 바로 입재入齋다. 입소식入所式이다.

정무 스님께서 칠판에 크게 써 놓으셨다.

'삼일수심 천재보三日修心 千載寶
백년탐물 일조진百年貪物 一朝塵塵'

그리고 게송으로 읊으신다.

'삼일수심은 천재보三日修心 千載寶요
백년탐물은 일조진百年貪物 一朝塵이로다,
나무아미타불~'

수련생들이 두 손 합장하고 따라서 외운다.
스님 게송 읊으시는 대로 다들 따라서 흉내를 낸다.
스님께서 뜻을 새기셨다.

'사흘 동안 닦은 마음은 천 년의 보배요,
백 년을 물질 탐해봤자 하루아침 티끌이로다.

오늘 여러분들은 천 년의 보배를 캐러 여기 왔습니다. 사흘 동안 지극정성으로 보배를 캐고 닦아야 합니다. 한 순간이라도 졸거나 딴 생각하면, 신장神將들이 철퇴를 내리칩니다. 우리 절 신장님들 무섭습니다.'

정신이 번쩍 들었다.
아이들도 덜컥 겁을 먹은 기색이 역력하다.
반半여행 삼아 왔다가 된통 걸렸다.
나도 은근히 겁이 났다.

'야~, 이것 큰일 났네,
잘못 온 것 아닌가~'

이렇게 동덕불교 제1회 용주사 여름 수련대회는 시작되었다.
그리고 이후 50여 년 간~, 이 인연으로 용주사는 동덕-청보리들의 근본도량根本道場이 되었다. 더 나아가 용주사는 동덕불교와 함께 새로운 시대의 '수련 모델(Model)'을 개척 보급하는 전진기지로서 역할을 담당하게 되었다. 용주사의 정신과 정무 스님의 법력은 지금도 우리들 가슴속에 살아 숨쉬고 있다.

2) '은혜는 갚고 원수는 갚지 마라'~, '부모은중경'을 만나다

입재 마치고 바로 공부다. 정무 스님께서 첫 강의를 하신다.

'은혜는 갚고
원수는 갚지 마라'

이것이 주제다. 이것이 이번 수련대회의 주제다.
스님께서 말씀하신다.

"사람들이 말합니다.
'원수를 사랑하라.'
그러나 불교는 말합니다.
'내게는 사랑할 원수마저 없다.'"

그러면서 스님이 큰 대중방大衆房의 주련柱聯을 가리킨다.
아이들이 숙소로 쓸 대중방 마루기둥에 이렇게 한글로 내려쓴 주련이 걸려 있다.

"은혜는 갚고 원수는 갚지 마라."

스님은 『부모은중경父母恩重經』동판銅版을 내 보이셨다.
『부모은중경』은 부처님께서 '부모님의 십중대은十重大恩~, 열 가지
무겁고 크신 은혜'를 설한 경전으로, 중국에서 결집된 것이다.
'부모님의 십중대은十重大恩'~,
몇 가지만 들어본다.

1. 아기 배고(姙娠) 열 달 고생하시는 은혜
2. 목숨 걸고 낳으시는 은혜
3. 진자리 마른자리 가려 뉘시는 은혜
4. 쓴 것은 삼키고 단것만 먹이시는 은혜
5. 자식들이 외출하면 돌아올 때까지 밤늦게 기다리시는 은혜
6. 자식들이 장성해도 끝끝내 연민히 여기시는 은혜 …

'진자리 마른자리 가려 뉘시고~'

'어버이날 노래'가 생각난다.
바로 그렇다. 이것이 '어버이날 노래'다.
우리가 5월 8일 매번 부르는 '어버이날 노래'가 바로 이 부모은중
경의 내용을 가사로 담은 것이다. 양주동梁柱東 박사가 부모은중경
을 보고 쓴 가사다.
스님께서 '어머니의 마음'을 한 번 부르자고 제안하신다.

다들 강당에 있는 낡은 풍금에 맞춰 노래를 부른다.

'낳실 제 괴로움 다 잊으시고
기르실 제 밤낮으로 애쓰는 마음
진자리 마른자리 갈아 뉘시며
손발이 다 닳도록 고생하시네.
하늘 아래 그 무엇이 높다 하리오.
어머님의 희생은 가이없어라'

아이들이 노래를 다 부르지 못한다.
목이 매여서 노래를 다 부르지 못한다.
강당은 팔십여 명 아이들의 숨죽여 우는 눈물로 가득하다.
절에 와서 어버이를 만나다니~,
출가出家는 세속 인연 다 버리고 홀로 떠나는 것인 줄 알았는데~,
절에 와서 아버지 어머니 생각하며 눈물을 흘리다니~,
'출가'는 세상 떠나서 '외톨이' 되는 것 아니라는 것~,
'불교'는 '부모님과 함께 가는 길'~, '부모형제들과 함께 가는 길'~,
'이 세상 모든 친구들과 함께 가는 길'~, '만인의 길'이라는 것~,
지금 여기서 깨닫고 있다.

스님은 '열 가지 은혜의 삽화'를 소개하신다.
정조正祖 때 유명한 화가 단원 김홍도 선생이 직접 그린 열 가지 삽
화를 보여주신다. 이 용주사는 바로 정조 대왕이 자기 부모님~, 사

도세자思悼世子와 혜경궁 홍씨惠慶宮洪氏를 그리워하며 부모님 묘소 옆에 절을 세우고, 『부모은중경』 판본을 보관하고 널리 펴게 한 절이다. 이 절이 바로 '용주사'다. 그래서 용주사는 옛날부터 '효孝 도량' '효성의 도량'으로 유명한 곳이다. 지금 정무 스님이 그런 역사적 맥락에서 말씀하고 계신다.

단원 선생의 삽화 가운데 마지막 그림~,
한 남자가 늙으신 어머니를 등에 업고 수미산(須彌山, 지구의 중심이 되는 높은 산)을 돌고 있는 그림이다. 이 그림을 보는 순간 나는 왈칵 눈물을 쏟아냈다.

'우리 어머니~,
늙고 병들어서 데려가 달라고 애원하시던 어머니~,
가방에 넣어서라도 "너거하고 같이 갈란다" 매달리시던 우리 어머니~'

아~, 이 죄를 어이할까.
이 깊고 무거운 죄를 어이할까.

3) '발우공양'~, 우리는 불교를 몸으로 배우다

가) '발우공양'~, 그릇 씻은 물도 마신다

스님 공부 마치고 바로 저녁공양이다.
공양은 철저하게 '발우鉢盂공양'이다.
발우는 스님들이 거리에 나가 탁발할 때 들고 다니는 밥그릇이다.
대중들이 둘러앉아서 발우를 깔아놓고, 음식을 평등하게 나누고
함께 먹는 것이 '발우공양'이다.

먼저 공양당번을 정했다.

용주사 수련대회 발우공양

4, 5명이 부엌에 가서 공양주 보살님들이 장만해놓은 밥과 반찬 등 공양음식을 나르고 배분하는 역할을 하는 것이다. 스님과 선생님들~, 학생들이 강당 바닥에 빙~ 둘러앉는다. 스님의 본보기에 따라서, 4개의 식기를 앞에다 사각형으로 깔아놓는다.

먼저 물 당번이다.

물 당번이 깨끗한 물을 양동이에 담아 가지고 앞에 와서 선다. 그러면 대중들은 물그릇을 두 손 받들어 들고 내민다. 당번이 그릇에 물을 붓는다. 적당한 양이 되면 물그릇을 좌우로 흔들어 '그만'이라고 신호를 보낸다. 그러면 다음 사람으로 옮겨간다. 물을 받아서는 한 모금 마시기도 하고, 나머지 세 그릇에다 차례로 부어서 깨끗하게 한다.

다음은 밥 당번이다.

당번이 앞에 오면 밥그릇을 내밀어 당번에게 건네고 고요히 합장하고 기다린다. 당번이 적당량 배식하면 받아서 앞에 놓는다. 공양하는 도중에 밥 양동이가 돌아온다. 양이 많으면 덜어내고, 적으면 양동이 밥을 덜어서 발우에 담는다.

다음은 국 당번이다.

같은 요령으로 돌아가며 국을 나눈다.

다음은 반찬 차례다.

반찬 당번이 따로 없고, 반찬 담은 소반을 돌리면, 각자 먹을 만큼 덜어서 반찬그릇에 담는다.

물그릇, 밥그릇, 국그릇, 반찬그릇~, 그래서 식기(발우)가 4개다.

대중들은 배식이 다 끝나기를 기다리며 고요히 앉아 있다. 절대로 혼자 먼저 먹는 일이 없다.

배식이 끝나면 합장하고 스님의 선창先唱에 따라서 공양게供養偈를 함께 외운다.

'이 공양이 오기까지

많은 분들의 노고에 감사드립니다.

부처님의 은혜~, 감사드립니다.

부모님의 은혜~, 감사드립니다.

동포들의 은혜~, 감사드립니다.

천지자연의 은혜~, 감사드립니다.

이 공양은 몸을 지탱하는 양약良藥으로 먹고,

오로지 도道를 성취하기 위해서 먹고,

맛으로 먹지 않겠습니다.

나무석가모니불'

스님이 죽비를 3번 내린다.

대중들이 공양을 시작한다. 밥이 부족하거나 반찬이 부족하면 양동이나 소반에서 더 덜어서 먹는다. 공양하는 동안 대중들은 고요히 침묵한다. 쩝쩝 소리를 내지도 않는다. 기침 소리 하나 나지 않는다. 그래서 백여 명이 둘러앉아 밥을 먹어도 빈집같이 고요하다.

공양이 거의 끝나가면, 스님이 죽비를 한 번 탁 친다.

그러면 대중들은 물그릇의 물을 이용해서 차례로 식기를 닦는다.
보통 김치조각을 남겨두었다가 식기 닦는 데 활용한다. 밥그릇~,
국그릇~, 찬그릇을 차례로 썼고, 씻은 물을 물그릇에 담는다.
또 스님이 죽비를 한 번 탁 친다.
당번이 빈 물통을 들고 끝자리에서부터 앞에 와 선다. 물통을 내려
놓고 합장하고 기다린다. 그러면 씻은 물그릇을 빈 물통에 붓는다.
이때 씻은 물에 김치조각이나 무엇이 남아 있으면, 그 물을 본인이
마신다. 당번이 마지막으로 스님 앞에 가서 물통 검사를 받는다. 물
통에 무엇이 남아 있으면, 당번이 그것을 마시거나 먹는다. '깨끗하
다'고 판정이 나면, 물통을 들고 나간다.
스님이나 지도교사가 그날의 일정 등 주요사항을 공지한다.
이렇게 해서 대중공양이 끝난다.

나) '발우공양'~, 이것이 이 지구촌 살려내는 길이다

이것이 바로 '발우공양'이다.
3박 4일 수련기간 동안 우리는 철저하게 발우공양으로 나갔다.
처음에는 서툴고 씻은 물을 마시려면 구역질도 하고 했지만, 곧 익
숙해져서 모두 잘 해냈다. 며칠 지나서는 그릇들 씻은 마지막 천수
물이 맑고 투명하다. 더불어 아이들 마음도 맑고 얼굴도 눈에 띄게
밝아져갔다.

'삼일수심 천재보三日修心 千載寶~,

사흘 동안 닦은 마음은 천 년의 보배요,'

하아~, 이렇게 여실如實하다.
눈앞의 사실事實로 그대로 드러나 보인다.

이 이후~,
매년 방학 때마다 가는 수련대회에서,
우리는 한결같이 '발우공양'으로 해냈다.
나는 지금도 도피안사에서 매끼마다 발우공양을 하고 있다.

'발우공양',
둘러앉아서 함께 나누는 '발우공양',
출가 재가~, 빈부귀천이 꼭 같이 나누는 '발우공양',
물 한 방울~, 김치 한 조각 버리지 아니하는 '발우공양',
동포들, 천지자연의 은혜에 감사하며 먹는 '발우공양'~,

이것이 구원의 길이다.
이것이 차별과 불평등~, 폭력과 약탈로 얼룩진 인류사人類史를 구
제하는 가장 확실한 사회적 구원의 길이다. 탐진치~, 어둔 생각과
이기적인 습관에 빠져 있는 우리들 자신을 구하여 깨달음으로~,
부처로~, 보살로 살려내는 '해탈의 길'~, '만인해탈의 길'이다. '만
인견성~, 만인성불의 길'이다. 이것이 기후氣候문제를 근본적으로
해결하고 죽어가는 이 지구촌地球村 구하여 살리는 길이다.

쾌락주의에 빠져 과소비하고 동력 과잉소비하고~,

그래서 치솟는 지구온도~, 녹아내리는 북극의 빙하氷河~,

이 예정된 '지구의 종말'~, '인류의 종말'로부터 구하여 살리는 가장 쉽고 과학적인 '인류구원의 길'~, '불국토 성취의 길'이다.

'발우공양'~, 이것이 찐 기후 살리기 운동이다.

다) 우리는 몸으로 배운다, 우리는 깨달음 작은 삶으로 배운다

'발우공양',

김치조각 하나라도 나눠먹는 '발우공양'~,

씻은 물도 스스로 마시는 '발우공양'~,

우리는 이렇게 불교를 몸으로 배웠다.

몸으로~, 작은 삶으로 배웠다.

'구원' '해탈' '견성' '성불' '정토성취'~,

우리는 이렇게 이 고귀한 가치들을 몸으로 배웠다.

하루 세 끼~, 둘러앉아 함께 나눠먹는 작은 삶으로~, 일상의 작은 삶으로 배웠다. 우리는 이론으로 배우지 않았다. 우리는 거창하고 체계적인 교리敎理로~, 강설講說로 배우지 않았다. 우리는 명상으로 배우지 않았다. 심오하고 초월적인 명상으로~, 선정禪定 삼매三昧로~, 위빳사나, 사마타로 배우지 않았다. 우리는 '마하반야'로 배우지 않았다. 밑도 끝도 없이 '마하반야바라밀' 외우면 한소식 해탈

하는 것으로 배우지 않았다.

우리에게는 이 '발우공양'이 곧 교리고 강설이고 명상이고 삼매다.

우리에게는 이 '발우공양'이 곧 '마하반야바라밀'이고 '한소식' 이다.

오늘날 우리 불교가 이 '발우공양' 하나만이라도 제대로 실천하고 사회운동으로 전개해간다면, 우리 불교가 혼돈과 절망에 빠져가는 이 세상을 구제할 수 있을 텐데~.

용주사 발우공양~, 정무 스님~, 동덕불교 눈푸른 아이들~

그립고 그립다.

4) 마지막 밤의 '신앙고백'~, '새벽 촛불기도'~

가) '간절한 새벽예불'~, 이 땅의 동포들 생각하며

7월 26일~,

수련 둘째 날~,

새벽 4시에 기상해서 세수하고, 4시 반~, 법당으로 올라간다.

절의 대중스님들이 중앙에 자리 잡고, 우리 아이들이 법당 가득 자리 잡고 앉는다.

'둥둥둥~'

새벽 범종소리 서른세 번~, 어둠을 뚫고 삼십삼천三十三天~,

천상계天上界의 잠든 생령生靈들 흔들어 깨우고,

돌아와 우리 가슴 가득 울린다.

새벽 예불시간이다.

우리는 모두 무릎 꿇고 두 손 합장하고, 부처님 향하여 앉는다.

서른세 번 종소리 들으면서 저마다 간절히 기도드린다.

어머니 아버지 생각하며~,

형제자매들 생각하며~,

친구들 생각하며~,

열심히 살아가는 이 땅의 동포들 생각하며~,

질병과 가난으로 고통 받는 외로운 동포들 생각하며~,

전쟁과 폭력으로, 국가권력의 횡포로, 집을 잃고 고향을 잃고 헤매

는 세계의 실향민失鄕民 유랑인流浪人들 생각하며~,

흔들림 없는 수행정진을 생각하며~,

우리 동포들이 함께 무명의 긴 밤〔無明長夜〕에서 깨어날 수 있도록

우리가 몸을 던져 걸고 걸으며

전법 고행하는 '만인견성-만인해탈의 보살행'을 생각하며~,

간절히 간절히 기도드린다.

새벽 예불禮佛은 이렇게 진행된다.

예불 끝나면, 스님들은 물러가시고,

우리 수련생들만 남아서 백팔배百八拜를 올린다.

내가 하나 둘~ 헤아리며 죽비를 치면서 아이들과 함께 절한다.

숨이 차다.

땀이 난다.

힘에 벅차다.

딱 딱 딱~,

마지막 엎드려 절하는 순간~,

환희심歡喜心이 온몸을 감싸고 솟아난다.

순간~,

내가~, 우리 아이들이~,

천상天上의 환희지歡喜地로 새로 태어난다.

가슴이 뿌듯하다.

벅차오른다.

'해냈구나~,

오늘도 백팔배 해냈구나.~'

나) '이 뭣꼬~', '부모미생전父母未生前 나는 누구인가?'

새벽 참선參禪~,

예불 마치고 강당으로 내려와서 둘러앉는다.

정무 스님의 인도로 참선 실참실수實參實修 시간이다.

스님이 말씀하신다.

"부모미생전 본래면목父母未生前 本來面目

부모님께서 날 낳으시기 전

나는 누구인가?

내 본래 모습은 무엇인가?

나는 무엇이 어디서 온 것인가?

오로지 이 한 가지 문제만 지켜보십시오.

'이 뭣고?

본래 내가 뭣고?'

이리저리 생각하지 말고,

이 한 문제만 지켜보십시오.

이것이 화두話頭를 타파하는 것입니다."

죽비에 맞춰

30분간 첨선정진이다.

시간이 지나자 조는 수련생들이 나오고,

자세가 흐트러지고 허리가 굽어지는 수련생들이 나온다.

정무 스님께서 죽비를 들고 다니다가

이런 수련생 앞에 가서 선다.

수련생은 합장하고 기다린다.

스님께서 죽비로 어깻죽지를 가볍게 몇 번 두들긴다.

잠을 깨우고 정신을 일깨우는 것이다.
수련생은 다시 합장하고 바로 앉는다.
이러기를 30분~,

'딱 딱 딱~'

해방이다.
수련생들이 환호한다.

'야호~,
또 내가 해냈구나.'

바로 이 순간이 해탈이다.
수련생들 얼굴마다 환희가 넘친다.
바야흐로 새벽빛이 환~하게 밝아온다.
햇빛인지~, 마음 빛인지~,
그들의 얼굴이 밝게 피어난다.
그들의 마음도 함께 피어난다.
이렇게 우리는 새벽정진 속에서 부처님을 만난다.

기도해야 복福 받고~,
예불해야 병病 고치고~,
참선해야 한소식 하고~,

이런 것 아니다.

이렇게 집착하면, 이것은 어둔 마음이다.

그냥 하는 것이다.

순간순간~, 아무 생각 없이 그냥 하는 것이다.

그냥 삶으로 일상으로 아무 구求함 없이 하는 것이다.

바로 이것이 '단박 여래의 경지〔如來地〕'로 들어가는 것이다.

이것이 우리 동덕불교의 수행 패턴(pattern)이다.

이것이 우리 동덕-청보리들의 수행방식이다.

우리는 50년을 이렇게 수행해왔다.

다) 마지막 밤의 '신앙고백'~, 망각했던 나를 만나는 시간

7월 27일~,

수련 셋째 날~, 이 날은 일종~,

'일종'은 '일중日中'이 변화한 용어로,

수행자들이 하루에 한 끼만 먹고 수행하는 것이다.

우리는 초짜〔初者〕라 다만 저녁만 결식缺食했다.

낮에는 사도세자의 능에 가서 백일장을 열었다.

밤 10시~,

이런저런 일정을 다 마치고 밤이 깊었다.

수련대회의 마지막 과정인 '신앙고백의 시간'이다.

수련생들이 강당에 둘러앉았다.

일종으로 저녁을 굶었지만, 그래도 다들 원기왕성하다. 다행이다.

'신앙고백의 시간'은 내가 주관했다.

스님은 처소로 들어가셨다.

오늘 낮에 미리 과제를 부여했다.

'나는 우리 어머니에게

지금까지 무엇을 잘못했는가?'

수련생들이 모두 둘러앉자 10분 입정에 들어갔다.

들숨 날숨 헤아리며 마음을 고요히 비우는 시간이다.

바로 '신앙고백'으로 들어갔다.

첫 순서는 고3 유정애~, 동덕불교 창립 주역이다.

다음은 고3 수련생들~, 고2 수련생들~, 고1 수련생들~,

이런 식으로 상급생부터 시작해서 고1로 내려간다.

발표시간은 5분간~,

정애가 자리에서 일어선다.

어머니에 대해서 얘기를 시작한다.

처음에는 담담하게 나가더니, 3분을 채 넘기지 못한다.

'어머니한테 잘못한 게 너무너무 많습니다.

이런저런 이유로 매일 불평하고

뭐가 조금만 잘못되어도 어머니 탓만 했습니다. …

나는 좋은 딸이 못됩니다. 나는 어머니한테 죄인입니다.

우리 어머니~, 너무너무 보고 싶습니다.'

신앙고백은 울음으로 끝난다.

너무 심하게 울어서 어찌해볼 도리가 없었다.

수련생들도 함께 눈물 흘린다.

진정되기를 기다린다.

'신앙고백'은 이렇게 계속되었다.

5분을 다 채우는 수련생들이 손꼽을 정도다. 다들 중도에서 쓰러지고 만다. 나도 내내 눈물을 흘린다. 고인휘 선생님~, 박종오 선생님도 끊임없이 눈물을 흘리신다.

이렇게 80여 명이 모두 가슴 아픈 고백을 마친다. '어머니의 마음'을 함께 부르면서 고백을 마친다. 어느새 새벽이 열려온다.

다음날~, 28일~, 새벽 4시~,

우리는 저마다 촛불을 밝혀들고 법당 앞 마당으로 나가 5층석탑을 둘러싸고, '새벽 촛불기도'를 열었다.

함께 귀의歸依의 서원誓願을 올렸다.

'부처님~,

저 김(박, 이~) 아무개는

지금 이 순간부터

부처님께 귀의합니다.

한평생 목숨 바쳐

부처님께 귀의합니다.

부처님~,

저를 부처님의 제자로 받아들여주소서.

나무석가모니불 나무석가모니불 나무시아본사석가모니불'

'동덕불교 학생들,

80여 명의 어린 불자들'~

순결무구純潔無垢~,

여명黎明의 새벽빛~,

부처님께선 아기보살들의 탄생을 기뻐하며 고요히 축복하신다.

3. 동덕법회~, 시민불교운동의 플랫폼(Platform)

1) 동덕법회~, 우리나라 선지식들 모두 오시다

1970년 9월~, 2학기~,

우리는 새로운 학기를 맞이하여 창립법회의 감동과 용주사 수련대
회의 순수열정으로 열심히 법회활동을 전개해갔다.

처음에는 우리끼리 모여 불교공부 하는 것부터 시작했다.

「보리誌」를 가지고 내가 간단히 강의하는 시간을 갖고, 강의 끝나

면 서로 토론하고 발표하는 식으로 나갔다. 학생들의 열정이 놀라왔다. 매주 토요일 2시~, 한창 어울려 신나게 놀 주말인데, 학생들이 2백 명 가까이 모여왔다. 찬불가도 배우고, 참선도 하고, 마지막에는 모두 서로 바라보며 '산회가'를 부르며 다시 만나기를 다짐했다.

얼마 뒤에는 한 달 한 번씩 외부 법사님을 모시기로 했다.

30여 년 계속된 동덕법회~, 동덕불교 법사 무진장 스님, 정무 스님을 비롯하여, 출가 재가 선지식들이 모두 오셨다.

며칠 전(2024년 4월 28일 일요일)~,

원각사(탑골공원) 무료급식소 법당에서 빠리사 법회를 마치고나니까, 서의현徐義玄 스님이 오셨다. 아직도 건재하시다. '저가 옛날 동덕불교학생회 김 선생입니다' 하고 소개를 드렸더니, 스님이 금세 알아보고 회고하셨다.

"그때 내가 조계사 주지였는데,
청담 큰스님 모시고 동덕여고 법회에 갔었습니다."

깜짝 놀랐다.

50여 년 전 이야기~, 나는 까마득히 잊고 있는데,

아흔 연세年歲의 의현 스님께서 생생하게 기억하고 계시다니~,

동덕불교~, 동덕법회가 그렇게 기억에 남을 만했던가?

스님들

청담 스님 (도선사 중흥조, 願力보살)

석주 스님 (칠보사 조실, 天眞보살)

광덕 스님 (불광법주, 佛光誌 창간)

무진장 스님 (동덕불교 법사, 설법주관)

정무 스님 (동덕불교 법사, 수련주관)

서의현 스님 (동화사 방장)

황진경 스님 (동국대 이사장, 계룡산 신흥암)

현진 스님 (도심포교개척자, 여의도포교원 창건)

성열 스님 (개척자, 강남포교원 창건)

지원 스님 (개척자, 삼보사 창건)

오성일 스님 (개척자, 화성 신흥사)

재가법사, 지도자들

선진규 법사님 (전법운동의 선구자, 김해 봉화산 정토원 창건)

김한천 법사님 (조계종 포교원 상임포교사)

김어수 법사님 (조계종 포교원 상임포교사, 시인)

이종익 박사님 (조계종 포교원 상임포교사, 동국대 교수)

이수산 법사님 (화엄불교의 대가)

안병호 이사장님 (청소년교화연합회 이사장)

반영규 선생님 ('자비의 소리' 발행인, 찬불가 개척자)

김래동 법사님 (낙성대 법운포교당 창건)

학자들

이기영 박사님 (동국대 교수, 구도회 창건, 원효사상 연구)
불교학생회 주관으로 학교에서 전교생 강당에 모아놓고 초청강연회를 열었다.
김영태 박사님 (동국대 교수, 한국불교사 개척)
목정배 박사님 (동국대 교수, 계율학 전공)
고익진 박사님 (동국대 교수, 아함경 저술로 초기불교 개척)
한갑수 박사님 (한글학자)

문인文人, 예술가들
미당 서정주 선생님 (동국대 교수, 시인, '국화 옆에서')
박목월 선생님 (청록파青鹿派 시인, '나그네')
이원수 선생님 (아동문학가 '고향의 봄')
김성동 선생님 (소설 '만다라'의 작가)
정민 선생님 (탤런트, KBS 연속극 '아씨'의 연파 스님)
송춘희 보살 ('수덕사의 여승'을 부르고 불교로 개종한 가수)
김태곤 거사 ('망부석'을 부른 가수)

2) '아침 촛불법회'~, 한국불교의 깊은 어둠〔無明〕을 밝히고~

몇 년 뒤~,
우리는 '아침법회'를 시작하였다.
대학입시 경쟁이 날로 치열해지면서, 토요일 오후에는 학원과 과외 가는 학생들이 많이 늘어났다. '토요법회'도 그 영향을 받게 되고, 불교반 학생들이 곤혹스러워했다. 그래서 '토요법회'는 한 달한 번씩 크게 열기로 하고, 평시에는 '아침법회'를 열기로 한 것이다.

'아침법회~,
토요 아침법회'~,

아침 7시에 시작한다.
8시 반부터 학교생활이 시작되기 때문에 7시에 모여서 한 시간 반정도 법회를 보는 것이다.
우리는 시청각실에서 전등불을 켜지 않고 촛불을 밝힌다. 학생들이 저마다 초를 준비해 와서 촛불을 밝히는 것이다.

하나~, 둘~, 셋-
촛불이 타오른다.
새벽의 어둠을 뚫고, 촛불이 타오른다.
촛불이 타오르며 성스러운 빛을 발한다.
이 빛이 우리들의 어둔 마음~, 무명無明을 밝힌다.
아직도 '나' '나의 것'이라는 허망한 이기주의에 빠져서 욕심부리고애착하고 화내고 미워하고 싸우고 해치면서 살아가는~, 살아가느라 허덕이는 우리 중생들의 깊은 무명을 밝히며 고요히 타오른다.
이 새벽촛불이
오래고 깊은 한국불교의 무명을 밝히며 타오른다.

아니~, 나 자신 속의~, 우리들 자신 속의 깊고 깊은 무명을 밝히며 타오른다.

이 새벽촛불이 펄럭이며 말한다.

"친구들~, 어서 깨어나시오.

'나 먼저 깨닫는다'

'오로지 한소식 한다'

'깨달아서 생사자재한다'

'나를 찾는다' '마음을 찾는다'

'우주진리를 찾는다' '대아大我를 찾는다'

'명상이다' '위빳사나다' '참선이다' '삼매다'~

이 깊은 무명無明에서 어서 깨어나시오."

아침 촛불이 고요히 타오른다.

아직도 소승小乘의 꿈에 사로잡혀 있는 우리들~,

한국불교의 깊은 무명을 밝히며 고요히 타오른다.

3) 동덕법회~, 시민불교의 플랫폼(Platform)이 되다

어느 때, 가을 아침법회~,

강영숙姜英淑 아나운서님이 오셨다.

불교계의 친구 취산翠山 이건호 총장(전국신도회)의 주선으로 모시게 된 것이다. 강영숙님은 그때 MBC의 간판 아나운서로 명성을 드날리고, '아나운서의 여왕'으로 불리고 있었다. 법회에 왔을 때 불교신자도 아니셨다. 단지 관심 정도로 머물러 있었다. 여학생들이 새벽같이 촛불 밝히고 열심히 한다니까, 호기심으로 한번 와본 것이다.

늦가을 아침 7시~,
아직 어둠이 다 가시지도 않은 시청각실~,
하나 둘 빛을 발하는 2백여 개의 촛불~,
그 촛불에 비춰진 여학생들의 반짝이는 얼굴 얼굴들~,
빛을 발하는 눈동자~, 순수무구 타오르는 열정~,
강영숙 아나운서는 감동 받으셨다.
숙련된 아나운서의 능력으로 준비해 온 '여성 에티켓'에 관하여 차근차근 얘기하고 있었지만, 강영숙 아나운서는 속으로~, 마음속으로 심하게 요동치고 있었다.

'어찌 이 학생들이 이렇게 진지할까?
어찌 이 여학생들이 이른 새벽같이 달려 나와서
촛불을 밝히고 불교를 공부하고 있을까?
불교~, 무엇일까?
불교~, 대체 어떤 힘이 있는 것일까?'

법회를 마치고 강영숙 아나운서는 그 감동을 안고 이건호 도반의 안내를 받아서 남산 대원정사大圓精舍로 가서 참배하고, 설립자 장경호 회장님의 불교인생 이야기를 전해 들었다. 장경호 회장님은 동국제강東國製鋼 그룹의 창설자시고, 전설적인 불교수행자시다. 그룹을 넘겨주시고, 자기 몫의 돈으로 남산에 대원정사를 짓고 시민불교운동의 센터로 삼으셨다.

강영숙 아나운서님~,
이 날부터 불자가 되셨다.
동덕 '아침법회'~,
어둠(無明)을 밝히는 순결한 촛불의 감동~,
장경호 회장님의 스토리와 그 현장의 감동~,
이것이 그를 불자로~, 빛나는 보살로 바꿔놓은 것이다.
이후 강영숙 아나운서님은 불교공부 열심히 하고, 저술도 하고, 남산 대원정사 안에 '예지원禮智院'이라는 여성교육기관을 설립하고, 한국의 전통적 가치를 가르치는 일에 평생을 바치셨다.

동덕불교~,
아침법회, 토요아침법회~,
스님들~, 학자들~, 문인들~,
음악인들~, 가수들~, 배우들~,
재가의 법사들~, 불교 잘 모르는 방송인들~,
강의하고 문답하고 함께 토론하고 교감하고~,
이렇게 동덕불교는 작은 플랫폼이 되어갔다.
수많은 선지식들이 와서 인생을 설하고~,

수많은 불교지도자들이 전국에서 몰려와서 수백 명 젊은 학생들의 순결한 눈동자를 보고~,

전혀 예상치 못했던 '불교중흥의 뜨거운 현장'을 보고~,

감동하고 눈물 흘리고 다짐하고~,

방방곡곡 달려가서 새로운 불교 열어가고~,

이렇게 함께 모여서 체온을 공유하고 꿈을 공유하며, '시민불교의 광장廣場'을 열어간 것이다. 고고하고 독선적인 도인道人불교~, 조사祖師불교의 독각주의獨覺主義 훌훌 벗어버리고, 만인이 함께 어울리고 함께 걷는 '만인萬人불교~, 시민불교'로 훨훨 새로운 지평을 향하여 떠나갔다.

4. 혜명보육원 원생들과 자매결연~,
   우리는 작은 보살행으로 불교 하다

1) 밤새 '사랑의 편지' 쓰고, 서로 언니 아우 되고~

창립 얼마 후~,

어떻게 인연이 돼서 혜명보육원을 찾아갔다.

시흥에 소재하고 있는 혜명보육원은 도선사에서 운영하는 시설로, 백여 명의 어린 학생들이 불자들의 보살핌으로 자라고 있는 곳이다. 스님이 원장을 맡아보고 계셨다.

우리는 그저 한 번 방문하고 마치는 일회성 선행을 하려는 것이 아니었다.

동덕불교 학생들은 혜명보육원 어린 학생들과 친구가 되길 원했다. 오래 인연을 주고받는 그런 친구가 되고 싶어 한 것이다.

먼저 혜명원에 연락해서 간단한 인적 사항을 받았다. 어린 학생들의 명단과 성별性別, 나이, 학년 등~. 다음 그기에 맞게 방문 학생수를 모집하고, 추첨을 통해서 인연 맺을 상대를 정했다. 동덕학생들은 자기 짝을 위해서 정성껏 선물을 준비하고 마음을 전하는 '사랑의 편지'로 썼다.

토요일 오후~,

백여 명의 동덕 학생들이 시내버스를 타고 시흥으로 갔다.

보육원은 종점 가까운 곳에 자리 잡고 있었다. 먼저 원장 스님에게 인사를 드리고, 말씀 듣고, 돌보는 불자님들의 안내를 받고 찾아 나섰다. 취학 전 어린이들~, 초등학생들~, 중학생들~, 고등학생들~, 이렇게 그룹별로 숙소가 구분돼 있어서, 동덕 학생들이 각자 자기 짝을 찾아간 것이다. 원생들과 동덕 학생들이 둘러앉아서 서로 인사를 나누고, 준비해간 다과를 나누면서 대화의 장을 열어갔다. 처음에는 좀 서먹서먹했지만, 순수한 동심의 아이들답게, 그들은 곧 친해지고, 서로 어울려서 놀이도 하고, 노래도 하고~, 왁자지껄~, 이렇게 한마음이 되어갔다.

마지막으로 짝 찾는 시간이다.

자기 짝을 찾아서 둘만의 시간을 가지는 것이다. 원생 대부분이 초등학생, 중학생들이어서, 동덕 학생들이 언니가 되고 누나가 되었다. 언니 누나들이 아우들에게 정성껏 준비해간 선물도 건네고, 편지도 읽어주고~, 밖으로 나와서 서로 손잡고 여기저기 산책도 하고~, 이렇게 3, 4시간이 금방 흘러갔다.

헤어져야 할 시간~,
아이들이 쌍쌍이 버스 타는 곳으로 모여들었다.
서로 작별인사를 나누고, 주소를 교환하고~,
하나 둘~, 버스가 떠날 때 아이들은 서로 손을 흔들며 아쉬워한다.
여기저기 아이들이 눈물 흘리고 있다.
버스 안에서도~, 버스 밖에서도~,
벌써 그렇게 정情이 든 것일까.

돌이켜보면,
서너 시간~, 짧은 만남이지만, 우리는 모두 길고 긴 세월, 만나고 헤어지면서 함께 살아온 뿌리 깊은 인연들 아닌가.
때로는 부모형제로~, 때로는 친구로~, 때로는 부부로~, 우리는 모두 이렇게 서로 얽혀 수많은 생을 함께 살아온 동포들 아닌가.
그래서 첫눈에 반하기도 하고~, 첫눈에 미워하기도 하고~,
'첫 인상' '첫 느낌'~, 이것은 실로 오랜 인연의 표출 아닌가.
다만 우리는 이 사실을 잊고 있을 뿐~,
서로 남인 것처럼 걸핏하면 미워하고 해치고 있을 뿐~,
부처님께서 열어 보이신 '인연의 진리'를 망각하고 있을 뿐~.

2) 깨달음은 부딪힘에서 오는 것,
우리는 처음부터 작은 보살행으로 불교 하다

'이것이 있으므로 저것이 있고,
저것이 있으므로 이것이 있고'~,

이런 연기법緣起法의 공식
아무리 외워보고 해설해봤자,
'인연의 진리' 깨닫지 못한다.
머릿속에 복잡한 지식만 늘어갈 뿐~,
죽을 때까지~, 아니 몇 번 죽었다 깨어나도
지식에~, 허구적 관념에 사로잡혀 머리만 굴리고 있을 뿐~,
거기에 바른 깨달음 없다. 바른 보살행 없다.
불교를 처음부터 잘못 배운 탓이다.

얼굴도 모르는 아우를 위해 선물을 준비하고,
밤새 한 자 한 자 정성 담아 '사랑의 편지'를 쓰고,
처음 보면서도 둘러앉아 서로 대화하고 함께 노래 부르고,
서로 손잡고 산책하며 속마음 주고받고,
헤어지기 아쉬워 붙잡고 눈물 흘리고~,

이것 말고 '연기법'~, 어디 있을까?
이것 말고 '깨달음' '한소식'~, 어디 있을까?

이것 말고 '생사해탈' '열반'~, 어디 있을까?

혜명보육원 자매결연~,

우리는 이렇게 몸으로 배운다.

우리는 이렇게 몸으로 불교 한다.

우리는 한 번으로 끝나지 않았다.

봄 가을~, 일 년 두 차례 찾아가기를 십여 년 넘게 계속해왔다.

그리고 동덕 학생들은 그 인연을 소중히 이어가려고 노력해왔다.

때때로 편지를 주고받고, 선물을 보내고, 졸업하고 나오면 밖에서

친구로 만나기도 하고~,

이렇게 서로 부딪히며 인연의 진리 깨달아가고 있었다.

이것이 바로 '시민불교'~, 그 풋풋한 현장이다.

6장

〔동덕불교 근 1천여 명 결집〕
A Legend~, 눈물과 피땀으로 이뤄낸
불교사의 아름다운 전설

1. '와서 보라, 들어라, 인생이 바뀐다'

1) '와서 보라, 들어라, 인생이 바뀐다~, 동덕여고 불교학생회'~

1971년 3월~, 창립 후 처음 맞는 새 학기~,

신입생 5백여 명이 새로 입학한다.

동덕불교 학생들은 가슴 설레며 이 날을 기다리고 있다.

새로운 불교반 회원을 모집하기 위하여 이리저리 준비하면서 고1 신입생들을 기다리고 있다.

유정애 등 1세世들은 이미 졸업해 나가고, 새로 고3이 된 2세들이 신입생 전법하는 어려운 책임을 맡았다. 회장 어순아, 손인희, 김복순, 유영숙, 김금용, 최정자, 정양해 등~, 고3과 고2 100여 명이 모여서 준비작업에 들어갔다. 우선 고1 신입생 7개 학급을 책임질 전법팀을 편성했다. 고3과 고2 회원들이 십여 명씩 한 팀을 짜고, 고3이 팀장을 맡고, 고1 신입생 한 학급을 맡아서 전법하는 것이다. 여러 가지 준비할 게 많았다. 나는 새 불자들을 맞이하는「보리誌」5백여 권을 만들고, 아이들은 포스터를 그려서 여기저기 붙이고~.

'우리시대의 스승

무진장 스님 초청

고1 신입생 환영법회

와서 보라, 들어라, 인생이 바뀐다.

-동덕여고 불교학생회-'

이렇게 내세웠다.

우리 학생들이 경험한 그대로 솔직하고 대담하게 내세웠다. 우리는 조금도 망설이지 않고, '불교 하는 것'을 자랑스러워하며 가슴을 펴고 직진直進해 나가는 것이다. 누구 눈치 보지 않고 대담하게, '나는 불자佛子입니다'~, 이렇게 드러내놓고 직진하기~, 이것이 동덕불교 성공의 비결 가운데 하나다.

고1 신입생 등교하기 전날~,

방과 후 고3 팀장들이 한자리 모였다.

내일 아침 진군進軍을 앞둔 '붓다의 전사戰士들'~,

최후의 결의를 다짐하는 것이다.

먼저 팀별로 준비상황을 점검하고, 부족한 부분을 서로 보완했다. 마지막으로 둘러앉아 합장하고 '나의 기원'을 함께 외우며 간절하게 기도드렸다.

〔합 송 ; 나의 기원〕
허리 곧게 펴고 합장하고
부처님의 미소 지켜보면서
간절한 마음으로 기원드린다.
(목탁/죽비~)

「항상 함께하시는 자비하신 부처님
저희가 지극한 정성으로 부처님께 귀의하옵고
부처님 정법 배우고 전하기 위하여
온갖 고난 참고 이기오며
굳센 신념으로 맹세코 큰 사업 성취하겠나이다.
저희에게 큰 지혜와 용기를 베푸소서.
나무석가모니불 (3념)」

어순아가 눈물 흘리고 있다.
손인희 김복순 최정자 김금용이 눈물 흘리고 있다.
모두 모두 고요한 감동으로 눈물 흘리고 있다.

2) 추운 새벽 가슴 조이며 후배들을 기다리다

1971년 3월 3일~,

고1 신입생 첫 등교일~, 드디어 날이 밝았다.

아침 7시~,

우리 아이들 모두 나와서 고1 신입생 빈 교실에서 기다리고 있다.

3월 초~, 아직도 겨울추위가 쌀쌀한데, 우리 아이들이 모두 나와서 기다리다 신입생들이 등교하면 하나하나 따라가서 대화를 시작한다.

먼저 '입학을 축하한다'고 따뜻하게 인사하고, 「보리誌」와 '신입생 환영법회 프로그램'을 하나하나 나눠주며 대화를 시작한다.

"우리는 동덕여고 불교반인데, 우리 불교반은 참 좋은 곳이란다.

무진장 스님이라는 훌륭한 법사님이 설법하시고,

여러 훌륭한 지도교사 선생님들께서 이끌어주시고,

고3부터 고2, 고1~, 이렇게 한 가족이 돼서 서로 보살피고~,

동덕의 공부 잘하고 잘난 학생들은 우리 불교반에 다 모여 있어.

한번 들어와 보면, 너희들도 만족할 거야."

그러면서 입회원서를 건넨다.

처음에는 신입생들의 반응이 별로였다.

무관심하기도 하고,

'나는 교회 다니는데요' 하고 거절하는 학생들도 있고~,

입회원서를 선뜻 써서 주는 아이들이 거의 없을 지경이다.

그러나 우리 아이들~, 꿈쩍도 안 한다. 물러서지 않고 하나하나 따라다니면서 대화를 나눈다.

10분간 쉬는 시간에도 맡은 고1 학급에 달려가서 한두 명 만나고, 점심시간에는 팀 전원이 또 고1 교실에 가서 한 명 한 명 붙들고 대화를 나눈다. '불교 좋다'는 말만 하고, '깨달음'이니 '한소식'이니 이런 말들은 꺼내지도 않는다. 주로 불교반의 주요한 활동들과 가족제도를 소재로 대화한다. 고1 아이들이 차츰 관심을 갖기 시작한다. 특히 가족모임에 관해서~, 좋은 선배들이 불교반 가족모임에 다 들어 있다는 얘기에 끌린다. 고1 학생들은 좋은 선배들 만나는 것에 대해서 큰 관심을 드러내고 있었다. 또 수련대회나 자매결연 등 활동에 대해서도 관심을 드러내고 있었다. 그래서 선배들의 설명을 듣고 입회원서를 내는 학생들이 하나 둘 늘어났다.

그날 방과 후 팀장들이 다시 모였다.
각 반별로 성과를 보고하고, 문제점들과 대응책들에 관해서 치열하게 토론했다. 첫날 벌써 60여 명 한 학급에서 10여 명 원서를 받은 팀이 있고, 한두 명에 그친 팀도 있다.
부진한 팀장들은 속상해서 눈물을 쏟아낸다. 옆에 친구들이 다독거리며 용기를 불어넣고 나름 노하우(know how)를 일러준다. 첫날은 50여 명이 입회원서를 냈다.

3) 고1 신입생 2백여 명 탄생~, 우리 아이들 '눈물의 기도'

3월 4일~, 고1 신입생 등교 제2일~,

새벽어둠이 채 가시기도 전에 우리 아이들이 모여든다.

맡은 고1 학급에 들어가서 추위에 떨며 가슴 조이며 기다린다.

신입생들이 하나 둘 들어오면 다가가 먼저 인사하고 대화를 건다.

어제 첫날보다는 고1 아이들도 많이 부드러워졌다.

'언니' 하며 가까이 와서 인사하기도 하고,

용기 있게 입회원서를 써서 건네기도 한다.

고1 등교 제3일, 4일~,

첫 주 6일 동안~,

우리 아이들은 줄기차게 이 작업을 계속해나간다.

우리 아이들은 한 신입생을 위해서 정성을 다 쏟는다.

하루 몇 번씩 찾아가서 만나고 그 다음날도 또 만나고~,

기어이 입회원서를 받아낸다.

일주일 동안이 학교에서 허락한 C.A.(특활반) 홍보기간이다.

우리 불교반뿐만 아니라, 기독교반, 천주교반(cell), YMCA, YWCA, Girl-Scout, JRC(적십자반)~, 쟁쟁한 그룹들과 더불어 치열한 경쟁을 벌이는 것이다. 특히 종교반들끼리는 서로 배타적 경쟁심이 작용해서 마치 총성 없는 전쟁터 같다.

가슴 조이며 뛰었던 일주일이 후딱 지나갔다.

마지막 날, 팀장들이 모여서 결산하는 시간~,

7개 학급 팀장들이 떨리는 목소리로 각기 성과를 보고한다.

최고 학급 인원 과반 30명이 넘는 반이 있고, 적어도 모두 20명은
넘어섰다.

1971년 고1 신입생

동덕불교 제4세 200여 명 탄생

고1 전체 500명 가운데 200여 명 불교반 입회

전교생 천 500명 가운데 400여 명 불교반 회원

창립 1년만에 전교생 4분의 1 넘게 부처님의 딸로 탄생~

우리는 모두 무릎 꿇고 둘러앉아

기도 올린다.

눈물 가득 기도 올린다.

'부처님~,

감사합니다, 감사합니다.

이 모든 것이 부처님 은혜입니다.

앞으로 더욱 열심히 정진하겠습니다.

저희 동덕불교 굽어 살피소서.

우리 가족들, 사랑하는 동포들 굽어 살피소서.~'

2. 몸 던지는 전법고행 9년~, 동덕불교 근 1천여 명 결집~

1) '동덕불교의 가족제도'

가) 동덕불교 힘의 원동력이다

동덕불교는 '가족제도'라는 특별한 방법을 도입했다.

고3부터 고1까지~, 모든 학급의 불교반 학생들을 묶어서 '가족家族'이라고 부른다. 한 학급에 적어도 10~20명 이상의 불교반 회원들이 있다. 모두 한 가족으로 뭉친다. 그리고 한 학년 위 선배 언니가 '가장家長'을 맡는다. 고1~, 1반의 가장은 고2~, 1반의 선배가 맡고, 고2~, 1반의 가장은 고3~, 1반의 선배가 맡고~, 1, 2, 3학년 ~, 1반이 모두 모여 '대가족大家族'이 되고~, 이런 식이다. 각 반의 가족들은 선배가장을 구심점으로 한 공동체가 되어서 고락을 함께한다. 가장은 선배들 중에서 성적이 우수하고 성격 좋고 리더십이 있는 인물을 뽑는다. 회장단들이 서로 의논해서 뽑는 것이다.

가족들은 주로 점심시간에 만난다.

일주일에 한 번 정도 가족모임을 갖는 것이다.

점심 미리 먹고 기다렸다가 약속된 장소에서 만난다.

서로 인사 나누고, 먼저 '가족 명칭'을 정한다.

'고1학년 1반~,

우리는 한가족

우리 가족은 종달새 가족이다.'

'고2학년 7반~,

우리 가족은 불사조 가족이다.'~

이런 식이다.

그리고 가족의 상징꽃과 가족노래를 정한다.

가족모임이 있는 날에는 상징꽃을 가슴에 달고 모여서 가족노래를

함께 부르며 시작한다. 가족노래는 동요부터 시작해서 팝송까지

다양하게 나온다. 토요법회 때 날짜를 정해서 '가족노래 경연발표

회'를 열고 상賞도 준다.

4월 초파일~,

'부처님 오시는 날'~,

학교 강당 입구에 연등蓮燈장식을 한다.

크리스마스 때 추리(tree)를 장식하듯이, 연등을 장식한다.

학교에서도 종교 간의 형평을 고려해서 허락해준 것이다.

불교반에서 회비를 가지고 큰 등을 몇 개 사서, '동덕벌전의 등' '선생님들과 가족들 행복의 등' '동포들 사랑등'~, 이렇게 높이 건다. 선생님들도 좋아하신다. 그리고 각 가족들이 각자 등을 준비해서 가족들의 축원명단을 붙이고 강당 입구 공간에 내 건다. 가족들은 등을 사지 않고 다들 손수 만들어서 내건다. 색깔도 모양도 형형색색이다. 마치 꽃밭처럼 장관이다.

가족,

가족모임,

선후배들이 함께 둘러앉아서,

가족상징 가슴에 달고,

가족노래 손뼉치며 함께 부르고,

끝없는 대화와 공동작업,

서로 힘이 되고 상처를 안아주고,

입시 등 좋은 정보를 교환하고,

10대 소녀들의 꿈과 낭만~, 고뇌를 공유하고~

이것이 원동력原動力이다.

이 가족이 동덕불교의 원동력이다.

이 가족의 힘이 30년 동덕불교의 역사를 써온 원동력이다.

이 가족은 대代를 이어 면면히 계승돼 간다.
1970년 창립 고3이 1세世~, 고2가 2세~, 고1이 3세~,
이렇게 가족은 대를 이어서 30년간 계속돼 간 것이다.

'가족'~, '가족제도'~,
이것이 우리가 개척해낸 '최선의 포교방법布敎方法'~,
'우리시대의 포교론布敎論'이다.
만인을 움직이는 포교방법론이다.

돌이켜보면~,
현대인들~, 다 가족을 잃고 산다.
우리시대의 시민들~, 다 가족 잃고 외톨이로 쓸쓸하게 살아간다.
아내도 남편도~, 서로 믿지 못한다.
부모자식도~, 서로 부담될까 피하며 살아간다.
'가족'~,
'함께 노래하고 함께 기뻐하고 슬퍼하는 가족'~,
이것이 우리시대의 '구원의 등불'이다.

절에 뭐 하러 갈까?
깨달으러 갈까? 한소식 하러 갈까?
거룩한 스님들 설법 들으러 갈까?

'따뜻한 가족'~,

나를 안아줄 '따뜻한 찬구들'~,

둘러앉아 서로의 고뇌와 답답함을 함께 나눌 '붓다의 가족'~,

'붓다의 도반들'~, '붓다-빠리사(Buddha-parisā)'~,

이것 찾아서 찾아가는 것이다.

친구 찾아서~, 친구 따라서 강남 가는 것이다.

젊은이들은 짝을 찾아서~, 사랑하러 가고,

늙은이들은 벗을 찾아서~, 수다 떨러 가고~,

이것이 본능本能이고, 이것이 자연自然이다.

지금 우리불교~,

'가족'이 되고 있는가?

사부대중이 '친구'가 되고 있는가?

지금 우리 절~,

둘러앉아 서로 토론하고 수다 떠는 '따뜻한 가족' 되고 있는가?

이런 것 생각이라도 해봤는가?

나) '붓다의 빠리사(Parisā)'~, 부처님도 무릎 맞대고 둘러앉는다

'불교'~, 믿어라 해서 되는 것 아니다.

'부처님 제일이다'~, 해서 되는 것 아니다.

'깨달았다' '깨달으면 나도 부처다'~, 으시댄다고 되는 것 아니다.

'깨닫는다' '한소식한다' '명상한다' '참선한다'~, 해서 되는 것 아니다.

'해탈이다' '생사일여다' '색즉시공이다'~, 해서 되는 것 아니다.
일상적인 삶에 도움이 되지 못하면,
절박한 아픔에 작은 위로라도 되지 못하면,
이것은 다 헛소리다. 자기만족에 불과한 것이다.
시민들은 별 관심 없다.

외로울 때 옆에서 조용히 들어주고,
배고플 때 밥 한 그릇이라도 나눠주고,
아플 때 손잡고 보살피고 섬겨주고,
나약해질 때 기댈 수 있는 어깨가 되어주고,
함께 노래하고, 함께 운동하고, 함께 밥 먹고~,
서로 사랑하고 서로 수다 떨고~,
이것 말고 '깨달음'~, 무엇일까?
이것 말고 '성불'~, 무엇일까?
이것 말고 '생사해탈'~, 무엇일까?

'가족,
한가족,
몸을 부딪치며 체온을 공유하는 '공동체'~,

이렇게 한가족이 될 때 비로소 '불교'다.
이렇게 나누고 섬기면서 한가족이 될 때 비로소 '깨달음' '한소식'
이다.

이렇게 서로 부딪치며 체온을 공유하며 한 공동체가 될 때 비로소 '성불'이다.

그래서 부처님께서는 처음부터 '빠리사(Parisā)'로 불교 시작하신다. 그래서 붓다 석가모니께서는 불교 시작부터 시장바닥에서 이름 없는 시민들~, 잡초雜草들 민초民草들과 무릎 맞대고 둘러앉으신다. 그래서 '붓다의 불교'가 성공한 것이다. 초기경전 도처에 빠리사가 나온다. '빠리사(Parisā)'~, 역경가譯經家들이, '사부대중四部大衆' '대중大衆' '중衆'~, 이렇게 번역했다. 둘러앉아 토론하는 '대중공사大衆公事'가 곧 빠리사다.

「빠리사(Parisā)~,

둘러(Pari, around) 앉는(sā, sit) 공동체~,

부처님도 무릎 맞대고 둘러앉아 토론하는 불교도 공동체~,

서로 나누고 섬기는 작은 시민들의 공동체~,

체온을 공유하는 가족 공동체'~」

이것이 곧 '불교'다.

이것이 '불교의 진면목眞面目'이다.*

이렇게 불교에서는 철저하게 공동체~, 가족공동체~, 대중이 존재할 뿐~, '잘난 개인' '개인지배' '개인우월주의'는 존재하지 않는다.

---

* 빠리사의 경전적 근거와 참고사항 ;『화엄코리아』(붓다스터디 1집) 10장, pp. 377~450.

'내가 부처다,

내가 삼보다,

내가 승보다.'~

이렇게 큰소리 헛소리 하고~,

삼배 받으려 하고~, 섬김 받으려 하고~,

스스로 '우월하다' 자만하고~, 물려주고 물려받고~,

대중들~, 진짜 주인공들 무시하고~,

이미 불교 아니다.

'빠리사(Parisā)~, 대중大衆~,

무릎 맞대고 둘러(Pari) 앉는(sā)

자유 평등한 불교도 공동체~,

'빠리사(Parisā)'~, 이 명칭도 까맣게 망각하고~,

'대중大衆'~, 이 말의 근원도 모르고~,

홀로 잘난 사람들~,

불교 족보에 없는 우월적 권위주의權威主義~, 이미 불교 아니다.

그래놓고 '불교중흥' '우리절 대작불사'~,

누가 하는 건가?

누구 위해서 하는 건가?

제발~, 꿈 깨라.

2) '클럽활동'~, 동덕불교 도약의 발판이다

동덕불교는 '클럽(Club)'을 도입했다.

몇 개의 클럽활동을 중심으로 전법하고 활동하는 것이다.

창립 1주년이 되면서 간단한 축하음악회를 열고, 노래 좋아하는 몇 사람이 모여서 중창단을 만들어 축하노래를 부른 것이 단초端初다. 그러다가 1974년 고1~, 동덕불교 7세世 때 심성경, 홍미경 등 노래 잘하는 회원들이 정식으로 중창클럽을 만들고 '간다르바(Gandharva)'라고 불렀다. '간다르바'는 '건달바乾闥婆'라고 한역漢譯하는 '음악의 신'이다. 노래하고 춤추며 부처님의 설법을 찬탄하는 신중神衆~, '신神의 무리(衆)'다. 세상에서 일 잘 안 하고 놀기 좋아하는 사람들을 '건달'이라고 일컫는 것도, 이 '건달바'에서 나온 말이다.

이것이 클럽의 출발이다.

여기서 하나 둘 늘어나서 4개의 클럽이 탄생한다.

중창단~, '간다르바(Gandharva)' 클럽~,

연극부~, '처용(處容, 신라 때 춤추며 演戲한 處容舞의 주인공)' 클럽~,

탈춤부~, '셔블불휘'(서울의 뿌리) 클럽~,

만화부~, '자유촉' 클럽~,

이렇게 4개의 클럽이 탄생해서 동덕불교 도약의 디딤돌이 된다.

처음 클럽들은 해마다 개최하는 청소년 불교예술제 '연꽃들의 행

중창단 '간다르바'

진'에 출연하기 위해서 회원들 중에서 선발해서 만든 것이다. 그러다가 차츰 클럽들이 '가족'의 역할까지 하게 된다. 좋아하는 취미와 소질이 같고 거의 매일 모여서 사귀고 연습하고~, 이러다 보니까 자연스레 강력한 하나의 '가족'으로 결집된 것이다. 얼마 후에는 이 클럽들이 신입생 회원모집에도 큰 역할을 하게 된다. 신입생들이 이 클럽활동에 대해서 폭발적인 관심을 보이고, '불교'에 무관심하다가 이 클럽에 가입하기 위해서 불교반에 입회하는 학생들이 많아지고, 교회 나가면서도 클럽이 좋아서 불교반 입회하는 상황까지 나왔다. 그러다가 어느새 불교로 전환하는 것이다.

시간이 흐를수록 클럽의 역할이 커져 갔다.

신입생 회원모집 때도 동덕불교는 '투트랙(Two tracks)'으로 뛰었다.

일반적인 '가족'이 어떤 한계에 부딪혀 있을 때, 이 클럽이 회원모집에 나섬으로써 그 한계를 넘어서 도약의 디딤돌이 되는 것이

2편 〔동덕불교-청보리 시절〕

다. 클럽 지망학생들이 많이 모여서 클럽마다 시험을 보는 일까지 벌어졌다. 특히 강남시절에는 동덕불교가 이 클럽 중심으로 전환된다.

1986년 3월~,
동덕학교가 동대문구 창신동에서 서초구 방배동으로 이전했다.
낯선 환경에서 불교반도 회원모집이 쉽지 않았다. 소위 '강남지역'이라 대학진학에 모든 초점이 모아지고, 특별 활동은 공부에 별 도움이 안 되는 것으로 인식돼 인기가 없었다. 난관에 부딪힌 것이다. 이때 구원투수로 나선 것이 클럽들이다. 클럽들이 앞장서서 신입생 모집에 성과를 거둠으로써 동덕불교는 강북의 전설傳說을 이어가는 데 성공할 수 있었다. 따라서 동덕불교 30년사史는 '강북시절'과 '강남시절'로 질적 전환을 경함하게 된다.

3) 동덕불교 9년, 마침내 근 1천 명~, A Legend~, 불교사의 작은 전설 하나

추위에 떨면서도
새벽같이 달려 나와서
신입생 교실에 들어가
가슴 조이며 새 친구들 기다리고.

'불교반 들어오세요,

불교반 언니들 참 좋아요,

우리학교 공부 잘하고 멋있는 학생들은 불교반에 다 있어요,

좋은 선생님들도 불교반에 다 계셔요,

모여서 노래도 하고, 수다도 떨고, 수련대회도 가고,

보육원 어린이들 자매결연도 하고,

KBS, MBC~, 방송국에 가서 합창도 하고,

노래 연극 탈춤 만화그리기~, 클럽활동도 같이 하고,

해마다 가을이 되면 꿈의 축제 "연꽃들의 행진"도 열고,

불교반은 여러분들의 꿈과 열정을 함께하는 한 가족이랍니다.

우리 불교반~,

한번 들어와 보세요.

여러분들 인생이 바뀐답니다.'

신입생 하나하나 붙들고 입이 닳도록 권하고,

어색한 반응~, 싸늘한 거절도 미소로 받아주고,

싫다 해도 찾아가 또 만나고~,

방과 후 모여서 반성하고, 서로 격려하고,

눈물 흘리며 기도하고~,

이렇게 해서 불교반 회원이 눈부시게 늘어갔다.

1970년 창립 때 2백여 명,

1971년 1년 만에 4백여 명, 전교생의 4분의 1을 넘고,

다음 해 5백여 명이 되고,

또 다음 해 6백여 명이 되고 ….

1978년 3월~,

동덕불교 11세世~,

창립 9년째 되는 해~,

불교반 총 8백 50여 명~,

불교반 족보에 기록된 회원만 8백 50여 명~,

근 1천 명~,

전교생 1천 6백여 명의 반을 넘기고~,

동덕불교~,

A Legend~,

이것은 하나의 전설,

한국 불교사의 하나의 전설,

아니~, 세계 불교사의 아름다운 하나의 전설~

우리 아이들이 피땀 흘리며

눈물로 기도하며 이뤄낸 고귀한 결실~

'부처님

감사합니다, 감사합니다,

오로지 부처님 은혜입니다.'

4) 동덕불교 근 1천 명의 성공~, 그러나 이것은 '전설'도 '기적'도 아니다

「1978년 3월~,

동덕불교 11세世~, 창립 9년째 되는 해~,

불교반 족보에 기록된 총 8백 50여 명~,

근 1천여 명~, 전교생 1천 6백여 명의 반을 넘기고~」

그러나 이것은 실로 '전설傳說' 아니다.

'전설'도 '기적'도 아니다.

'전설' '기적'~, 그냥 해본 소리다.

이것은 실로 '눈앞의 팩트(fact)'~,

눈앞에 보이는 냉철한 사실事實이다.

수많은 우리 아이들이 피땀 흘리며 신명身命을 걸고 몸을 던지며 하나하나 개척해 간 '아픈 개척의 역사'다. 수많은 우리 아이들이 뜨거운 신앙과 순수열정으로 써내려간 '눈앞의 fact'~, '여기 와서 보라' '눈 있는 이들은 와서 보라'고 외칠 수 있는 '눈앞의 사실'~, '눈앞의 역사'다.

'위법망구爲法忘軀,

부처님 법 전하기 위하여 신명을 돌보지 아니한다.'

우리 동덕불교에게 이것은 한갓 수식어 아니다. 오기로 해보는 장담 아니다.

우리 동덕불교 아이들~, 개척의 전사(戰士, khattiya/캇띠야)들은 한 사람의 새 회원을 이끌기 위하여 온갖 정성을 다 쏟았다. 선후배 가족끼리 모여서 방법을 궁리하고 밤잠을 설치며 준비하고, 새벽 찬 바람 무릅쓰고 달려나와 빈 교실에서 가슴 조이며 기다리고, 하나 하나 다가가 인사하고 손을 잡고 대화하고, 싫은 표정 냉담한 거절도 다 받아넘기고~, 한 사람이 입회원서를 쓰면 기뻐서 눈물 흘리고, 끝내 실패하면 아쉬워서 눈물 흘리고~,

토요일마다 수백 명씩 모여 법회 열고,
토요일 아침 미미한 어둠 속에 촛불 밝히고,
가족끼리 모여 「보리誌」 읽고 토론하고, 함께 수다 떨고, 노래하고,
혜명보육원 아이들과 '사랑의 편지' 나누고,
클럽끼리 모여 노래하고, 연극하고, 탈춤 추고, 만화 그리고,
한 해 한 번 10월이 오면 대강당에서 '연꽃들의 행진' 열고,
어린이대공원 찾아가서 '찬불가' 버스킹 하고,
KBS, MBC 나가서 백팔합창 선보이고~.

할 수 있는 것은 다 했다.
우리가 할 수 있는 것은 다 했다.
무엇이건~, 물불 가리지 않고~,
몸을 던져서~, 신명身命을 바쳐서~,

오로지 '부처님 일념一念'으로~,
우리가 할 수 있는 것은 다 한 샘이다.

'부처님은 민족의 혼魂
이 땅에 부처님나라 성취할 때까지
모이자, 배우자, 인도하자.'

이것이 우리들 정신이다.
이것이 우리 동덕불교의 신념이다.
「보리誌」에 이렇게 쓰고 이렇게 외운다.
이 뜨거운 신앙과 순수열정으로, 동덕불교의 어린 십대의 보살들
이 신명을 던져 눈물 흘리며 기도하며 새벽 추위에 떨며 가슴 조이
며 개척해낸 고귀한 역사다.

3. 이제 그만 일어설 때가 아닌가? 걷고 걸을 때가 되지 않았는가?

1) 우리 마을 교회 목사님~, 아침마다 전철역에서 인사하고

내가 사는 의정부 녹양역~, 아침마다 교회 목사님이 나와 있다.
손에 성경 들고 출입구에 서서 그저 묵묵히 인사한다. 오로지 그것
뿐이다. 비가 오나 눈이 오나 그 목사님 그치지 않는다.
몇 년 뒤 그 교회~, 넓은 공터를 사서 신식건물을 덩그렇게 세웠다.

그래도 그 목사님~, 멈추지 않는다.
나는 그 목사님과 눈을 맞추고 인사하며 맘속으로 말한다.

'복福 받을 사람들~,
이러니까 우리나라 기독교~,
세계사의 기적이 되지.~'

'의정부 녹양동
대한예수교 장로회 가성교회'~

지난 일요일~, 예수님 부활절~,
4, 50대의 승용차들이 교회마당을 빽빽이 메우고 있다.
곱게 차려입은 남녀노소들이 손손 성경을 들고 모여들고 있다.
창 너머로 그 광명 지켜보면서 나는 가슴이 아팠다.
인류의 위대한 성자 가운데 한 분~,
예수님의 부활復活의 의미 생각하면서,
무한생명의 기쁜 소식 축복하면서,
왠지 나는 가슴이 허전하게 아파왔다.

2) 우리 불자들 뭣하고 있을까? 아직도 여전히 앉아 있을까?

우리는 뭣하고 있을까?
이 땅의 불자들~, 불교도들~,

지금 어디서 뭣하고 있을까?

그 많은 '나도 부처들' '도인들' '선지식들'~,

지금 어디서 뭣하고 있을까?

'깨닫겠다' '한소식 하겠다'며

지금도 여전히 앉아 있을까?

'우주진리 찾는다'며, '자기를 찾는다'며

지금도 여전히 앉아 있을까?

눈감고 눈뜨고 앉아 있을까?

참선하고 명상하고 앉아 있을까?

알아듣지도 못할 선문답禪問答~,

무슨 대단한 진리인 양 자기도취에 빠져 앉아 있을까?

금강경 해석하고 '색즉시공 공즉시색' 논하며 앉아 있을까?

'연기법' 강의하고 '무아無我' 설하며 앉아 있을까?

천 수백 년 전~,

수隋나라 당唐나라 때 하던 방식~,

그것이 진리라고 굳게 믿고 여전히 앉아 있을까?

붓다 석가모니께서 걷고 걸으며

뙤약볕길 목말라 하며 맨발로 걷고 걸으며

아침마다 손수 발우 들고 동포들 찾아가

밥을 빌며 무릎 맞대고 둘러앉아 법을 함께 나누던

그 '붓다'~, '붓다의 불교'~, 다 망각하고,

"나는 선정주의禪定主義 버리고 떠나간다.

그것은 깨달음 해탈의 길 아니다."

붓다께서 이미 버리고 떠나가신 명상~,

범아일여梵我一如~, 우빠니사드~, 힌두교의 낡은 유물~,

중국 선종禪宗의 비非붓다적 한소식주의~,

그것이 '불교'며 '깨달음'이라고 우기며,

아직도 여전히 앉아 있을까?

이 허망한 미신,

구시대의 낡은 신화神話~,

나날이 고통 속에 살아가는 시민들에게 아무 의미 없는 것들~, 감동 없는 것들~,

놓지 못하고~, 아직도 여전히 기다리고 있을까?

역사가~, 인류가~, 우리 동포들이~,

더 기다려 주겠는가?

이미 끝난 것들~.

4. 동덕불교 열전列傳~, 몸을 던지는 개척자들 이야기

1) 동덕불교 약사略史~, 30년 대代를 이어서

1세世 ; 1968년 고1입학, 1970년 7월 18일, 고3때 창립주역
  기억에 남아 있는 회원들 몇몇~.
  유정애(회장) 정갑경 장정선 심재성 도반들
  (처음 김옥배가 회장으로 뽑혔으나 중간에 퇴전하고, 유정애가 회장
  을 맡아 이후 60여 년간 동덕불교의 대표로서 헌신해 왔다.)

2세 ; 1969년 고1입학, 고2때 창립세대
  어순아(회장) 손인희 김복순 유영숙 김금용 최정자 정양해 도
  반들

3세 ; 1970년 고1입학, 고1때 창립세대
  홍효숙(회장) 이을섭 강수명 도반들

4세 ; 1971년 고1입학
  홍경희(회장) 이진명 최숙경 한종민 이화신 도반들

5세 ; 1972년 고1입학
  박성렬(회장) 임순옥(부회장) 손경옥 손순애 김미자 정경자
  김점희 김경주 도반들

6세 ; 1973년 고1입학
  최경희(회장) 최금오 임금숙 도반들

7세 ; 1974년 고1입학
  심성경(회장) 홍미경 도반들

8세 ; 1975년 고1입학

　　김인숙(회장) 유지형(부회장) 한경희 현은자 김완숙 도반들

9세 ; 1976년 고1입학

　　박영길(부회장) 한경섭 임금희 문금순 임정미 도반들

10세 ; 1977년 고1입학

　　조은희(회장) 이명숙 김정애 옥종현 김유진 정태영 도반들

11세 ; 1978년 고1입학

　　이혜인(회장) 김용애(부회장) 홍석미 이혜숙 이수애 지명애

　　도반들

12세 ; 1979년 고1입학

　　나윤희(회장) 최명숙 이복희 김성자 임현숙 곽은영 전임순

　　이정은 이유선 도반들

13세 ; 1980년 고1입학

　　김귀남(회장) 장선림 김세정 고주영 김희연 김미란 김용남 도

　　반들

14세 ; 1981년 고1입학

　　이완정(회장) 최경희(부회장) 서연수 이효선 김춘선 도반들

15세 ; 1982년 고1입학

　　김소희(회장) 박경미 이승숙 도반들

16세 ; 1983년 고1입학

　　장혜진(부회장) 엄필제 최난실 도반들

17세 ; 1984년 고1입학

　　이혜정(회장) 김혜경(부회장) 이옥경 김은정 박선이 방희정

유진숙 이미용 이윤덕 이명진 도반들

18세 ; 1985년 고1입학

　　최진(유진)(회장) 이미연 이남영 이희전 도반들

19세 ; 1986년 고1입학

　　박선경 박효경 서현선 조연경 이은경 김지영 도반들

20세 ; 1987년 고1입학

　　이민정 민지현 오규연 박진희 서련회 홍성미 윤보영 김선희
　　도반들

21세 ; 1988년 고1입학

　　서혜정 홍선미 박희정 이민경 김혜숙 도반들

22세 ; 1989년 고1입학

　　신영아 김창자 이소희 류현경 도반들

23세 ; 1990년 고1입학

　　박유란 신계영 이은정 홍윤미 도반들

24세 ; 1991년 고1입학

　　윤선영 이선아 이은숙 엄혜경 이은주 김경희 도반들

～

30세 ; 1997년 고1입학

　　김승연 이혜정 조희진 도반들

31세 ; 1998년 고1입학

이것이 동덕불교의 약사略史다.

기억을 더듬어서, 단편적 기록을 찾아서 간략하게 정리한 것이다.

동덕불교는 1998년 31세 고1 신입생모집으로 끝난다.

1999년 2월 말 내가 명예퇴직하면서 동덕불교는 1970년 창립으로부터 30년~, 1999년 31세로 회향하였다. 그 후 학교 특활반으로 잠시 존속했지만, 동덕불교의 연면한 역사는 1999년 2월 사실상 종료된 것이다. 30년 역사 중에서 1세 유정애부터 18세 최진(유진)까지가 '강북시절'~, 19세 박선경부터 31세까지가 '강남시절'이다.

2) 동덕불교 열전~, 개척자들의 이야기

1세世~,
1970년 고3, 동덕불교 창립주역들~

유정애
동덕불교 창립의 주역, 동덕 청보리의 평생 대표~, 50여 년 긴 세월~, 동덕 청보리를 한 번의 트러블도 없이 원만하고 순수하게 이끌어왔다. 동덕여대 진학해서 불교학생회 창립, 대불련 활성화에 앞장섰다. 거기서 전보삼 도반(뒷날 신구대 교수)을 만나 결혼하고, 함께 남한산성 만해기념관을 운영하고 있다.

장정선
초기 개척자 가운데 한 사람~, 다양한 사회활동~, 동덕 청보리로 돌아와서 회향할 때까지 함께했다.

이영춘

평생 학교 선생님으로 아이들 가르치고, 친구 정선이 인연으로 동덕불교와 인연~, 선우법당에서 끝까지 함께했다. 지금도 사회봉사 활동중~.

2세~,

1970년 고2, 동덕불교 창립주역들~

어순아

2세 회장~, 초기 개척자 가운데 한 사람~, 성신여대 진학해서 불교학생회 창립, 대불련에서 활동~, 거기서 홍성복 도반(뒷날 동방불교대 교학처장)을 만나 결혼하였다. 프랑스 유학 후 성신여대로 돌아와 불어불문학과 교수로 재직하면서, 지금도 학생회 돌보고 있다. 약수선원에서 진푸티 종사의 염불선 수행중~.

손인희

초기 개척자 가운데 한 사람~, 50여 년 한 번 빠짐없이 평생을 동덕 청보리와 함께해 온 원력보살~, 서울사대 졸업하고 동덕으로 와서 불교반 지도교사로 헌신. 윤식이 홍식이~, 아들들도 함께 법회 나왔다. 윤식이 결혼식 때 내가 주례를 섰다. 동덕에서 교감으로 학교와 동진회 활동에 크게 기여하였다.

김복순

초기 개척자 가운데 한 사람~, 고대로 진학하고 대불련에서 활동
~, 거기서 윤세원 도반(뒷날 인천대 교수)을 만나 결혼하였다. 신라
화엄사상 연구로 학위를 받고, 동국대 교수로 봉직했다.

유영숙
초기 개척자 가운데 한 사람~, 서울교대를 나와서 교직에 종사, 동
덕 청보리 중요행사에 늘 함께해 왔다.

김금용
초기 개척자 가운데 한 사람~, 「보리誌」 편집. 시인으로 등단, 지금
한국문인협회의 부이사장으로 봉사하고 있다.

3세~,
1970년 고1, 동덕불교 창립주역들~

이을섭
초기 개척자 가운데 한 사람~, 평생을 함께해 온 원력보살, 지금도
매일 카톡 주고받는다. 박상륜 법사와 부부~, 큰아들 결혼식 때 내
가 주례를 섰다.

4세~,
1971년 동덕1학년 입학~, 선배들이 새벽같이 달려와서 포교했던
첫 번째 세대다.

홍경희

4세 회장~. 서울대 음대 국악과 진학, 졸업 후 대불련총동문회에 들어가 회장을 맡아서 회관마련의 초석을 놓았고, 지금도 거기서 헌신하고 있다.

이진명

졸업 후 문단에 등단, 주목 받는 대표적인 시인으로 평가받고 있다. 동덕 청보리 행사 때도 좋은 작품으로 빛을 발하고 있다.

5세~,

1972년 동덕1학년 입학~,

임순옥 손경옥 손순애 김미자 정경자 김경주 김점희~,

동덕불교를 한 단계 높이 우뚝 일으켜 세운 원력보살들~, 동덕불교 전설의 초석을 놓았다. 이때부터 동덕불교가 학교 학생운동의 중심축이 되고, 전교에서 공부 잘하고 잘난 아이들은 동덕불교반으로 다 모여와서 대세大勢를 형성하였다. 남산 대원정사에 나가서 서울고등학교 불교반 졸업생들과 함께 대원청년대학생회를 창립하였다.

임순옥

5세 부회장~, 1970년대 동덕불교의 전성시대를 연 주역의 하나~. 졸업 후에는 법륜 스님의 정토회에서 오랫동안 봉사해 왔다.

손경옥

원력그룹의 선두주자이며 기수旗手~, 열정과 따뜻한 마음으로 후배들에게 부처님의 가르침을 펴는 데 몸 바쳐 왔다. 대학 졸업 후에는 불교총화종 합창단의 단장으로서 전국을 돌며 불음佛音을 전파하고, 동덕 청보리운동에도 마지막 순간까지 함께해 왔다.

손순애

원력보살의 한 사람~, 동덕여대 약학과에 진학해서 불교학생회와 대불련 활동에 열성적으로 참가했다. 약사불자회도 참가하고, 동덕 청보리운동에도 끝까지 인연의 줄을 이어왔다. 지금 허브라이프 (Herbalife) 전도사로 큰 성장을 이루고 있다.

김미자

원력보살의 한 사람~, 비가 오나 눈이 오나 거의 한 번도 빠짐없이 김경희 경남이 두 딸 데리고 법회에 참석해 왔다. 소비자연맹의 현장조사원으로 오랫동안 봉사하였다. 딸 경희 결혼식 때 내가 주례를 섰다.

정경자

원력보살의 한 사람~, 토론이나 토의에 적극적으로 참가해서 이끌어 갔다. 졸업 후 화장품 사업에 투신해서 베테랑이 되었다. 자주 만나지는 못하지만, 동덕불교의 뜻을 잊지 않고 함께하고 있다.

이춘실

대학 졸업 후 한참 세월이 흐른 뒤 어떤 계기로 동덕불교에 가담하게 되고, 2013년 인도 순례단으로 함께 가면서 깊어졌다. 춘천에서 심리상담사로 봉사활동하고, 마지막까지 동덕 청보리와 함께해 왔다.

6세~,

1973년 동덕1학년 입학~,

동덕불교의 거센 흐름을 충실히 계승해갔다. 대원청년대학생회 활동을 계속해갔다.

최경희 최금오 등 친구들이 함께했다.

7세~,

1974년 동덕1학년 입학~,

청소년예술제 '연꽃들의 행진'을 본궤도에 올려놓고 농촌봉사활동을 전개하는 등 동덕불교의 내실을 보다 향상시킨 열성 보살들이다. 대원청년대학생회를 이어갔다.

심성경

7세 회장~, 홍미경 등과 함께 중창단을 만들어서 예술제에서 빛을 발했다. 남산 대원청년대학생회에 나가서 공부하고, 이화여대에서 학위를 받고, 대전에 살면서 원광대 교수로 후진들 가르쳤다.

8세~,

1975년 동덕1학년 입학~,

동덕불교의 거센 기운을 충실히 이어갔다.

유지형

8세 부회장~, 이화여대 졸업하고 모교에 와서, 동덕불교 지도교사를 함께했다. 내가 퇴임한 후, 점심시간 가사실습실에 학생들을 모아서 백팔배를 하는 등 동덕불교 맥락을 이어가려고 애썼다. 학교에서는 교장으로서 크게 기여하였다. 인도순례 때 남편 광우 거사, 막내딸 이승연과 함께 걷고 걸었다.

9세~,

1976년 고1입학~,

동덕불교의 새로운 전환~, 그 출구를 열어갔다.

청룡사青龍寺에서 대광고大光高, 영훈고永勳高 학생들과 더불어 청보리학생회를 창립한 주역들이다.

청보리 1기期~.

박영길

9세 부회장~, 고1 가을에 대광고, 영훈고 학생들과 더불어 청보리학생회를 창립하고, 청보리 1기 부회장으로서 그 기초를 닦았다. 학교 선생님으로 지방에서 오래 근무했고, 지금까지 청보리의 뜻을 잊지 않고 있다.

진성 스님

본명 한경섭韓敬燮~, 결혼하고 가정을 이루고 살다가, 어떤 계기에 출가해서 스님이 되고, 지금 상계동에 '보광선원'이라는 도량을 열고 수행과 포교불사에 전념하고 있다. 50여 년 동덕 청보리와 고락을 함께해 왔다.

10세~,

1977년 고1입학~,

동덕불교를 한층 더 우수한 공동체로 이끌었다.

청보리 2기~.

조은희

10세 회장~, 하루도 빠짐없이 아침마다 교무실로 와서 그날의 과업을 차분하게 상의하던 장면이 아직도 눈에 보이는 듯하다. 지금 광주 조선대학교 교수로 후진양성에 애쓰고 있다.

11세~,

1978년 고1입학~,

이혜인 김용애 지명애 홍석미 이혜숙 이수애~,

동덕불교를 '전교생 과반의 신화'로 이끌어낸 정열적이고 역동적인 개척자 그룹이다.

청보리 3기期~.

청보리학생회를 크게 번창하게 만든 공덕보살들~.

이혜인

11세 회장~, '동덕불교 전설의 선봉先鋒'~, 근 1천여 명의 순수열정의 십대 보살들을 결집하는 데 성공하였다. 대학 재학 중 민주화운동에 적극적으로 참가하고, 미국대사관 시위사건에 연루되어 옥고를 치르기도 했다.

김용애

11세 부회장~, 근 1천 명 결집의 중심적 역할을 담당하였다. 지금 한국외국어대학교 교수로 봉직하면서 자연대학 학장을 맡고 있다.

중본 스님

본명 지명애池明愛~, 타고난 천진天眞보살이다. 동덕 청보리의 표본적 존재다. 동국대 불교학과로 진학하고, 졸업 후 조계종 스님으로 출가하였다. 대전 근처 보광사에서 수행정진 한다는 소식 들었다.

홍석미

동덕불교를 강한 집단으로 이끌어간 보살이며 용사勇士~, 청룡사에서도 열심히 공부하고 수행하였다. 법회에서 둘러앉아 토론할 때 논리정연하게 주장을 전개하였다. 중요한 일이 있을 때마다 함께하였다.

이혜숙

은근한 열정을 잃지 않는 천진보살~, 학교법회 청보리법회 빠지지 아니하고, 배운 대로~, 들은 대로 살아가려고 애썼다. 결혼 때 내게 주례를 부탁했는데, 내가 무슨 변덕이 나서 들어주지 못하고, 평생 마음의 빚을 지고 있다.

이수애
연극클럽 '처용' 멤버~, 예술제 때 연극 '바보 판타카'의 판타카 역 役을 맡아서 멋있게 해냈다. 결혼식 때 내가 주례를 섰다. 50여 년 동덕 청보리와 함께해 왔다.

12세~,
1979년 고1입학~,
'동덕불교의 전설'을 눈앞 가까이 실현시킨 개척자들~.
청보리 4기期~.

이복희
연극클럽 '처용'의 핵심멤버로 활동했다. 불교반과 청룡사법회 활동 모두 열심히 하고, 여동생 경자는 청룡사 6기로~, 남동생 영선이는 9기로~, 형제자매들을 모두 절로 인도하였다.

곽은영
상냥하고 부드러운 미소 보살~, 청룡사 청보리 법회에서도 열성적으로 수행하였다. 졸업 후에도 잊지 않고 중요한 불사에는 동참해 왔다.

임현숙

청보리 법회 열심히 다니면서 동기 조문희 도반과 눈이 맞아서 결혼하였다. 졸업 후 '어진이'라는 필명으로 저술활동을 하고 좋은 책도 출판하였다.

13세~,

1980년 고1입학~,

'동덕불교의 전설'을 굳건히 이어간 개척자들~.

청보리 5기期~.

김귀남

13세 회장~, 불교반 활동을 주체적으로 전개해서 과반過半의 역사를 뿌리내리는 데 성공하였다. 청룡사 청보리 법회도 열성적으로 참가하였다. 용화여고龍華女高에서 교편을 잡으며 후진양성에 헌신해 왔다.

장선림

처용 클럽 멤버~, '연꽃들의 행진'에서 판타카 역을 맡아 감동을 불러 일으켰다. 유치원 선생님으로 어린아이들 길잡이 노릇을 해왔다.

김세정

문학소녀~, 대학 가서는 연극에 입문해서 열정을 불태웠다. 미국

가서 직장생활하고, 이제 뒷방지기가 돼서 잠시 귀국했다고~, 얼마 전 카톡이 왔다.

14세~,
1981년 고1입학~,
'동덕불교의 전설'을 한 걸음 더 실현해낸 개척자들~.
청보리 6기期~.

이완정
14세 회장~, 부회장 최경희와 손잡고, 동덕불교를 전성기로 올려 놓았다. 이 시절 매년 3백여 명~, 신입생 반 이상이 몰려왔다. 고대 가서 심리학과를 졸업하고 일본 가서 공부하고 귀국해서 그쪽 방면에서 활동하고 있다.

전영숙
탐구력이 강한 조용한 학구파, 중국 유학하고 돌아와, 한때 모교에서 불교반 지교교사를 함께하였다. 지금도 연구활동에 종사하고 있다.

서연수
동덕불교의 전성기를 개척해낸 정진 보살~, 열정과 신념으로 동덕불교와 청룡사 법회의 중심이 되어 왔다. 최근에는 제주도로 가서 살고 있다.

15세~,

1982년 고1입학~,

'동덕불교의 전설'을 굳건히 이어간 개척자들~.

청보리 7기期~.

16세~,

1983년 고1입학~,

동덕불교의 전통을 잘 계승 발전시킨 유능한 개척자들~,

청보리 8기期~.

17세~,

1984년 고1입학~,

동덕불교의 강북시절을 꽃피운 열성적인 개척자들~,

청보리 9기期~.

김혜경

17세 부회장~, 청보리 9기 부회장~, 동덕 청보리의 평생 총무~, 어렵고 힘든 살림을 맡아서 혼자서 다 묵묵히 해냈다. 지금도 여전 히~. 동덕 청보리 50년의 역사는 혜경이의 열성과 헌신이 큰 힘이 되었다. 남편 정만호 거사도 궂은 일 다 맡아서 해냈다. 아들 우현 이, 딸 현아도 빛나는 '보살가족'으로 이끌었다.

18세~,

1985년 고1입학~,

동덕불교의 강북시대를 장엄하게 마감하고 강남시대를 새롭게 열어간 용기 있는 개척자들~,

청보리 10기期~.

최유진(개명 전 崔眞)

18세 회장~, 1986년 2월 동덕학교가 강남 서초구 방배동으로 이전하였을 때, 매우 부정적인 풍토 속에서도 온갖 열정을 다 기울여 3백여 명 가까운 신입생 회원들을 결집하는 데 성공했다. 동덕 청보리와는 오랜 신의信義를 지켜왔다. 이화여대 사회학 박사로, 국립여성정책연구원의 본부장으로 봉사하고 있다.

19세~,

1986년 고1입학~,

동덕불교의 강남시대 1세대~,

청보리 11기期~.

20세~,

1987년 고1입학~,

동덕불교의 강남시대를 정착시켜 간 개척자들~,

청보리 12기期~.

21세~,

1988년 고1입학~,

클럽활동 중심으로 동덕불교를 전환시킨 열정 보살들~,

청보리 13기期~.

서혜정

연극클럽 처용의 멤버~, 클럽활동을 통하여 동덕불교의 새 영역을
개척해 간 열정 보살~, 청보리 법회 한 기 선배인 이용덕과 결혼하
였다. 내가 주례를 섰다. 지방에 살면서도 끝까지 함께해 왔다. 김
용근이 『룸비니에서 구시나가라까지』를 전법포교용 음성테이프로
만들 때 혜정이가 음성공양을 했다.

22세~,

1989년 고1입학~,

동덕불교의 강남시대를 힘차게 넓혀 간 개척전사들~,

청룡사의 마지막 세대들~,

청보리 14기期~.

신영아

연극클럽 처용의 멤버~, 예술제에서 인기를 끌었다. 친화력이 뛰
어나서 선후배 친구들을 잘 화합시키고 힘을 불어넣었다.

23세~,

1990년 고1입학~,

동덕불교의 뿌리를 더욱 굳건하게 내린 열성보살들~,
새 터전에서 청보리의 역사를 지켜낸 신념의 수행자들~,
청보리 15기期~.

박유란

심지 굳은 불퇴전 보살~, 결혼할 좋은 남자를 만났을 때, 남자가 천
주교 신자라서, '그저 형식이니까 영세를 받자'고 간곡히 권했지만,
유란이는 이를 단호하게 물리치고 결혼을 포기하였다. 그 후 대학
교수로 나가는 좋은 남편을 만나서 딸 서현이 낳고 잘 살고 있다.
동덕 청보리와 빠짐없이 함께해 왔다.

24세~,
1991년 고1입학~,
동덕불교의 뿌리를 굳게 지키며 부처님 정법 수호해 온 금강역사
들~,
청보리 16기期~.

윤선영

학교에서부터 청보리에 이르기까지 30여 년~, 동덕 청보리가 거처
도 없이 이곳저곳 방랑할 때도, 끝까지 신념과 신앙을 지키며 부처
님을 수호守護해 온 금강역사~, 법회 때는 어린 아들 지훈이 손을
잡고 와서 희사봉투를 들고 불단에 나가 부처님 앞에 공양 올리게
가르쳐왔다.

30세~,

1997년 고1입학~,

동덕불교의 거의 마지막 세대~,

청보리 22기~.

31세~,

1998년 고1 입학~,

이 회원들로 동덕불교는 장엄한 30년의 역사를 회향한다.

3) 최명숙의 개척 Story~, 목숨 걸고 장애자불교를 일으키다

최명숙崔明淑~,

동덕불교 12세 ; 1979년 고1입학

청보리 4기~.

명숙이는 부처님께서 보내신 개척보살
이다.

이 땅의 병들고 외로운 동포들 곁으로
보내신 개척 전사戰士다.

춘천에서 태어날 때부터 중증重症 뇌성
마비로 바로 서지도 걷지도 못하고, 말
도 바로 할 수 없어서 한 마디 하려면 몇
번을 더듬거리며 고개를 흔들고~.

최명숙(좌)과 정의성 보살(우)

동덕불교반에 들어와서, 그런 몸으로 한 번도 법회 빠지지 않고 공부하고, 수련대회 가서도 혼신의 힘으로 백팔배 하고~, 수행하고 정진하였다. 청룡사 청보리법회(4기)도 열심히 다녔다.

학교 졸업하고 한국뇌성마비복지회에 취직해서 팀장까지 하고, 그 사이에 한국방송통신대학교 국문과를 졸업했다. 어릴 때부터 글짓기에 소질이 있어서 졸업 후 '시와 비평'으로 정식으로 문단에 등단하고, '산수유 노란 산길을 가다' 등 몇 권의 시집을 냈다.

명숙이는 장애인 포교에 의義로운 전사로 뛰어들었다.

불교계 최초로 장애불자들의 법회 '보리수 아래'를 창립하고 지금까지 회장을 맡아서, 온갖 고생 고행 다하면서 교단의 대표적인 장애인 공동체로 우뚝 일으켜 세웠다. 정기적으로 장애인법회를 열고, 사회활동 정보를 공유하며, 매년 정기적으로 '장애인 예술제'를 개최해오고 있다. 이 예술제를 통하여 장애불자들이 문학작품을 발표하고, 세상을 향하여 '우리도 당당불자다'~, 하며 외치고 있다. 한편 몇 년 전부터 국제적인 문화교류사업을 전개하여, 베트남 미얀마 일본 몽골 대만 등 문화단체들을 초청하여 합동발표회도 열고, 합동시집도 발간하고, 상호방문 사업도 활발하게 벌이고 있다. 나는 예술제 첫 회부터 빠짐없이 참석하고, 법회에 나가서 법문도 하면서, 장애불자들과 친구가 되었다. 지금도 만날 때마다 친구들이 머리를 흔들며 손을 내밀고 반가워한다.

'보리수 아래'

장애인불자들의 신앙과 성장의 공동체~,

처음부터 지금까지 명숙이가 맡아서 하고 있다.

온몸을 던져서~, 끊임없이 채머리를 흔들면서~,

목 디스크로 괴로워하면서도 멈추지 않고~,

비가 오나 눈이 오나~,

명숙이가 목숨 걸고 하고 있다.

그러면서 명숙이는 말없이 말하고 있다.

'몸으로~, 삶으로~, 받들고 섬기면서~,

생애를 다하여~,

고통 속에서도 물러서지 않고~,

불교는 이렇게 하는 것~,

깨달음은 이렇게 찾는 것~,

삼보三寶는 섬김 받는 것 아니고

이렇게 작은 이웃들 받들어 섬기는 것~,

우리는 이렇게 배우고

우리는 생애를 바쳐 이렇게 불교 하고 있답니다.'

명숙이가 몇 년 전 회사를 퇴직할 때, 퇴직금 받았다면서 뜬금없이 30만 원을 보내왔다. '짜식 정신 나갔구나'~, 하고 퇴방을 쳐도 막무가내다. 또 조계사 앞 '나주곰탕'에서 만날 때마다 내 밥값을 내고 용돈을 주고 간다. 그런 명숙이가 요즘 들어 좀 아프다. 뇌성마비로 오랫동안 목이 너무 흔들려서 목 디스크(disk)가 상해서 고통

받고 있다.

2023년 10월 18일 (수요일) 저녁 8시~ 충정로 복지회관 강당~,
보리수 아래 '북 콘서트'가 열렸다. 이번에는 몽골의 문인들과 함
께하는 모임이다. 50여 명이 모여서 조촐한 발표회를 가졌다. 나는
10만 원을 봉투에 넣고 찾아갔다.
이렇게 명숙이의 개척사는 오늘도 여전히 계속되고 있다.

4) 동덕불교 선생님들~, 밑거름이 된 '선생님후원회'

1970년 7월 18일~,
동덕불교 창립법회 때 10여 분의 선생님들이 동참하셨다.
나는 여기에서 힘을 얻어 '불교반 선생님후원회'를 만들었다.
한 분, 두 분, 세 분~, 기꺼이 동참하셨다. 처음에는 원로元老 중진
선생님들이 들어오시고, 차츰 젊은 선생님들도 들어오셨다. 얼마
안 가서 스물다섯 분의 선생님들이 후원회 멤버가 되셨다. 전체 선
생님의 거의 과반이 '불교반'이 되신 것이다. 십여 년 뒤에는 졸업
한 제자들이 학교로 돌아와 후원회원이 되고, 지도교사가 되었다.
백만대군百萬大軍~, 튼튼한 빽(back)이 동덕불교를 뒷받침하고 있
었던 것이다.

〔원로 선생님들〕
류인표 선생님 신금철 선생님 민용환 선생님 이증희 선생님

박현주 선생님 이남수 선생님 김순자 선생님

[젊은 선생님들]
[男] 조병무 선생님 박근화 선생님 윤종삼 선생님 오수일 선생님
최승이 선생님 여경호 선생님 임상규 선생님 변상봉 선생님
김재영 선생 등
[女] 황정식 선생님 박상임 선생님 채봉란 선생님 김학임 선생님
이유진 선생님(중학교)

[여女선생님 지도교사]
고인휘 선생님 박종오 선생님 홍영진 선생님

[졸업생 지도교사]
손인희 선생 유지형 선생 전영숙 선생

후원회 선생님들은 매달 월급에서 얼마씩 떼어서 후원금을 내셨
다. 무일푼인 불교반에 유일한 에너지 공급원이 된 것이다. 그러나
뭣보다 중요한 것은 이 선생님들이 불교반 활동의 든든한 후원자
~, 지지자가 되셨다는 것이다. 종립학교도 아닌데, 재단이나 교장
선생님이 불교 쪽도 아닌데, 동덕불교가 전교생 과반의 빛나는 역
사를 기록할 수 있었던 데에는 이 선생님들의 후원과 지지가 결정
적 조건이 된 것이다.
특히 여기에는 세 분 여선생님들의 힘이 크게 작용하였다.

세 분 여선생님들은 나와 같이 '불교반 지도교사'의 직함을 띠고 함께 뛰셨다. 내가 어려움에 부딪히면 이 세 분 여선생님들한테 상의하고 도움을 받아 헤쳐 나갔다. 내게는 다들 누님이시다.

고인휘高仁輝 선생님

동덕 졸업생으로서 안팎으로 영향력이 크셨다. 고高 선생님은 불교반 처음부터 열정적으로 도우시고, '동덕불교 어머니 노릇'을 다하셨다. 그리고 이 인연은 대代를 이어서 계승되었다. 동덕불교 7세世 회장 심성경沈聖京이 선생님 딸이다. 대전에 사시면서, 지금도 자주 전화로 왕래하고 있다.

박종오朴鐘五 선생님

이화여대 가정과 졸업하고 동덕여고 선생님으로 평생 사셨다. 선생님 또한 '동덕불교 어머니'로서 열정을 다 바치셨다. 수련대회 때마다 '사감舍監 노릇'을 하셨다. 불교반 회계를 수십 년간 맡아보셨는데, 얼마나 알뜰하게 살림을 사시던지 돈이 남아돌고 새끼를 쳤다. 딸 윤희도 청보리법회에 열심히 다녔다.

홍영진洪榮眞 선생님

'동덕불교 세 어머니'의 한 분이시다. 동덕 졸업생으로서 안팎의 신망이 높으셨다. 어려운 일을 만나면 홍 선생님께서 객관적이고 합리적인 판단으로 해결방안을 제시해주곤 하셨다. 작년에 먼저 부처님 곁으로 떠나셨다.

7장

〔청보리운동의 전국적 확산〕
청보리 전사들~, 한국불교 중흥운동
등불을 밝히다

-동덕불교를 넘어 한국불교의 현장으로-

1. 청보리운동의 전개과정

1) '청보리운동', 1970~90년대의 청소년-청년대학생 불교운동

1970년 - 동덕불교 창립

1972년 - 대원학생회 창립(남산 대원정사)

1975년 - 대원청년대학생회 창립

1976년 - 창신동 청룡사에서 청보리 학생회 창립

1979년 - 청룡사에서 청보리 청년대학생회 창립

1976년 - 청소년교화연합회를 통하여 전국청소년~, 청년대학생

　　　　법회로 확산

이것이 청보리운동의 개척사開拓史다.

이렇게 동덕불교는 동덕불교를 디딤돌 삼아 끊임없이 한국불교의 현장으로 새로운 개척의 역사를 열어갔다.

동덕불교
대원불교
청보리불교
청소년-청년대학생 불교
한국불교의 중흥운동으로~,

이 모두를 합쳐서 '청보리'~, '청보리운동'이라고 일컫는다.
청룡사불교 이전의 동덕불교의 선배들은 '동덕불교'와 '청보리'를 따로 구분해서 부르는 수도 있지만, 이것은 선후先後의 구분일 뿐 ~, 본질은 하나의 흐름이며 하나의 물결~, 하나의 역사다.

1970년 동덕불교로~,
1972년 대원불교로~,
1976년 청룡사에서 청보리불교로~,
그리고 1976년 5월부터는 「보리誌」를 매체로 청소년교화연합회를 통하여 함께했던 전국의 청소년~, 청년대학생 불교운동으로~, 한국불교의 중흥운동으로~.

이 모든 불교가 '청보리'다.
이 모든 불교가 '청보리운동'이다.

1970년대~1990년대 전개된 한국의 청소년~청년대학생불교운동의 새로운 물결~, 이것이 곧 '청보리' '청보리운동'이다.

이것은 한 줄기 개척사다.

도도하게 흘러가는 한 줄기의 흐름~,

한 줄기 도도한 시대적 물결~, 개척운동의 물결이다.

그래서 우리는 이 흐름을 '청보리운동' '동덕 청보리운동'~, 이렇게 일컫는 것이다. '청보리운동'은 곧 '개척운동'~, '한국불교 개척운동'이다.

'청보리'~,

이것은 '푸른 보리'다. '푸르른 보리씨앗'이다.

'우리도 부처님같이'라는 깃발을 내세우며 청소년 청년대학생들이 앞장서 '붓다의 만인견성운동'을 이 땅에서 다시 실현해내려는 '시민 불교운동'~

'죽지 않아요, 죽지 않아요.

부처님 따르는 사람들 죽는 것 가운데 죽지 아니하고,

빛나는 보살몸~, 새 생명으로 다시 돌아와요.'

삶에 지치고

죽음 앞에 두려워하며 살아가는 우리 동포들에게

이 소식~, 원력탄생願力誕生의 소식~,

'원력願力으로 살고 원력으로 다시 이 땅으로 돌아오는

원력불사願力不死의 소식'~,

'보살불사菩薩不死의 소식'~,

'무한생명無限生命~ 새 생명의 소식'~

이 소식 외치고 전하면서

이 길~, 새 생명의 길 활짝 열어가는 '시민 불교운동'~,

이들이 곧 '청보리'다. 이것이 곧 '청보리운동'이다.

이것이 곧 '푸르른 보리씨앗 운동'이다.

따라서 '청보리'는 세대와 연령을 넘어서는 보편적 이념이다.

세대와 연령을 넘어서 젊은 열정으로~, 순수열정으로~, 부처님께
서 피땀 흘리며 몸소 하시는 '붓다의 불교'를 받들어 '만인견성萬人
見性-만인불사萬人不死의 서원誓願'을 추구하는 '시민불교~, 시민보
살운동~, 보살불사운동'~,

이 길 개척해가면, 이들이 곧 '청보리'다.

만인이 곧 '푸르른 보리씨앗'~, 만인이 곧 '청보리'다.

2) 대원정사 학생회-청년회 창립

가) 1972년~, '대원 학생회' 창립

1972년~,

어떤 계기로 남산 대원정사에서 학생회를 창립하였다.

동덕불교의 김계옥과 성동여자실업의 이정덕~, 그리고 남학생 정

종우 등이 중심적 역할을 담당했다.

매주 토요일 오후 2시~,

남산 대원정사 강의실에 모여 법회를 열었다.

4, 50여 명의 고등학교 학생들이 모여서 경건하게 법회를 보고, 설법을 듣고, 자유롭게 토론하고~, 자기들끼리 뒤풀이도 하고~, 학생들의 눈이 반짝반짝 빛나고 열정과 우애友愛가 넘쳤다.

대원정사大圓精舍,

서울 남산 중턱의 대원정사~

이것은 동국제강東國製鋼 그룹의 창시자 대원大圓 장경호張敬浩 거사가 은퇴하면서 자기 사재를 털어 조성한 5층짜리 신식 건물의 시민법당이다. 매주 토요일 큰 법당에서 대중법회가 열렸다. 여러 법사들을 초청해서 법문을 들었다. 박정희 대통령의 초등학교 때 은사 김영기 선생도 와서 강의한 기억이 난다. 정경호 거사 내외분은 허름한 평상복을 입고 빠짐없이 법회에 참석하고, 대중들과도 잘 어울렸다. '재벌財閥 티'가 없어 보였다.

장소가 좋고 재력이 있으니까, 조계종 쪽에서 대원정사를 종단에 헌납하라고 압력을 가했다. 그러나 장경호 회장은 끝내 응하지 않고 '시민법당'으로 지켜냈다. 또 사재私財를 전부 희사해서 대한불교진흥원을 설립하고 그 힘으로 BBS 불교방송국을 개국하였다. 이후에 종단에서 진흥원과 불교방송을 종단에 넘기라고 요구했지만, 장 회장은 이를 거절하고 시민불교운동의 모체로 지켜냈다. 지금도 이 전통은 지켜지고 있을 것이다. 대원정사에서 '대원'이라는 불교전문잡지도 월간으로 발행했었다.

나) 1975년~, 대원 청년회 창립

1975년~, 대원 청년대학생 불교회가 창립되었다.

내가 지도법사를 맡았다.

대원 청년대학생회의 탄생은 좀 특이하다. 동덕불교 졸업생들과 서울고등학교 졸업생들이 모여서 만든 것이다.

당시 서울고는 경기고와 더불어 우리나라 양대 명문고로서 명성을 인정받고 있었다. 서울고 출신의 대학생 회원들도 거의 대부분 서울대 학생이었다. 이렇게 된 데에는 나의 오랜 친구 허성령許星寧 선생의 역할이 컸다. 허 선생은 경남 의령 출신인데 두뇌가 영민하고 불교에 대한 사고력도 뛰어났다. 내가 불교활동 하면서 만나면 자연스럽게 불교토론을 하고 불교 전법에 대한 필요성도 공감하였다. 한국외국어대학교 영문과를 졸업 후 공립학교 교사가 되고, 그 당시 서울고의 영어담당 선생님으로 학생들 사이에 신망이 높았다. 내가 적극 권유해서 허 선생의 주선으로 서울고 불교반이 특활반으로 편성되고 많은 학생들이 모여왔다. 이 학생들이 졸업하고 동덕 졸업생과 어울려 대원정사에서 법석法席을 연 것이다.

1975년 대원 청년대학생회 1기

서울고 출신의 김문규 이철의 박경석 등

동덕불교 5세 출신의 손경옥 손순애 김미자 감점희 임금숙 등

2기를 거쳐 1977년 3기
서울고 출신의 김재환 등
동덕불교 7세 출신의 심성경 홍미경 등

토요일 저녁 7시에 모였다.
예불 올리고 설법하고 주제를 중심으로 토론하고~,
설법은 내가 주로 하고 허성령 선생이 때때로 하고~,
그 열기와 몰입도가 놀랄 정도였다. 생명의 본질에 대한 토론도 상식을 넘어서 깊이 있게 천착되었다. 학생들의 통찰력이 놀라웠다. 1기 김문규는 불교사상에 깊이 심취해서 서울대학교 종교학과로 진학했을 정도다. 그러나 불행하게도 화재사건으로 문규는 꿈을 이루지 못하고 먼저 떠나갔다. 불교계의 큰 재목을 잃고 말았다. 문규는 돌아와서 지금 다시 불교 하고 있을 것이다.

대원불교학생회와 청년대학생회~,
오래 계속하지는 못했지만,
청보리운동의 지평을 넓히는 데 하나의 좋은 디딤돌이 되었다.

3) 청보리 학생회-청년회 창립과 밀물처럼 몰려드는 젊은 구도자들

가) 1976년 청보리학생회 창립~, 창신동 청룡사에서

1976년~, 서른아홉 살~,

가을 어느 날~,

낯선 까까머리 남학생들 서너 명이 학교진학실로 나를 찾아왔다.

신용호 등 이웃에 있는 대광大光고등학교 1학년들이다.

"선생님~,

불교학생회를 만들고 싶어요. 동덕불교학생들과 함께 불교학생회

를 만들고 싶습니다."

"너희 대광고는 기독교학교 아니냐?"

"학교는 기독교지만, 불교 믿는 학생들도 많이 있습니다. 학교에서

는 불교활동을 일체 허용하지 않고 기독교만 요구하고 있습니다.

공평하지 않다고 생각합니다."

나는 학생들의 뜻에 공감하였다.

바로 불교반 1학년 부회장 박영길朴永吉을 불러서 대광고 학생들과

상의하도록 자리를 마련해주었다. 이후 두 학교 학생들이 중심이

되고, 영훈고등학교의 박영호 등 학생들도 함께해서 불교학생회를

창립하도록 얘기가 진행되었다.

나는 법회 할 도량을 찾다가, 동덕학교 뒤쪽 창신동 산 중턱에 있는

청보리학생회(청룡사)

청룡사靑龍寺를 찾아가서 주지 스님에게 사정을 말씀드리고 허락을 받았다. 청룡사는 일명 '정업원淨業院'으로 조계종 산하의 비구니 도량으로 알려진 곳이다. 조선왕조 단종端宗폐위사건 이후 단종의 비妃가 여기 와서 삭발하고 평생 수행한 곳으로 지금도 그 유적들이 남아 있다. 내가 찾아갔을 당시 주지는 이순호 노장이시고, 총무 진우 스님이 실무를 주관하고, 진홍 등 진眞자 돌림의 스님들이 수행하고 계셨다. 절의 스님들께서 학생회 창립에 적극적으로 편의를 제공해주셨다.

1976년 가을 어느 토요일 오후 2시~, 창신동 청룡사 큰법당에서 '청보리 불교학생회' 창립법회가 열렸다.
대광고 영훈고 동덕여고 등 여러 학교에서 80여 명의 중고등학생들이 빽빽이 참석해서 부처님 앞에서 합장하고 찬불가를 불렀다. 반짝반짝 눈동자들이 빛나고 있었다. 당시 사찰 등 불교집안에서는 거의 보기 힘든 아름답고 가슴 벅찬 광경이었다.

'청보리 학생회'~, 이것이 정식 명칭이다.
청룡사 도량에서 창립되고 활동했지만, '청보리 불교학생회'라고 일컬었다. '청보리'란 명칭을 쓰기 시작한 것이 이때부터다. 여기에는 우리는 한 사찰의 학생회로 머물지 아니하고 경계를 넘어서 밖으로밖으로 붓다의 영역을 개척해가려는 의지가 잠재해 있다. 절에서도 이런 취지를 이해하고 학생회 활동에 일체 관여하지 않았다.

매주 토요일 오후 2시~, 창신동 청룡사 대웅전~,
7, 80여 명의 학생들이 모여 법회를 열었다.
법당에서 예불의식이 끝나면 요사채 심검당尋劍堂 큰 방으로 내려와서 둘러앉아 설법과 토론을 이어갔다. 고등학생들 중심이지만, 청룡사 신도들의 중학생 자녀들도 함께했다. 설법과 지도는 내가 거의 전적으로 맡아했다. 그 당시만 해도 청소년 청년들 앞에서 법을 설할 수 있는 법사들이 드물었다. 스님들도 많이 계시지만 이런 수련이 거의 되어 있지 않아서 큰 역할을 기대할 수 없었다. 부득이 여기서나 저기서나 내가 나설 수밖에 없었다. 나도 공부가 크게 부족한 상태였지만 학교에서 아이들 가르치는 그런 열정과 방법으로 감당할 수밖에 없었다.

나) 1979년 청보리 청년회 창립~, 청룡사로 몰려드는 청년대학생들

1979년 봄 어느 토요일 오후 5시~,
창신동 청룡사 대웅전에서 청년대학생회 창립법회가 열렸다.
박영길 박영호 등 학생회 1기들이 고등학교를 졸업하고 대학 입학하면서 자연스럽게 청년회를 창립하게 된 것이다.

'청보리 청년회'~, 이것이 정식 명칭이다.
여기서도 청룡사가 아니라 '청보리'를 내세웠다.
스님들의 배려로 청룡사의 좋은 도량에 모여서 수행하지만, 우리는 어느 한 사찰이나 단체, 종단에 매이지 않고, 자유분방하게 붓다의 영역을 개척해가려는 자유의지가 강했기 때문이다. 일체의 제도적 권위를 타파하고 맨몸으로 개척해가는 저항적 자유정신~, 이것이 '붓다의 정신'이고, 이러한 자유 개척의 정신은 이후 50여 년 ~, 청보리가 회향할 때까지 끊임없이 추구되었다.

'청보리 청년회'~, 명칭은 '청년회'지만 실제로는 '청년대학생회'다. 학생 아닌 직장인 등 청년들도 함께했지만, 대부분의 회원들이 대학생들이기 때문이다.
학생회 1기가 그대로 청년회 1기다.
그러나 청년회 창립 과정에서 대폭 물갈이가 되었다.
학생회 출신의 박영호 최길호 박영길 한경섭 등에 더하여 낯선 청년 대학생들이 밀물처럼 몰려와서 새로운 동력을 형성하였다. 고

려대 1학년 구영욱(청년회 1기회장)과 이영기, 경회대 한의과 김종
렬, 그리고 최원심 등 여러 대학의 남녀대학생들 50여 명이 열정적
으로 동참하고, 직장 다니는 이범석, 지체장애친구 조영선 등이 합
세하여 기세가 충천하였다. 1970년대의 한국불교계 상황을 생각
할 때, 이것은 '하나의 기적'이었다. 동덕불교에 이은 또 '하나의 전
설'~, '청보리의 전설'이라 해도 좋을 것이다.

매주 토요일 오후 5시~,
창신동 산비탈 청룡사는 빛이 났다.

'부처님은 민족의 혼
이땅에 부처님나라 성취할 때까지
모이자 배우자 인도하자'

이것이 '청보리의 서원誓願'이다.
대웅전 부처님 앞에~, 50여 젊은 남녀대학생들이 합장하고 서서
외치는 이 서원으로 청룡사는 빛이 났다. 법사의 설법 하나하나 놓
치지 않고 받아들이려는 청년들의 청법聽法정신으로 청룡사는 빛
이 났다. 심검당에 둘러앉아 치열하게 대화하고 토론하는 눈푸른
청년대학생들의 구도의 열정으로 청룡사는 빛이 났다. 남들 눈치
채지 못하게 몰래 주고받는 젊은 남녀들의 은밀한 사랑의 눈빛으
로 청룡사는 환~하게 빛이 났다. 가르치지 않아도 연애는 어떻게
나 잘들 하든지~, 여기서 십여 쌍의 부부가 탄생했다. 내가 주례 서

느라 바빴다.

4) 청보리 개척 전사들~, 한국불교사를 바꾼 쟁쟁한 인재들

가) 청보리 열전~, 한국불교의 빛나는 인재들

청년회 1기期~,

1979년 대학 1학년

구영욱 박영호 김종렬 우풍식 황길호 홍태의 이상엽 윤종설 이범석 조영선 이영기 박영길 한경섭 최원심 최혜경 임경희 문금순 유경숙 임정미 신용호

구영욱

고려대 건축과, 청년회 초대회장~, 청보리 평생회장~, 친화력이 있어서 친구들과 잘 어울리고 초창기의 청년회 활동을 잘 이끌었다. 고대 친구 이영기를 청년회로 인도해서 함께 열심히 했다. 여친 김미자를 청년회(3기)로 인도해서 도반이 되고, 결혼할 때 내가 주례를 섰다. 졸업 후 건축사로 활동하였다.

박영호

영훈고등학교 출신으로 학생회 창립 때부터 적극적으로 앞장섰다. 대학 졸업하고 안경 가공업을 운영하면서 법회 수행도 열심히 했다. 결혼 때 주례를 부탁 받고 무슨 심술인지 거절해서, 내가 영호

한테 큰 빚이 있다.

김종렬
청년회 창립 때 처음 참가하였다. 경희대 한의학과 다녔는데, 나이가 또래들보다 몇 살 많아서 형노릇을 하였다. 졸업 후 한의학 박사 학위를 취득하고 청량리에서 한의원을 경영하며 약사藥師보살행을 하고 있다.

최원심
청년회 초창기의 빛나는 여대생 보살이다. 청년회에는 동덕 이외의 여학생들이 많이 참가하여 활기를 더했는데, 원심이가 대표적인 인물이다.

2기~,
1980년 대학 1학년
장시훈 정상훈 임현수 김정애 옥종현 이명숙 김우진 정태영

장시훈
50여 년 청보리 역사의 수문장~, 청년회 회장도 맡아하면서, 50여 년~, 청보리를 지켜왔다. 동국대학교 철학과로 진학해서 공부를 깊이 있게 하고, 한 해 후배 김숙영 도반과 결혼하였다. 내가 주례를 섰다. 한국전력에서 근무하다 정년퇴임~, 숙영이와 함께 50여 년 청보리를 지켜왔다.

3기~,

1981년 대학 1학년

박성현 조윤행 김정태 임상춘 김진하 한상현 이수애 이혜숙 김숙영 김석희 안정기 홍석미 김용에 김미자 이계숙

박성현

초창기 청보리 청년회의 주역 가운데 한 사람~, 누나 박영길(1기)을 따라서 학생회 때부터 청보리운동에 참가하고, 청년 회장 역을 맡고 주도적으로 앞장서 갔다. 동기 이계숙 도반과 결혼할 때 내가 주례를 섰다. 훌륭한 인재다.

김진하

3기의 중심멤버로 청보리 활동에 빠지지 않고 끈기 있게 동참하였다. 대학 졸업하고 사업 쪽으로 진출해서 열심히 하고 있다.

김숙영

청보리의 귀한 정진精進보살이다. 동덕 출신이 아니면서, 소외감을 많이 느꼈을 텐데도 굴하지 않고 굳건하게 50여 년~, 마지막 회향 순간까지 청보리를 지켜온 열성보살이고 인욕 정진보살이다. 몇 년 전 절에서 춥다고 숙영이가 손수 짜서 선물한 실 목도리~, 겨울이 오면 지금도 목에 감고 있다.

김석희

학생회 때부터 지극정성으로 참가한 원력보살이다. 석희도 동덕 출신이 아니면서 텃세를 잘 이겨내고 적응하였다. 동국대 불교학과를 졸업하고 의정부에 있는 조계종 종립 광동학교에 교법사로 들어가서 교장까지 해냈다.

4기~,

1982년 대학 1학년

박상용 남장석 조문희 신장수 이승호 김용근 허기선 양성수 안민환 하 원 최명숙 이복희 곽은영 전임순 이정은 이유선 임현숙 김성자

박상용

고려대 다니면서 청년회의 중심적 역할을 맡아했다. 모든 것을 긍정적으로 받아들이고 조화를 이뤄내는 출중한 능력을 갖고 있다. 졸업하고 대기업 입사했다가 지금은 중소기업의 전무로 열심히 일하고 있다.

남장석

서울대 재학 중 전두환 군사정권의 불의에 저항하는 학생운동에 투신하여 끝까지 투쟁하다가 몇 년 간 옥고를 치르고 복학하였다. 이 시기 우리 청보리 청년회도 독재정권에 저항하는 시대적 정의에 많이 공감하고 있었다.

조문희

동덕불교 10세 회장 조은희의 동생, 그 인연으로 청보리에 나오게 되고, 청년회의 학습수행 풍토를 사회적 감각으로 성숙시키는 데 기여하였다. 청년회 동기 임현숙과 결혼해서 잘 살고 있다.

이승호

청보리를 대표하는 훌륭한 수행자다. 서강대를 졸업하고 외국 유학해서 박사학위를 취득하고 돌아와, 지금은 스마트 팜(Smart farm)이라는, 빌딩 안에서 식물을 재배하는 첨단기술 사업을 하고 있다.

김용근

우리집 장남~, 일행日行거사~, 용근 성근 보현~, 우리집 삼형제가 모두 청보리 가족~, 용근이는 중학생 때부터 인연을 맺고 50여 년 ~, 청보리와 함께 살아왔다. 내가 동방불교대와 청보리, 빠리사학교 등에서 강의한 자료들을 모아 유튜브(Youtube)에 올려서 붓다의 길을 개척해가는 데 크게 기여하고 있다.

5기~,

1983년 대학 1학년
한지호 차준성(준택) 박영재 임연태 최용주 정호석 박상욱 김귀남 장선림 김세정 유조영 고주연 김희연

한지호

청보리 살림을 맡아온 '평생 총무'~, 청보리 살림을 안팎으로 잘 관리해왔다. 한국외대 영문과를 졸업하고 한때 아프리카에 가서 봉사활등에 참가하고, 지금 보험업에 투신해서 열심히 일하고 있다.

차준성

본명 준택~, 청보리청년회를 대표하는 신심 깊고 열정이 넘치는 정진보살이고 좋은 인재人材다. 졸업하고 몇몇 사찰에서 절 살림을 맡아보기도 했다. 청년회 동기 유조영(동덕불교)과 결혼할 때 내가 주례를 섰다.

박영재

오랫동안 청보리 살림을 맡아왔고, 청보리가 청룡사를 나와 표류할 때도 굳건하게 지켜왔다. 지금 노인들의 노후 금융활동을 설계하고 상담하는 컨설턴트(Consultant) 전문가로서 신문에 글도 쓰고 뜻있는 일을 하고 있다.

최용주

청보리의 주역 가운데 한 사람~, 오래 전에 '좋은 사람들'이란 복지단체를 만들어서 어려운 독거노인 장애자들에게 도시락을 만들어 나눠주는 등 보살행을 오랫동안 쉬지 않고 열심히 하고 있다. 지금까지 청보리와 함께하고 있다.

임연태

청보리 출신의 불교언론인~, 청년회 때부터 글쓰기를 좋아하고, 졸업 후 불교언론에 투신해서 천태종 계통의 '월간금강'과 '금강신문' 편집자로 큰 역할을 해오고 있다.

6기~,

1984년 대학 1학년

이상우 방승현 최원석 하 준 정연국 김성근 백 훈 박철호 박재문 이정환 이완정 이연숙 이경자 서연수 임숙희 이효선 백승희 김선희 강신애 김춘선

이상우

가까운 일가들이 출가한 불교 명문가의 자손으로, 청년회에서도 모범적인 불자상佛子像을 은은히 보여주었다. 지금도 여전히 청보리 대소사에 동참하고 있다. 졸업 후 삼성생명에 들어가 광주에서 호남지역본부장을 지내고, 지금은 한 금융회사의 전무 겸 서울본부장을 맡아서 큰 역할을 하고 있다.

최원석

항상 말없이 몸으로 실천하는 수행자의 표상~, 배운 대로 열심히 삶으로 살아내고 있다. 50여 년 한결같은 마음으로 청보리의 길에 함께하고 있고, 대소사에 묵묵히 헌신해오고 있다.

김성근

우리집 둘째~, 원조元照 거사~, 중학교 때부터 청보리에 동참하고, 고려대 들어가서도 백훈·박철호 등 여러 친구들을 청보리로 인도하였다. 음악 작곡에도 소질이 있어서 대학 다닐 때 '청보리송(Song)'을 만들어 보급하였다. SM, FNC 등 연예기획사 임원으로 오래 활동하였다.

이연숙

소박함 가운데 뛰어난 설득력을 가진 출중한 인재다. 한국외대 다니면서 청보리에 와서 친구들과 잘 어울리고 꾸준한 열정으로 법회를 이끌었다. 조용하면서도 논리적인 변재辯才로 대중들을 설득해내는 탁월한 능력을 갖추고 있다.

이경자

총명하고 고요한 미소보살이다. 언니 이복희(동덕불교, 청년회 4기)의 인연으로 청보리에 와서 친구들과 잘 어울리고 드러나지 않게 열심히 수행하였다. 서울교대를 나와서 한때 교직에 종사하였다.

7기~,

1985년 대학 1학년
민재기 김소희 이용경 박경미 이승숙

8기~,

1986년 대학1학년

홍성철 최창용 양휘근 김두천 이영선 이송미 최난실 장혜진 엄필제

홍성철
평생 청보리 지킴이~, 중학교 때부터 학생회에 동참하였다. 청년
회의 주역으로 활동하고, 50여 년~, 마지막 회향 순간까지 한시도
떠나지 않고 청보리를 지켜왔다. 청룡사 회관에서 결혼할 때 내가
주례를 섰다. 사회에 나가서 가업인 견과류회사를 이어받아, '넛토
리 건강 잣죽' 등으로 크게 성장시켰다.

최창용
뛰어난 탐구력과 발표 능력으로 청년회법회의 수준을 한 단계 향
상시킨 보기 드문 인재다. 고려대에서 사회학을 전공하면서 불교
의 사회적 역할에 관해서도 큰 관심을 갖고 공부하였다. 미국으로
건너가서 새로운 세계를 개척해가고 있다.

9기~,
1987년 대학 1학년
권진원 김영헌 김보현 이정우 신용섭 차준호 나우식 김혜경 이미
용 유진숙 이윤덕 박선이 김은정 이명진 이옥경 이혜정 방희정

권진원
9기의 대표적인 개척전사~, 친구들과도 두루 폭넓은 인간관계를
형성하였다. 지금까지도 청보리의 길에 열심히 동참하고 있다. 졸

업 후 일찍 부동산사업 쪽으로 진출해서, 지금 큰 부동산회사의 임원으로 활동하고 있다.

김보현
우리집 막내~, 형들과 함께 일찍부터 학생회 청년회 열성적으로 동참하고 친구들과도 폭 넓게 교류하였다. 사려 깊고 합리적인 성격이어서 안팎의 문제점들에 대해서 솔직하게 지적하고 개선방안을 제시하였다.

10기~,
1988년 대학 1학년
김동현 박정석 이진태 송정현 안창범 홍우정 이남영 이미연 이희전

11기~,
1989년 대학 1학년
김지훈(회장) 박효경(부회장)
전충근 구본택 김좌회 황승진 이창욱 박종배 박시웅 조형석 김지영 김진수 서현선 박선경 조연경 이은경 박효경

전충근(龍黙/용묵 스님)
청년회 회장직을 맡아서 청보리운동의 확장과 중흥을 잘 이끌었다. 동국대학교 불교학과로 진학하고, 학생회 회장을 맡았다. 졸업 후 남원 실상사 도법道法 스님 상좌로 출가하였다.

구본택

마음이 곧고 성실한 수행자~, 도반들과 두루 친하게 지내고 법회도 열심히 동참하였다. 결혼할 때 내가 주례를 섰다. 가족들이 캐나다로 이민가고, 본택이는 오가면서도 불연佛緣의 끈을 놓지 않고 오랫동안 청보리와 함께하였다.

12기~,

1990년 대학 1학년

박동석(회장) 민지연(부회장) 이용덕 이돈규 손준혁 조현진 장병진 임승무 김경우 이성식 박기범 오규연 박진희 서련희 이민정 홍성미 윤보영 김선희

박동석

역경을 잘 극복해내는 정진보살~, 12기 회장직을 맡아보았다. 한쪽 팔을 잘 쓰지 못하는 장애를 갖고 있으면서도, 조금도 굴하지 않고 만사 능동적으로 대처하고 자기세계를 개척해갔다. 졸업 후 전자제품 사업으로 열심히 일하고 있다.

이용덕

청보리의 수호신장守護神將 가운데 한 사람~, 한 기 후배 서혜정과 눈이 맞아 결혼할 때, 내가 주례를 섰다. 세종시, 수원 등 멀리 살면서도 청보리가 마지막 회향할 때까지 끝까지 함께했다. 종민이, 종현이 두 아이들도 함께 와서 불연佛緣을 깊게 하였다. 지금 삼성전

기획사의 선임연구원으로 일하고 있다.

13기~,

1991년 대학 1학년

이기훈(회장) 박희정(부회장) 이종근 김희성 감창준 안승찬 류경완
김보현 김선집 서혜정 홍선미 이민경 김혜숙

14기~,

1992년 대학 1학년

이희규(회장) 김창자(부회장) 신영아(총무) 김영선 김배현 박인석 이
경채 박용진 김종형 김재욱 이호선 이재석 황민규 이소희 류현경

15기~,

1993년 대학 1학년

이남석 신계영 박유란 이은정 홍윤미

16기~,

1994년 대학 1학년

김인봉 임혜경 이선아 이은주 김경희 이은숙 손정규 윤선영

22기~,

2000년 대학 1학년

김승연 이혜정 조희진

2) 이송미의 보살행 Story~, 조건 없는 헌신~, 그 현장

이송미李松美~,

청보리 8기~, 송미는 부처님께서 보내신 귀한 원력보살이다.

송미는 동덕 출신도 아니고 대학 다니지도 않았다.

시골서 올라와서 자력으로 고등학교 졸업하고 동대문 한 회사의 경리사원으로 들어가서 몇 십 년 꾸준히 종사했다. 그러면서 어떤 인연으로 청보리 법회에 나와서는 한번 빠짐없이 수행하고 불사에도 남보다 앞장섰다. 청룡사를 나와서 강남 신사동에 청보리법당을 마련할 때, 당시 돈으로 거금 백만 원을 가장 먼저 회사하였다. 좋은 직장 다니며 월급 많이 받는 나도 백만 원 밖에 못했는데~. 그리고 내가 학교 퇴직하고 나오니까 매월 20만 원씩 보내왔다. 그러더니 몇 년 전부터 매달 10만 원으로 줄고, 얼마 뒤에는 보낼 수 없다고 메시지가 왔다. 사정을 들어봤더니~, 오래전부터 주말이면 시골의 한 작은 절에 가서 봉사활동을 해오고 있었는데, 그 절 스님이 교통사고를 당하고 또 뇌졸중이 발생해서 걷지도 못하는 상황이 발생했다. 그러자 송미는 그 경비를 모두 부담하고, 그래도 안 되니까 수십 년 다니던 회사를 퇴직하고 퇴직금

송미의 고행

을 받아서 그 스님 치료비, 생활비를 부담하였다.

어느 날~, 송미한테 메시지가 왔다.

'법사님~,
그 스님하고 결혼하기로 했습니다. 그래야 여러 가지 지원도 받고
제 마음도 잡힐 것 같습니다. 이미 혼인신고를 했습니다.'

내가 걱정하는 글을 보냈더니 답이 왔다.

'법사님~,
걱정하지 마세요. 잘 살게요.'

시집가는 딸이 친정아버지한테 하는 말이다. 기가 막히고 눈물이
흘러내린다.

'한 늙은이를 위해서 인생을 이렇게 희생해야 하다니~'

다음 순간~, 나는 고쳐 생각했다.
'그래~, 송미는 이 일 하려고 온 거지. 송미는 이 연민행 하라고 부
처님께서 보내신 보살이지.'

2022년 4월 10일 일요일~,

나는 동서울터미널에 가서 강원도 평창 가는 버스를 탔다. 평창 어느 산골 절에서 스님 간병하고 있는 송미를 찾아가는 길이다.

몇 시간 버스를 타고, 평창강을 건너고, 평창터미널에 도착해서 다시 송미가 보낸 한 스님(성공 스님)의 승용차를 타고 달려서, 산골 비탈길을 뒤뚱거리며 한참 올라가서 마침내 송미 절에 도착했다. 법당이 있고 주방이 있고 방이 하나 있고~, 자그마한 절이다.

송미 남편~,

스님이란 양반은 일어서지도 걷지도 못하고 휠체어에 앉아 있다. 소변 조절도 안 돼서 소변통을 차고 있었다. 그래도 사람은 알아보고 떠듬떠듬 몇 마디 말은 한다. 그 형색에 나를 보고 '고맙다'고 인사를 한다. 나는 준비해간 10만 원과 햄버거 3개, 음료 한 박스를 건넸다. 10만 원~, 용돈도 안 되는 돈이지만 내게는 그래도 큰돈이다. 송미가 준비해주는 점심을 먹고, 떠나면서 스님한테 한마디 했다.

"송미 속 썩히지 말아요. 속 썩히면 내가 와서 혼내줄 거요.~"
"속 썩히지 않습니다. 송미 사랑합니다."

할 말이 없다.

'사랑한다'는데, 무슨 할 말이 있겠는가?

곳곳에 피어 있는 진달래꽃을 보면서 나는 서울로 돌아왔다

2. 〔한국불교 중흥의 등불 하나, 둘〕
「보리誌」와 『룸비니에서 구시나가라까지』

1) '청보리운동'의 도도한 물결~, 사찰로, 학교로, 대불련으로

1970년 창립 이후,

동덕 청보리들의 순수열정은 사찰로, 학교로 번져갔다.

'연꽃들의 행진'~, 그 감동이 전국의 사찰로 사찰로 메아리쳐갔다.

이 힘으로 사찰에서는 다 어린이회를 만들고, 중고등학생회를 만

들었다. 동덕 청보리들의 순수열정은 또 서울의 여러 학교들로 산

불처럼 번져갔다. 동덕 불교반이 인연이 되어 거의 황무지였던 서

울 시내 고등학교들에 불교반이 확산되어 간 것이다.

서울고, 경동고, 성동여실, 철도고,

영훈고, 광신고, 중앙고, 경복고…

청보리운동~,

동덕 청보리운동~,

불교계에 이렇게 생기를 불어넣었다.

오랜 세월 꽉 막혀 있던 무기력한 불교계에 돌파구를 열었다.

스님들 재가들에게 시대적 문제의식을 각성시키고, 일어설 수 있

는 용기와 신념을 불어넣었다.

동덕 청보리들은 대학불교의 꽃을 피워 냈다. 동덕 아이들은 학교 졸업하고 각기 여러 대학으로 진학하여 불교를 일으켰다.

동덕불교의 순수열정으로 불교 없는 대학에는 새로 만들고, 이미 있는 대학에는 불쏘시개가 되어 활활 타오르게 하였다. 동덕 청보리 1세 회장 유정애는 동덕여대에 가서 동덕여대 불교학생회를 창립하였다. 이을섭(3세) 손순애(5세) 등이 동덕여대로 진학해서 불교학생회를 더욱 크게 일으켜 세웠다. 동덕 청보리 2세 회장 어순아는 성신여대에 가서 성신여대 불교학생회를 만들었다. 그리고 졸업하고 프랑스 유학해서 학위

최초의 청소년 교재 「보리誌」

를 받고 모교로 돌아와 불문과 교수가 되어 불교학생회를 이끌었다. 동덕 청보리 2세 김복순은 고려대에 가서 고려대 불교학생회를 더욱 활기차게 하고~, 이후 많은 동덕 청보리들이 대학불교를 새로 만들거나 더욱 활기차게 하였다.

이들 동덕 청보리들이 대불련大佛聯으로 몰려들어서 왁자지껄했다. 새로운 활기를 불어넣고 열정을 불러일으키고 자신감을 심어주었다. 이렇게 동덕 청보리들이 대불련을 일으켜 세웠다. 동덕 청보리

들이 대학생불교연합회를 한 단계 높이 들어 올린 것이다. 동덕 출신들이 대불련으로 몰려드는 바람에, 당시 대불련 본부에서는, '대불련이 동덕여고 동창회다'~, 하고 우스개가 나올 정도였다.

1970~80년대~,

대불련이 기독교 대학생 단체를 능가하는 전성기를 구가하는 데 동덕 청보리들이 작은 등불이 되었다.

청보리~,

동덕 청보리~, 대원 청보리~, 청룡사 청보리~,

이들이 하나의 작은 불씨가 되고 동력이 되어, 바야흐로 한국불교가 중흥기를 맞이하였다.

1970~80년대, 한국불교의 중흥기가 시작된 것이다.

한국불교가 새 아침의 희망을 노래하기 시작한 것이다.

캄캄한 어둠 속에서

불교중흥을 이끈 작은 등불들

① 1970년 「보리誌」

② 1978년 『룸비니에서 구시나가라까지』

　　1987년 『우리도 부처님같이』

③ 1975년 청소년축제 「연꽃들의 행진」

④ 1975년 시민떼창 법회 「붓다의 메아리」

⑤ 1970년대 '청보리송(song)

⑥ 1987년 「판소리 불타전佛陀傳」

2) 〔중흥中興운동의 등불 하나〕
작은 「보리誌」로 불을 지피고~

가) 「보리誌」~, '고독한 저항정신'~, 청보리운동의 정신적 동기

1970년 9월~,

「보리誌」는 동덕불교의 학습지로 처음 만들어졌다.

7월에 창립하고, 곧 여름방학 때 용주사로 수련대회 다녀오고,

9월~, 2학기 개학하면서 「보리誌」를 만들었다.

2백여 명이 넘는 불교학생들을 가르치기 위해서 청소년 불교교재
로 만든 것이다. 내가 밤을 세면서 원고를 쓰고, 문학소녀 고2 김금
용(동덕 2세)이가 편집을 하고~, 학교 인쇄실의 필경사 임석훈 선
생에게 부탁해서 가리방(철판)으로 필경하고, 인쇄 담당 이덕환 선
생에게 부탁해서 프린트를 하고~, (얼마 안 되는 소액의 수고비를 드리
고) 이렇게 해서 갱지 16쪽짜리 프린트본 「보리誌」 1호 2백여 부를
만들어서 학생들에게 배포하고, 토요법회 때나 가족모임 때 같이
읽고 공부하였다.

1970년 9월 1일

「보리誌」 1호(창간호)~, 특집으로 '시작이 반'을 실었다.

1970년 10월 1일

「보리誌」 2호~,

특집으로 '만해 한용운'~,

조병무 선생(마산상고 친구, 시인)이 '만해 한용운 스님의 시詩의 세계'를 쓰고, 내가 '민중과 함께 저항의 길을'이라는 한 쪽짜리 논평을 썼다.

나는 이 글 말미에서 이렇게 쓰고 있다.

「(만해 스님은) 비록 가난하여 시詩를 팔고 소설小說을 팔아 생계하셨지만, 왜倭와 친일親日과의 타협은 추호도 용납할 수 없는 것이다. 당대의 명사名士들이 모두 스님의 한마디 말씀을 두려워한 건 잘 알려진 얘기다. '님'의 광복을 1년 앞두고 성북동 심우장에서 입적하시어 법납(스님 나이) 40세, 대한민국은 건국공로훈장을 바치고, 후인後人은 스님의 혼과 말씀과 행하심을 간절히 사모하니, 그는 영원히 우리 속에 계시는 '님'이시다.」

(1970. 10.「보리誌」2호, 8쪽)

고독한 저항정신
만해 한용운 스님 같이
결코 불의와 타협하지 않고
혼자서라도 걷고 걷는 고독한 저항정신~

이것이 내 생애를 지배해온 동기~, 내재적 생명력일지 모른다.

'촐촐콸콸 촐촐콸콸'~, 합성마을 제2금강산~, 옥천玉川 물소래 들으면서,

'용마산 억센 기운'~, 마산상고 다니면서,

'민주사수'~, 4.19때 마산 거리 목 터지게 외치면서,

'안 되면 될 때까지'~, 해병장교로 대포 쏘면서~,

내 속에서 자생自生해온 내 무의식無意識일지 모른다.

고독한 저항정신

제도적 권위에 굴하지 아니하고

혼자서라도 걷고 걷는

도전과 개척의 고독한 저항정신~

불교인생 60년~,

나는 이런 불교를 꿈꾸고 왔었는지 모른다.

지금도 여전히~,

그리고 이 정신이 청보리운동의 동기로 작동하고 있는 것이다.

나) 1976년 5월 「보리誌」의 전환~, '붓다 중심'~, 전국 청소년교본으로

1976년 5월~,

「보리誌」는 7년 만에 새로운 전환을 맞이하게 된다.

「보리誌」가 청소년교화연합회의 '학생불교교범'으로 새롭게 탄생

하게 된 것이다. 「보리誌」가 초라한 프린트본을 벗어나, 흰색 종이

의 활자본으로 수천 부가 인쇄돼서 전국의 청소년들과 지도자들에

게 보급되기 시작한 것이다.

「보리誌」의 변신~,

보다 중요한 것은 내용이 크게 바뀐 것이다.

지금까지는 부처님에 관한 이런저런 얘기들과 잡다한 불교 상식들을 엮어서 써왔었다. 그러다가 1976년 5월 신판 1호부터 내용이 '붓다 중심'으로~, '붓다 석가모니의 삶과 생애'를 중심으로 크게 바뀌기 시작했다.

신판「보리誌」1호(1976년 5월호) 표지에는「빛과 사랑의 등불」이라는 큰 주제를 내걸고, 제1편 '새 생명의 탄생을 위하여'라고 들어가고 있다. 붓다의 생애를 쓰기 시작한 나는 여기서 이렇게 썼다.

「4월 초파일 부처님 이 땅에 오시니, 룸비니 동산에 자비의 향기 충만하고, 만백성은 소리 소리를 모아 님의 탄생을 찬양합니다. 2천6백여 년 전~, 님의 탄생은 곧 모든 생명의 진정한 탄생이며, 칠흑의 어둠 속에서 고통하고 핍박당하는 이웃과 형제들을 구제하려는 크나큰 사랑과 광명의 약속입니다.

그러기에 이 세상 모든 사람들은 손손에 등불을 밝히고, 님이 오시는 길목으로 달려갑니다. 5천만 이 나라 백성들은 찬양의 노래 높이 외치며, 저 영롱한 민족의 광장, 한강수 굽이치는 5.16 광장(지금 여의도 광장)으로 몰려갑니다. 우리는 님의 사랑과 구원을 통하여서만이 오늘의 우리 조국을 되살리고 지극히 소중한 이 생명의 가치를 실현할 수 있음을 믿기 때문입니다.」

_ 1976년 5월 신판 1호에서 간추림

이 짤막한 글의 흐름은~, 당시의 불교 주류佛教主流와는 많이 다르다. 1970년대~, 당시 불교는 중국식 선종禪宗에 깊이 물들어 있었다. 웬만한 불교도~, 수행자들은 모두 '한소식 하겠다'고 앉아 있는 것으로 불교를 삼고 있었다. 그러나 이 글에서는 '부처님'이 중심으로 등장하신다. '부처님을 통하여 우리들 자신의 새 생명을 실현하고, 부처님을 통하여 이 땅 동포들의 고통을 구원하겠다'는 의지가 강력하게 흐르고 있다. 철저하게 피땀 흘리는 붓다의 삶과 땀과 눈물이 배어 있는 붓다의 직언직설直言直說이 깨달음의 대전제로 추구되고 있다. 이것이 바로 '붓다의 불교'다. 이러한 흐름은 이후 「보리誌」의 주류로~, 청보리운동의 주류로 줄기차게 흘러간다. 이 흐름은 지금 하고 있는 '빠리사 불교운동'에서도 그대로 계승되고 있다.

「부처님께서

피땀 흘리시는 붓다의 삶과

땀과 눈물이 배어 있는 붓다의 직언직설直言直說로

'붓다의 불교'로

'부처님 중심'으로~」

이러한 변화는 우연한 것이 아니다.

내가 『아함경 이야기』라는 한 권의 번역 불서를 읽음에서 시작된 것이다. 『아함경 이야기』는 일본의 저명한 불교학자 마스타니 후미오〔增谷文雄〕의 저술로 현암사에서 이원섭 선생이 번역해낸 책이다. 나는 한 달 전~, 1976년 4월에 조계사 옆 불서보급사에서 이 책을 사서 밤새워 읽고 내 불교인생에서 크나큰 변화를 경험하게 되고, 이 새로운 변화가 한 달 뒤 신판「보리誌」1호(1976년 5월호)에서부터 그대로 드러나기 시작한 것이다. 이때부터 나는 '부처님 중심'으로~, '붓다 석가모니의 삶과 생애를 중심'으로 전환하고, 신판 1호에서부터 붓다의 생애를 주제로 불교학생교범~, 불교교과서를 쓰기 시작한 것이다. '붓다의 불교'는 이렇게 시작된 것이다.

다) 붓다 중심의「보리誌」~, 불교중흥의 불을 지피다

1976년 5월
'불교학생교범'
신판「보리誌」1호~,

어떤 계기로 청소년교화연합회와 만났다.

연합회가 동덕 청보리들의「보리誌」를 연합회의 기관지로 전국적으로 배포하기 시작하였다. 당시 연합회는 조계사 뒤쪽 총무원 건물 지하 한 칸 방을 얻어 쓰고 있는 초라한 단체였다. 칠보사 조실 석주昔珠 스님이 회주會主격이고, 안전양초 대표 안병호 거사님이 이사장, 도안道安 스님의 속가 동생 김안수 총장이 실무를 총괄하고 있었다. 석주 스님과 안병호 이사장님이 이「보리誌」에 특별한 관심을 보이시고, 김안수 총장이 팔을 걷어붙이고 적극적으로 나섰다. 내가 원고를 쓰고, '자비의 소리' 반영규 선생이 사식(寫植, 植字)을 하고, 매달 수천 부를 인쇄해서 전국의 사찰과 학교 지도자들에게 몇 부씩 돌렸다.

이러기를 몇 달~,

놀라운 반응이 나타났다.

전국의 사찰과 학교에서 이 「보리誌」 주문이 밀려왔다.

이 「보리誌」를 교재로~, 교과서로 삼아서 공부하게 되고, 몇 십~,
몇 백 부씩 주문이 밀려온 것이다. 머지않아 이 「보리誌」를 가르치
는 지도자들의 강습회 요구가 이어졌다. 지도자들부터 모여서 체
계적으로 배우고 청소년들에게 바르게 가르치겠다는 취지다.

연합회는 여름방학을 틈타서 처음으로 강습회를 열었다. 전국청소
년지도자들을 모아서 강습회를 연 것이다.

그때만 해도 불교집안에 수십 수백 명이 숙박할 공간이 없어서, 부
득이 경주 불국사 앞에 있는 호텔을 빌려서 강습회를 열었다. 좀 비
싸게 강습회비도 받았다. 뜻밖으로 전국에서 7, 80여 명 지도자들
이 몰려왔다. 출가 재가를 가리지 않고 많은 지도자들이 모인 것이
다. 강습회는 3박 4일 동안 치열하게 진행되었다. 강의 듣고 토론
하고~, 발표하고 토론하고~, 이런 식으로 진행됐다. 지도자들의
자발적 참여를 이끌어내기 위해서 발표와 토론 중심으로 나갔다.
틈틈이 사찰순례도 했다. 마지막 날 평가회에서, '바로 이것이 길이
다~, 붓다의 불교로 돌아가는 것이 중흥의 길이다'~, 큰 공감을 이
끌어냈다. 2천여 년 한국불교사에 이런 일은 처음이다.

전국지도자강습회는 매년 한, 두 차례 계속되었다.

갈수록 호응도가 높아지고 머지않아 참가자가 백여 명을 넘어섰다. 청도 운문사의 젊은 비구니 스님들 수십 명이 집단으로 참석하기도 하였다. 그때만 해도 출가·재가의 권위주의적 차별이 거의 없어서, 함께 모여 무릎 맞대고 공부하는 것을 조금도 꺼려하지 않았다. 큰 장소를 찾아서 통일교 시설을 빌리기도 하고, 서울의 영동 유스호스텔을 빌리기도 하고~, 척박한 당시 불교계 상황을 생각하면, 이것은 하나의 '기적'이다. 작은 「보리誌」 한 권이 잠재해 있던 불교도들의 구도의 열정에 불을 지핀 것이다.

이 열기가 청소년 학생들로 옮아갔다.

마침내 화성 용주사에서 전국청소년연합수련대회가 열렸다. 전국에서 백 수십 명의 청소년 학생들이 몰려왔다. 방사房舍가 모자라 남학생들은 강당에서 집단수용했다. 지도자들도 따라 왔다. 사제師弟가 함께 모여서 배우는 것이다.

불교집안에 처음 있는 일이다.

정무 스님과 내가 강의를 맡았다. 강의의 주제는 '붓다의 삶'이다.

'우리도 부처님같이~,

어떻게 붓다 석가모니같이 살 것인가?'~

이런 문제를 놓고 강의하고 발표하고 토론하였다. 여기서도 발표와 토론에 역점을 두었다. 대학생들을 뽑아서 간사단을 만들고, 학생들을 십여 명씩 가족별로 나누어 맡아 지도하였다. 동덕불교에서 하는 '가족제도'를 옮겨온 것이다. 이때 중앙대학교 학생으로 간사장을 맡아본 이가 지금 '열린선원'을 하고 있는 법현 스님이다. 한 알의 씨앗이 뒷날 거목이 된 것이다.

3) [중흥운동의 등불 둘]
『룸비니에서 구시나가라까지』로 활활 타오르고~

가) 1978년 초판 발행~, 지금도 계속 나오는 최초의 시민불교 교과서

1978년 5월~, 마흔한 살~,
『룸비니에서 구시나가라까지』가 처음 출판되었다.
이 책은 1976년 5월~, 신판 「보리誌」 1호(불교학생교범)를 전국적으로 배포한 이래 계속해서 월간으로 24호까지 내 보내고, 다시 정리해서 단행본으로 낸 것이다. 이 책은 재정적인 문제로 '불교교육회'라는 단체 명의로 나오고, 동국역경원의 이름을 빌려서 출판한 것이다. 저자 이름도 쓰지 못했다. 그러나 실제로는 내가 처음부터 끝까지 쓰고, 반영규 선생이 전적으로 인쇄하고 제작하신 것이다. '불교교육회'는 이 책 출판을 위해서 임시로 만든 단체로서, 당시 남산 대원정사 주지로 있던 양광성 스님이 회장을 맡아 출판비를 부담하였다. 광성 스님은 얼마 후 속퇴해서 인연이 멀어졌지만, 『룸비니에서 구시나가라까지』가 빛을 보게 하는 데 크게 기여하셨다. 지금도 그 은혜를 잊지 않고 있다.

『룸비니에서 구시나가라까지』

1978년 교육회 이름으로 초판 발행~,

1981년 불교서점 '경서원' 이름으로 재판 발행~,

더 이상 빛을 보지 못하고 망각 속으로 사라지는 듯했다.

그런데 놀라운 기적이 일어났다.

1987년 1월~,

불광출판부(지금 불광출판사)가 이 책을 개정판(개정3판)으로 출판한 것이다.

2천 부를 찍어냈다고 한다. 제대로 된 최초의 출판이다. 책 표지에 내 이름을 썼고 인쇄비도 선불로 받았다. 내게는 꿈같은 일이 벌어진 것이다. 일이 이렇게 진행된 데에는 광덕 스님의 배려가 있었고 송암 스님의 노고가 있었다. 광덕 스님도 불광운동을 통하여 '불교 새 물결운동'을 전개하면서, 부처님을~, 붓다 석가모니를 그 중심에 두고 계셨다. 그러나 그때 상황으로는 붓다에 관한 새롭고 진보적인 정보들~, 자료들을 구하기가 쉽지 않았다. 몇 권의 일본불서에 의존하는 것이 고작일 정도로 '부처님 연구'가 되어 있지 않았고 대중들의 인식도 결핍돼 있었다. 그러던 중 스님께서 『룸비니에서 구시나가라까지』를 보게 되고 그 존재가치에 공감하신 것이다. 광덕 스님께서는 자신의 글에 이 책을 인용하고, 특히 '똥군 니디(Nidhi) 사건'에 관하여 여러 차례 언급하고 계신다.

"『룸비니에서 구시나가라까지』는 한국불교의 명저名著야."

광덕 스님은 몇 차례나 이렇게 평가하셨다.
상좌 송암 스님으로부터 두고두고 직접 들
은 사실이다.

최초의 시민불교 교본 『룸비니
에서 구시나가라까지』

1988년 4월~,
불광출판부가 개정 4판을 발행하였다.
1990년 2월~,
불광출판부가 개정 5판을 발행하였다.

그러다가 1993년 4월~, 신편新編 발행~,
『룸비니에서 구시나가라까지』는 또 한 번
대전환을 맞게 된다.
체제를 크게 바꾼 새로운 신판으로 다시 세상에 나오게 된 것이다.
'市民 불교교과서'라는 본연의 취지에 맞게 교과서적으로 크게 바
꾼 것이다. 전체 15장~, 각 장마다 '내용익힘' '교리탐구' '합송' '찬
불가' '실천수행' '토론: 법담의 시간' 등을 넣어서 교과서의 역할을
충실하게 할 수 있도록 배려한 것이다. 전체 쪽수도 초판 223쪽에
서 신판 364쪽으로 크게 늘어났다. 하나의 '시민불교 교과서'로 당
당한 모습을 갖추게 된 것이다.

1993년 4월~
한국불교 최초의
시민불교市民佛敎 교과서

『신편 룸비니에서 구시나가라까지』

우리는 이 책을 이렇게 '신편新編'이라고 일컫는다. 내용이 새롭게 크게 달라졌기 때문에 '신편新編'이라고 하는 것이다.
30여 년~, 이 신편은 지금도 계속 출판되고 있다.

나) 『룸비니에서 구시나가라까지』~,
  2천여 년 한국불교사의 흐름을 바꾼다

『룸비니에서 구시나가라까지』
1978년 이래 2024년 지금까지~,
50년 가까이~, 수십 판, 수만 권을 계속 내보내고~,
한국불교의 대세를 형성하는 결정적 기폭제가 된다.
1970~80년대 한국불교 중흥기를 선도하는 횃불로 활활 타오르면서, 수많은 사람들의 인생을 바꿔낸다.

'연꽃마을' 각현 스님
한국 최초의 종합복지 타운 '연꽃마을' 설립자 각현 스님~,
내가 은퇴하고 안성 죽산 도피안사에서 공부하고 있으면서, 주지 송암 스님과 함께 여러 차례 가까이 있는 '연꽃마을'을 방문하였다.
스님은 나를 볼 때마다 잊지 않고 내 손을 잡고 말씀하신다.

"선생님~, 고맙습니다. 내가 법주사에 있을 때, 『룸비니에서 구시나가라까지』를 읽고, 내 인생의 좌표를 결정했습니다.”

몇 년 전~, 각현 스님께서 꿈을 다 이루지 못하고 홀연히 떠나신 것
이 참으로 아깝고 애석하다. 사바로 다시 와서 새로운 ‘연꽃마을’
하고 계실 것이다.

어느 때 조계사 앞
‘현대불교신문’에 들렀다. 오랜 친구 최정희 기자를 만나러 간 것이
다. 그때 한 낯선 젊은 여女기자가 가까이 와서 말했다.

“제가 선생님 『룸비니에서 구시나가라까지』를 읽고 제 인생의 방
향이 바뀌었습니다.”

불교방송(BBS) 김봉래 국장
몇 년 전 만났을 때 뜻밖의 소식을 털어놓았다.

“제 결혼식 때 답례품으로 『룸비니에서 구시나가라까지』를 준비해
서 드렸습니다.”

『룸비니에서 구시나가라까지』~

이 책은 많은 사람들의 삶을 바꾸는 동시에,
2천여 년~, 한국불교사의 흐름을 크게 바꿔놓았다.

'선사禪師~, 조사祖師 중심'에서 '붓다 중심'으로~,

'한소식' 내세우며 끝없이 앉아 있는 '중국적 선정주의禪定主義'에서

만인이 함께 가는 '팔정도八正道'로~,

'깨달음 제일주의'에서 동포들 살려내는 '보살행 제일주의'로~,

'혼자 먼저 깨닫겠다'는 독각주의獨覺主義에서 만인이 함께 건전한

시민의식에 눈뜨는 '시민불교'로~,

애매모호한 해탈열반의 관념에서 가슴에 와 닿는 '원력불사願力不

死~, 새 생명의 길'로~

'붓다 중심'으로~,

'팔정도八正道'로~,

'보살행 제일주의'로~,

'시민불교'로~,

'죽지 않아요 죽지 않아요,

원력불사願力不死~, 새 생명의 길'로~

불교인생 60년~,

나는 지금도 이렇게 생각하고, 이렇게 살고 있다.

도피안사 옥천산방에서, 늙고 병든 몸을 이끌고, 전국에 20여 도반

들을 모아서 한 달 두 번씩 줌(Zoom)으로 강의하고 발표하고 토론

하는 빠리사학교를 열고, 열심히 공부하고 있다.

이렇게 해서 한국불교 2천년사二千年史를 바꿔내고 있는 것이다.

다) 1987년『우리도 부처님같이』등~, 시민불교의 문을 열다

[시민불교 교과서 시리즈]

1978년『룸비니에서 구시나가라까지』(불교교육회, 불광출판부)

1984년『은혜 속의 주인일세』(불광출판부, 1991년 3판까지)

1985년『무소의 뿔처럼』(불광출판부, 1991년 3판까지)

1985년『365일 부처님과 함께』(불광출판부)

1987년『우리도 부처님같이』(불일출판사)

1990년『민족정토론』(불광출판부)

1991년『내 아픔이 꽃이 되어』(불광출판부)

부처님을 찾으려는 내 작업은 이렇게 계속되었다.

『룸비니~』로 점화된 내 순수열정은 이렇게 불꽃을 피워가고 있었다. 이 가운데서도 1987년 5월 불일출판사에서 출판한『우리도 부처님같이』는 특히 주요한 의미를 지닌다. 다른 책들은 불광출판부인데 이 책만 순천 송광사 불일회佛日會와 관계 깊은 불일출판사 작품이다. 그때 불일출판사 관계자가 학교로 나를 찾아와서 연결이 된 것이다. 이 책은 나오자마자 폭발적 반응을 일으켰다. 1990년 5월~, 3년만에 4판까지 나왔다. 베스트셀러(Best-seller)가 된 것이다. 대한불교조계종 포교원에서 '포교자료 제1집'으로 공인하기까지 했다. 책 표지에 이렇게 명시되어 있다.

"우리도 부처님같이"

이것은 청보리운동의 슬로건(Slogan)이다.

불교운동 하면서 처음부터 내세운 슬로건이다.

청보리운동 전개하면서 전방에 내세운 분명한 기치旗幟~,

'시민불교운동의 깃발'이다. 이 깃발이 세상에 얼굴을 드러낸 것이
바로 이 책『우리도 부처님같이』다.

그런 의미에서 이 책은 획기적이고, 또 많은 사람들에게 새로운 감
동으로 다가갔다. 그래서 잘 팔린 것이다.

2023년 6월 13일~, 안성 죽산 도피안사~,

오후 5시 40분경~,

나는 저녁공양을 하기 위해서 대중방으로 갔다.

그때 주지 송암 스님께서 흰 봉투를 하나 꺼내 주면서, '한번 열어
보고 전화를 드리라'고 하신다. 봉투를 열어보니 5만 원짜리 6장~,
30만원이 들어 있고, 명함이 한 장 들어 있다. 뜻밖의 큰돈에 깜짝
놀라서 명함을 보니까 '금강金剛 스님'이라고 함자가 적혀 있다. 낯
선 이름이다. 자세히 보니까, 스님은 중앙승가대학 불교사회학부
교수이시고, 도피안사 가까이 있는 '활인선원' 원장이시다. 전혀 모
르는 분이시다. 무턱대고 전화를 걸었다.

"누구십니까?"

"김재영입니다. 스님 어떻게~?"

"아~선생님~, 1987년~, 저가 젊을 때 전남 광주에서 법회를 하고
있었는데, 그때 선생님의『우리도 부처님같이』를 읽고, 그때부터

맘속에 깊이 생각해왔습니다."

"내가 스님에게 공양을 드려야 할 텐데~"

"아~, 아닙니다. 다음에는 선생님 꼭 찾아뵙도록 하겠습니다.~"

몸 둘 바를 모르겠다.

평생 선생으로 살면서 촌지寸志도 더러 받아봤지만, 스님한테 받아보기는 처음이다. 뭐가 거꾸로 된 것 같기도 하고~. 함께 공양하던 김재성 교수가 '잘 아는 스님'이라며, 해남 땅끝 미황사 주지도 지내시고 제주도에서 참선센터도 운영하고 계신다고 설명을 한다. '미황사'라고 하니까 얼핏 기억이 난다. 몇 년 전 대불련총동문회 행사에 갔을 때, 한 젊은 스님이 '미황사'에 계시다면서 내 책 이야기를 한 적이 있었다.

'하아~, 바로 그 스님이구나~'

이렇게 한 권의 책이 한 사람의 인생을 바꾸고,

하나 둘 셋~, 이렇게 한 권의 책이 여러 사람들의 인생을 바꾸고,

이렇게 한 권의 책이 한국불교의 지성사知性史를 바꾸고~,

'정체불명의 불교'를 '붓다의 불교'로 바꿔내는 등불이 된 것이다.

3. 〔중흥운동의 등불 셋, 넷〕
'연꽃들의 행진'과 '붓다의 메아리'~

1) 〔등불 셋〕
'연꽃들의 행진'~, 불교도의 잠든 감성感性을 불러일으키다

가) 동국대 강당에서~, 동덕여대 대강당에서~

1971년 7월~,

동덕불교 창립 1주년~,

학교 시청각실에서 '1주년 기념음악회'를 열었다.

1년 전~, 바로 이 자리에서 있었던 창립 그날의 감동을 되살리며,

조그맣게 내부행사로 진행했다. 2백여 명이 참석했다.

찬불가를 주로 하고 일반가곡도 불렀다. 1974년까지 이런 식으로

작은 음악회를 열었다.

1975년 10월~, 서른여덟 살~,

'연꽃들의 행진'~, 원년元年이다.

학교 강당에서 처음으로 '연꽃들의 행진'을 열었다.

'제1회 연꽃들의 행진'

강당 전면 벽에 이렇게 백지로 크게 써 붙였다.

지금도 글자 한 자 한 자 선명하게 살아있다.

7세世~, 고2 회장단 심성경 김종분과 홍미경 김미노 이명훈 등이 피땀 흘리며 행사를 준비하였다. 외부의 서울시내 다른 학생회 친구들도 초청해서 5백여 명 제법 규모를 크게 열었다. 이때 2학년 심성경 홍미경 커플(Couple)이 기타를 연주하며 가요 '연인들'을 불러서 인기가 대단했었다.

1976년 10월~,

동국대 강당에서 '제2회 연꽃들의 행진'이 열렸다.

8세~, 고2 회장단 유지형과 현은자 김완숙 등이 잠 못 이루며 행사를 준비하였다. 규모를 갖춘 청소년 불교예술제로 대외적으로 크게 열린 것이다. 천여 명의 젊은이들이 함께 모여서 뜨거운 열기로 호응하였다. 동덕불교 동문들도 많이 와서 함께했다. 1977년(3회, 9세)~, 1978년(4회, 10세)~, 매년 10월이 오면 동국대 강당에서 '꿈의 잔치~, 연꽃들의 행진'이 화려하게 열렸다.

1979년 10월~, 마흔두 살 때~,

'꿈의 잔치~, 연꽃들의 행진'~, 대약진의 기회를 맞게 된다.

서울 월곡동 동덕여대 대강당에서 제5회의 화려한 막을 연 것이다. 11세~, 고2 회장 이혜인~, 부회장 김용애~, 이수애 홍석미 이혜숙 지명애 등이 주역을 맡아 이리저리 신명을 걸고 뛰면서 준비했다. 이때 '동덕불교 백팔합창단'이 무대에 올라 찬불가를 공연하였다. 작곡가 서창업 선생님이 합창단 지휘를 맡고, '동덕불교 백팔합

연꽃들의 행진

창단'~, 108명 눈 푸른 소녀들이 하얀 칼라 눈부신 교복을 입고 열정을 다하여 '오라, 친구여'(김재영 작사. 서창업 작곡) '관세음의 노래'(반영규 작사, 서창업 작곡) '붓다의 메아리'(반영규 작사, 서창업 작곡) 등 주옥珠玉 같은 작품들을 발표하였다.

그리고 '연꽃들의 행진' 단골메뉴 창작극 '바보 판다카'(대본 김재영, 연출 한양대 연극부 이성동)가 보다 화려한 모습으로 공연되었다. 이수애 등 연극클럽 '처용'들이 역할을 맡아 놀라운 연기를 보였다. 중창클럽 '간다르바'의 중창~, 독창~, 독주~, 코메디~ 등 다양한 작품들이 숨 쉴 틈도 없이 무대 위에서 펼쳐졌다. '얼수' '훨훨 얼쑤'~, 탈춤클럽 '셔블불휘(서울의 뿌리)'들이 무대 위에서 흰옷을 입고 너풀너풀 춤을 추고 관중들이 추임새를 넣고 있었다.

나) 연꽃들의 행진~, '아~, 우리 불교도 이렇게 할 수 있구나'

해마다 시월十月이 오면
국화꽃 향기로운 시월이 오면
'꿈의 잔치~, 연꽃들의 행진'은 이렇게 매년 열리고
동덕여고 강당, 동국대 강당, 동덕여대 대강당에서 해마다 열리고~,
관중들이 눈물을 쏟아낸다.
전국에서 모여 온 2천여 명의 사부대중들~,
비구 비구니 스님들~, 우바새 우바이 대중들~,
가슴 깊은 곳에서 솟아오르는 아픈 눈물~,
회한悔恨과 결의決意의 눈물을 쏟아내고 있다.
대중들은 그들 자신을 향하여 이렇게 절규하고 있다.

"'연꽃들의 행진'~,
아~, 불교도 이렇게 할 수 있구나.
우리 불교도 이렇게 장엄하게 할 수 있구나.
우리 불교도 이렇게 수많은 사람들 감동시킬 수 있구나,
왜 못했을까? 그동안 우리는 무엇하고 있었던 걸까?~"

시골서 올라온 한 비구니 스님~,
눈물을 글썽이며 내 손을 꼭 붙들고 다짐하듯 말한다.

"선생님~, 고맙습니다.

작은 시골절이지만, 가는 대로 바로 학생회를 만들겠습니다.~"

'연꽃들의 행진'~,

'꿈의 잔치~, 연꽃들의 행진'~,

2천년 한국불교사 최초의 청소년 불교예술제~,

아니~, 세계불교사 어디서도 볼 수 없었던

최초의 청소년 불교예술제~

감동과 결의~,

새로운 시작의 물결~,

방방곡곡 전국으로 메아리쳐 가고~,

이렇게 '연꽃들의 행진'은 동력이 되었다.

모래알처럼 산산이 흩어진 불자들~,

한 공동체로 뭉쳐본 역사적 체험이 없는 모래알 불자들~,

이들을 'Buddha-parisā'로~, 하나의 '부처님 공동체'로 일으켜 세우는 동기動機가 되고 동력動力이 된 것이다.

2) 〔등불 넷〕

'붓다의 메아리'~, 시민찬불가-시민떼창의 깃발을 들다

가) '오라, 친구여'~, 시민찬불가 첫 작품

2023년 5월 18일, 여든여섯 살~,

목요일 오후 1시경, 초파일을 10여 일 앞두고
도피안사 내 공부방에 있는데 느닷없이 폰으로 국제전화가 왔다.
미국 L.A.다.

'서진호'
'서진호 거사'

전혀 낯선 이름이다. 서진호 거사가 열심히 설명을 했다.

"선생님~,
1975년 '붓다의 메아리' 초대 대학생간사를 했던 서진호입니다.
동덕여고 심성경 홍미경 등 학생들하고 같이 찬불가운동을 했습니다."

'붓다의 메아리'
시민 찬불가운동의 깃발 높이 들어올린
'붓다의 메아리'~

번쩍 생각이 떠올랐다.
깊은 잠에서 깨어나듯, 기억들이 떠올랐다.

법회나 음악회 등~, 지금까지 따분한 찬불가만 불러왔다.
그러다가 1975년경 좋은 계기가 왔다. 작곡가 서창업徐昌業 선생님을 만나게 된 것이다. 「보리誌」 인쇄관계로 교류하던 '자비의 소리' 대표 반영규 선생님의 소개로 만나게 된 것이다. 서 선생님은 서울 음대 작곡과 출신의 실력 있는 작곡가로 학교 음악 교과서의 저자로도 활동하고 있었다. 반영규 서창업 선생 두 분이 동덕여고 '작은 음악회'를 와서 보게 되고, 이때부터 서창업 선생님이 불교와 깊은 인연을 맺게 되고~, 찬불가를 만들기 시작했다. 찬불가운동의 새로운 역사가 시작된 것~, 동덕불교가 그 모티브(motive)다.

'오라, 친구여'~,

1975년~, 이 노래가 첫 곡이다.

이때 탄생한 대중찬불가~, 시민찬불가 첫 곡이다.

서창업 선생이 작곡하고, 내가 작사했다.

> '오라 친구여, 사슴처럼 달려오라.
> 온 세상이 다 버리고 간다 하여도
> 우리들의 부처님 자비로운 어버이시니
> 그대 위하여 광야에서 기다리시네.
> (후렴)
> 오라 친구여, 어서 오라 헤매지 말고
> 빛과 사랑의 큰 등불이 여기 있네.'
> _ 김재영 작사, 서창업 작곡

나) '붓다의 메아리'~, 시민떼창으로 시민법회를 열어가다

'붓다의 메아리'~,

이 노래가 두 번째다.

반영규 선생이 작사했다.

> '우리는 메아리 붓다의 메아리
> 이웃과 이웃을 이어주는 메아리
> 먹구름 해치고 음달을 양달로
> 온겨레 가슴에 퍼져가는 메아리
> (후렴)
> 우리는 메아리 붓다의 메아리
> 파랗고 싱그러운 붓다의 메아리'
> ─ 반영규 작사, 서창업 작곡

'붓다의 메아리 음악법회'가 열렸다.

동덕법회에서 처음 열고, 여기서 자신감을 얻고, 곧 세운상가에 있는 풍전상가 강당에서 '음악법회 붓다의 메아리'를 열었다. 일반 시민들 속으로 들어간 것이다. 설법은 생략하고, 서창업 선생 작곡의 새 찬불가들을 주로 불렀다. '찬불가'라기보다는 '불교노래'라고 부르는 것이 좋을 것이다. 테너 김화용 선생이 불교가곡 '홀로 피는 연꽃'을 부르기도 했다. 일반가곡 가요도 함께 부르고, 일반 시민들을 초청해서 함께 대화도 나누고~, 홍수환 권투선수가 와서 인생

스토리를 털어놓기도 했다.

'우리는 메아리
붓다의 메아리~,
이웃과 이웃을 이어주는 메아리~'

이렇게 청보리들은 전혀 새로운 불교를 열어가고 있었다.
함께 손뼉치며 떼창하고 함께 둘러앉아 법을 일상사日常事로 편하
게 주고받는 시민불교~, 시민법회를 개척해간 것이다. 세계불교사
에 기록될 만한 시민불교운동의 물결이 출렁이고 있었다. 이때 대
학생간사단을 조직해서 젊은 포교운동을 전개했고, L.A.의 서진호
도반도 여기에 참가했던 것이다.

4. 〔중흥운동의 등불 다섯, 여섯〕
'청보리송'과 '판소리 불타전'~

1) 〔등불 다섯〕 '청보리송(song)'~, 누구든지 짓고 부르고

'연꽃들의 행진'
'붓다의 메아리'~,
이 거센 흐름 속에서 '청보리송(Song)'이 나왔다.
대중찬불가~, 시민찬불가를 통하여 불교도들의 감흥을 불러일으

키고 붓다의 목소리를 민중들 속으로 개척해가려는 이 뜨거운 열
정 속에서 '청보리송'이 나은 것이다.

'청보리송(Song)~,
청보리들의 노래'~

이것은 우리 청보리들이 함께 부르는 노래다.
꼭 찬불가의 형식이 아니더라도 누구든지 작사 작곡하고, 누구든
지 함께 어울려 부르는 젊은이들의 노래~, 불교도의 노래다. '청보
리송'의 문은 나와 우리집 둘째 원조元照 거사 성근이가 열었다. '만
세 만세 만만세'가 그 첫 작품이다.

> '만세 만세 만만세'
> '만세 만세 만만세 우리 세존 부처님
> 만세 만세 만만세 나무석가모니불
> 하늘과 땅 위에 홀로 존귀하신 님
> 온누리의 광명 깨침의 광명이시여
> 만생명 행복 위하여 평화 위하여
> 이 세상에 강생하시네 강생하시네
> 여기 룸비니 꽃동산 연꽃마을에'
> _ 김재영 작사, 김성근 작곡

초파일을 맞아 만든 노래다.

집에서 내가 가사를 흥얼거리고 첫째 용근이가 보태고 성근이가 곡을 지었다. 가족합작품이다.

성근이는 고등학교 때부터 학교 합창단에서 노래하더니, 대학에 가고 사회에 나가서도 음악과 꾸준히 인연을 이어오고 있다. 지금도 고려대 동문들의 합창단 멤버로 매년 발표회에 출연하고 있다. '만세 만세 만만세'는 대학 다니고 청보리청년회 다닐 때 지은 노래다. 이렇게 해서 여러 곡의 '청보리 Song'이 탄생하고 법회에서 청보리들이 맘놓고 편하게 함께 불렀다. 법회 마칠 때는 '우리의 기도'라는 청보리 Song을 함께 부르고 축원 올렸다.

다음 몇 곡들이 지금도 전해지고 있다.

'청보리송(Song)'
'만세 만세 만만세'
'우리의 기도'
'부처의 씨앗일레'
'함께 가는 형제들'
'무소의 뿔처럼'
'은혜 속의 주인들'
_ 김재영 작사, 김성근 작곡

2) [등불 여섯] '판소리 불타전佛陀傳'~, 안숙선 명창이 노래하고

가) '죽지 않네 죽지 않네~, 쾌지나 칭칭나네'

「판소리 불타전佛陀傳」은 1987년 사월초파일 처음 공연되었다.
불광사 송암 스님의 제안으로 내가 대본을 썼다.
이 날은 송파 놀이마당에서 「불타전佛陀傳」 제1부-강생편降生篇이
공연되었는데, 붓다 석가모니의 일생을 판소리로 발표한 것은 우
리 불교 역사상 최초의 일이다.

1995년 사월 초파일 전야前夜~,
안성 죽산 도피안사 대웅전~,
「판소리 불타전」 전편이 최초로 공연되었다.
주지 송암 스님이 초파일 전야제前夜祭 행사로 기획했고, 명창名唱
안숙선安淑善 보살이 작창하고 완창했다.
수백 명의 사부대중들이 때로는 환희하고 때로는 눈물 흘리면서
뜨거운 가슴으로 함께하였다.
'얼쑤~, 얼쑤~'
추임새를 넣으면서 수백 명 대중들이 하나가 되어서 판소리를 함
께 엮어갔다.

「14 [자진모리]
얼쑤 좋을시구~ 대지가 진동한다.

태산은 불끈 솟고 바다는 껑충 춤을 춘다.

하늘에는 오색 꽃비 땅에서는 감로수로다.

고목나무 꽃이 피고 마른 샘이 솟아난다.

묶인 자들 풀려나고 병든 이들 일어선다.

노루 사슴도 신명나서 산비탈을 내달린다.

천당문은 활짝 열리고 지옥문은 부셔진다.

여지없이 부셔진다, 와르르르르 무너들 지는구나~.

…

16 〔아니리〕

여러 도반니들 그렇게 구경만 하실라요.

우리 부처님이 오늘 이곳 회상으로 나셨는데

그렇게 구경만 하실 것이요~

천상천하 유아독존이라~

우리가 모두 저마다 존귀한 자기생명의 주인공이라

신神의 밧줄 인간의 밧줄 모두 풀어주셨으니

오늘 부처님 오신 날이 정녕 우리들 생신날 아니겠수~

어화~ 우리도 한번 놀아보세.

쾌지나칭칭 한판 놀아보세.

고수 어른~, 장단 신나게 한번 쳐 보시구랴~.

17 〔대동가요〕

쾌지나 칭칭나네 쾌지나 칭칭나네

사월이라 초파일에 쾌지나 칭칭나네

룸비니동산에 경사로세 쾌지나 칭칭나네

아기부처님 나셨다네 쾌지나 칭칭나네

아기왕자님 나셨다네 쾌지나 칭칭나네

하늘에는 꽃비 오고 쾌지나 칭칭나네

땅위에는 연꽃 핀다 쾌지나 칭칭나네

…

우리 동포들 한몸이라 쾌지나 칭칭나네

너도 없고 나도 없고 쾌지나 칭칭나네

신神도 없고 인간도 없고 쾌지나 칭칭나네

부처도 없고 중생도 없네 쾌지나 칭칭나네

천당도 없고 지옥도 없고 쾌지나 칭칭나네

시작도 없고 종말도 없네 쾌지나 칭칭나네

이것이 모두가 해탈일세 쾌지나 칭칭나네

이곳이 모두 정토로세 쾌지나 칭칭나네

죽지 않네 죽지 않네~ 쾌지나 칭칭나네

이제 모두 불사不死로세 쾌지나 칭칭나네

이 아니 기쁠손가 쾌지나 칭칭나네

부처님의 은덕일세 쾌지나 칭칭나네

얼씨구 좋구나 벗님네들 쾌지나 칭칭나네 …

18 〔느리게〕

오늘이라 초파일은 쾌지나 칭칭나네

우리 모두가 생일일세 쾌지나 칭칭나네

새로새로 태어났소 쾌지나 칭칭나네

새로새로 태어났소 쾌지나 칭칭나네.」

-「판소리 불타전佛陀傳」 1. 강생降生 중에서-

나) '얼쑤~, 얼쑤~', 언제 다시 함께 손잡고 춤출 수 있을까

「판소리 불타전」~,

여기서도 '만인견성-시민불교의 메시지'를 그대로 담고 있다.

붓다의 탄생을 우리 모두의 진정한 탄생으로~,

하루하루 열심히 살아가는 이름 없는 시민들의 새로운 탄생으로

받아들이면서~,

붓다가 곧 우리들 자신임을 받아들이면서,

'만인불교-시민불교의 메시지'를 선포하면서,

남북분단의 민족적 불행을 부처님을 통하여 하나로 되살려내려는

시대적 문제의식을 강렬한 염원으로 담고 있다.

'얼쑤~, 얼쑤~,

우리 동포들 한몸이라 쾌지나 칭칭나네

너도 없고 나도 없고 쾌지나 칭칭나네~'

「판소리 불타전」

만인견성-시민불교의 절절한 염원~,

언제 다시 울려 퍼질까.

산산이 갈라지고 서로 해치는 이 동포들~,

언제 다시 하나로 춤출 수 있을까.

'얼쑤~, 얼쑤~,

죽지 않네 죽지 않네~ 쾌지나 칭칭나네

이제 모두 불사不死로세 쾌지나 칭칭나네~'

언제 다시

'만인해탈~, 만인불사不死'의 흥興으로

우리 동포들 어울려 춤추게 할 수 있을까.

5. 성공과 좌절~, 그 조건들~, 그래도 우리는 걷고 걷는다

1) 불교중흥운동의 성공~, 그 조건들

가) 1970~80년대~, 한국불교의 중흥기

1970~80년대~,

이때가 한국불교의 중흥기中興期다.

역사상 가장 뜨거웠던 '불교 중흥기'다.

중흥할 수 있는 천재일우의 결정적 기회가 온 것이다.

도처에서~,

학교에서 사찰에서~,

수많은 어린이회 학생회 청년대학생회가 우후죽순처럼 솟아났다.

사철 도량에 어린이들 청소년들 청년대학생들의 발길이 끊이지 않

고, 젊은 찬불가 소리가 우렁차게 울려나왔다.

불광법회, 삼보회,

여의도포교원, 강남포교원~.

스님들이 이끄는 신행단체들이 열기를 뿜어내고 있었다.

관음회, 달마회, 대원회, 삼보법회,

불이회, 원각회, 우리는선우, 재가연대,

청소년교화연합회, 대불련大佛聯,

대불청(大佛靑, 대한불교청년회), 전국신도회 …

수많은 자생적, 자발적 시민불교단체들~,

거사, 보살들이 모여들고 활활 열기를 뿜어내고 있었다.

출가, 재가들이 무릎 맞대고 둘러앉아 함께 공부하고 토론하고 협

력하였다.

이 시기~, 불교세佛敎勢가 기독교를 능가하였다.

바야흐로 한국불교의 빛나는 중흥이 눈앞에 다가오고 있었다.

1970~80년대의 불교중흥운동~,

스님들, 재가지도자들이 혼연일체 앞장섰다.

그 이름들은 잊었지만, 수많은 출가 재가의 작은 보살들~,
이대로 가면 이 땅에서 다시 한 번 '붓다의 시대'~
눈앞에 보였다.

「보리誌」
『룸비니에서 구시나가라까지』
『우리도 부처님같이』
'연꽃들의 행진'
'붓다의 메아리'
'청보리 Song'
'판소리 불타전佛陀傳'
대불련 활동
청소년교화연합회 활동~

이 중흥의 역사 속에서
동덕 청보리가 '작은 등불 하나'가 되었다.

나) 성공의 조건~, 순수열정과 자발적 동기

그 조건이 무엇일까?
동덕 청보리가 불씨가 되어 거둔 중흥운동~,

그 조그마한 성공의 조건들이 무엇일까?

첫째, 순수열정이다.
「부처님은 민족의 혼魂
이 땅에 부처님나라 성취할 때까지
모이자 배우자 인도하자.」

우리는 이런 열정으로 가득 차 있었다. '부처님나라 다시 세운다'는
순수열정으로 넘치고 있었다.
우리는 조금도 의심하거나 머뭇거리지 않았다. 밤이나 낮이나 새
벽이나~, 찬바람 무릅쓰고 현장으로 내달렸다.

'부처님께로 오세요,
죽지 않아요 죽지 않아요,
부처님 따르는 보살은
죽는 것 가운데서도 죽지 않아요,
빛나는 보살몸으로 다시 돌아와요.'~

이렇게 외쳤다.
당당하게~, 머뭇거리거나 눈치 보지 않고 이렇게 외쳤다.
'깨달음'이니 '한소식'이니~, 이런 헛소리 하지 않았다.
이것이 성공의 조건 가운데 하나다.

둘째, 자발적 동기다.

청보리운동 시작하면서 나는 나 자신에게 스스로 3가지 맹세를 했다. 그리고 끝까지 지켜냈다.

첫째, 나는 회칙會則 가진 단체, 조직 만들지 않겠다. 회칙 있으면 반드시 싸운다.

둘째, 나는 세력勢力을 만들지 않겠다. 세력 만들면 반드시 싸운다.

셋째, 나는 어떤 단체의 장長도 되지 않겠다. 평생 외로운 구도자求道者로~, 작은 수행자修行者로 살다 가겠다. 회장 원장 이사장~, 주지 회주~, 명성 명예 추구하면 반드시 분열하고 싸운다.

우리 청보리는 무슨 '단체'~, '조직'이 아니다.

우리 청보리는 그냥 만나서 둘러앉아서 공부하고

자유롭게 헤어져가는 자유분방한 모임이다.

'붓다 빠리사(Buddha-parisā)'는 본래 이런 것이다.

무슨 '단체'도 '조직'도 아니다.

붓다 석가모니는 무슨 단체의 장長도 아니고,

물려주고 물려받는 '지도자'도 아니다.

빠리사에 둘러앉아, 자기가 누구인지도 밝히지 않고,

함께 토론하고 공감하고 함께 걷는 동행자~, 동반자~,

'좋은 벗〔善友〕'일 뿐이다.

자발적 동기~,

이것이 청보리운동을 성공시킨 조건이다.

이것이 7, 80년대의 불교중흥운동을 일으켜 세운 또 하나의 조건
이다.

권위가 없기 때문에 자발적 동기가 솟아날 수 있다. 이때~, 출가 재
가가 함께 모여도 누구도 권위를 내세우지 않았기 때문에 혼연일
체~, 한 팀(one team)이 될 수 있었다. 그 상징적 존재가 석주 스님
이시고, 무진장 스님, 정무 스님이셨다. 이 세 분은 삼배 올리면 화
를 내고 만류하셨다. 어떤 형태라도 권위~, 권위주의權威主義가 있
으면, 아무리 선善한 동기의 권위라 할지라도, 자발적 동기는 죽고
만다. 이것이 역사의 교훈이다.

기원전 545년~, 붓다 일흔아홉 살~,

붓다께서 웨살리 대나무숲 마을에서 마지막 안거 보내실 때, 중병
에 걸려 돌아가실 뻔하다가 사띠(Sati) 하며 가까스로 회복되셨다.
그때 옆에서 지켜보던 아난다 비구가 '후계자 문제'를 제기하였다.
이때 붓다께서 단호히 선언하신다.

> "아난다여, 나는 지도자가 아니다.
> 나는 승단의 지도자가 아니다. …
> 그대들은 자기 자신을 등불 삼고
> 자기 자신에게 귀의하라.
> 남에게 귀의하지 말라. …"
> ─ 디가니까야 16, 「대반열반경」 2, 2526 ─

무슨 자리 물려주고 물려받고~,

이런 것은 붓다의 역사에는 없는 것이다.

불교는 어떤 권위도 인정하지 아니한다.

불교는 어떤 권위주의, 세습주의世襲主義도 조작하지 아니한다.

권위 내세우고 세습 조작해내면 이미 불교 아니다.

이런 짓 하면 망하고 만다.

2) 불교중흥운동의 좌절~, 그 조건들~

가) 첫째, 각목싸움이다

1970~80년대의 중흥운동~,

천재일우千載一遇~, 기세당당했던 불교중흥운동~,

만인견성의 시민불교운동~,

붓다 빠리사(Buddha-parisā) 운동~

그러나 좌절했다. 그 왕성했던 기운 다 꺾이고 무너지고 말았다.

지금 절에 사람들이 오지 않는다. 조계사 등 몇몇 유명사찰 빼고는 생계를 염려할 정도로 한적하다.

절에 넘치던 아이들 웃음소리 끊긴 지 오래다. 산문山門을 뜨겁게 달구던 청년 대학생들~, 발길 끊긴 지 오래다. 어린이회 학생회~, 들어본 지 오래다.

재가단체~, 몇몇 이름만 지키고 있을 뿐~, 다 사라졌다. 우후죽순처럼 도처에서 열정에 불타던 재가 지도자들~, 다 사라졌다.

찬불가 떼창~, 어디서도 들을 수가 없다.

불교가 더 이상 시민들 동포들의 안식처가 되지 못한다. 그래서 끝없이 끝없이 떠나가고 있다. 새로운 안식처를 찾아서 시민들 동포들이 썰물처럼 떠나가고 있다.

무엇 때문일까?

중흥운동~, 좌절의 원인~, 무엇일까?

시민들 동포들이 썰물처럼 떠나가는 이유~, 무엇일까?

첫째, 각목싸움이다.

1970~90년대~,

조계사 총무원을 무대로 벌어졌던 여러 차례의 각목싸움~,

일찍이 볼 수 없었던 희대稀代의 결투~, 출가승들의 권력투쟁~,

중흥의 기운을 무참하게 꺾어버린 결정적 조건이다.

전 국민이 실망하고 외면하고, 불교도들이 절망하고 무너지고, 우리 청보리들도 기운이 꺾이고 말았다.

'부처님께로 오세요.'~,

힘이 빠져서 더 이상 이렇게 외칠 수가 없었다.

나) 둘째, 출가우월주의다

제도화되고 구조화된 출가우월주의~

이것이 불교도들의 자발적 동기를 다 꺾어버리고 말았다.

각목시대가 끝나고 종단이 안정기로 접어들면서, 이 출가우월주의가 구조적으로 뿌리내려 간 것이다. 출가승들은 출가승들의 우월적 권위를 확립하는 것으로써 종단안정을 삼았다. 이것은 곧 재가지배로 나타났다. 대불청 대불련 등 모든 재가단체들을 종단에 종속시키고 출가승들이 우두머리를 독점해갔다. 권위를 내세우고 권위주의를 조작해갔다.

'대종사' '대선사' '대화상' '대법사'~,

언제부터인가 출가승들이 '대大' 자에 집착한다.

도처에 '큰스님' '큰스님'이다. 그러면서 이 '대大' 자가 고려시대 불교가 왕족들 귀족들의 지배종교가 되고 출가승들이 관료가 되어서 국왕으로부터 벼슬을 받고 민중 위에 군림하는 승관僧官제도의 악습이란 사실도 모르고 있다. 이 악습 때문에 고려 망하고 불교 망하고 천민賤民으로 전락했다는 사실도 모르고 있다.

그래서 그들은 권위를 내세우면서 재가를 지배하려 한다. 고려시대 승관僧官들~, 벼슬하는 승려들의 흉내를 내고 있다. 그 단적인 사례가 '불교여성개발원 사건'이다. 말 안 듣는다고 종단에서 내쫓아버렸다. 이것은 불교의 본질을 부정하는 것이고, 불교의 오랜 전통을 파괴하는 악작惡作이다. '부처님도 둘러앉는 빠리사(Parisā)'의 아름다운 미풍양속美風良俗을 짓밟아버리는 것이다.

'출가우월~, 재가지배'

이것은 불교가 아니다.

외도外道도 못 된다.

마라(Māra)들~, 마구니들〔魔群〕짓이다.

부처님도 '지도자'가 아닌데,

붓다 석가모니도 돌아가시는 날까지 스스로 발우 들고 맨발로 걷고 걷는 작고 가난한 수행자에 불과한데~,

이것이 불교의 본질, 깨달음의 본질인데~,

누가 감히 '대大' 자 내걸고, '지배자'가 되겠다는 것인가?

떠받들어 추앙받는 '지배자'가 되겠다는 것인가?

삼배三拜 받겠다고 거창하게 나오는 것인가?

'삼보三寶'를 팔면서 섬김 받겠다고 나오는 것인가?

이것은 근본적으로 수행 안 하기 때문이다.

출가든~, 재가든~, 부처님도 모르고, 깨달음도 모르고,

사띠(Sati)도 모르고, 빠리사(Parisā)도 모르고~,

수행하지 않으면서 '대大' 자 내세우고,

'삼보三寶' '승보僧寶' 내세워서

이득과 존경, 명성을 탐하기 때문이다.

바로 '마구니〔魔群, Māra〕의 낚싯바늘'에 걸려든 것이다.

그래서 이것은 '마구니들 짓'이다.

가난한 수행자로 걷고 걸을 때,

동포들 섬기고 동포들 고통의 현장으로 들어갈 때,

비로소 '삼보三寶'고 '승보僧寶'다.

'삼보' '승보'는 섬김 받는 자리가 아니라 동포들 섬기는 자리다.

붓다께서 엄하게 경책하신다.

〔합 송〕

허리 곧게 펴고 합장하고

함께 외우면서 깊이 깊이 새긴다.

(목탁/죽비~)

"수행자들이여, 이득과 존경과 명성은 무섭고 혹독하고 고약한 것이다.

그것은 속박에서 벗어난 위없는 열반을 얻는 데 방해물이 된다.

수행자들이여, 예를 들면 낚시꾼이 미끼가 달린 낚싯바늘을 깊은 물속에 던지면, 미끼를 발견한 물고기가 그것을 삼키는 것과 같다. 그러면 낚시꾼의 낚싯바늘을 삼킨 그 물고기는 곤경에 처하고 재난에 처하게 되며, 낚시꾼은 자기가 하고자 하는 대로 할 수 있게 된다.

수행자들이여, 여기서 낚시꾼은 마라 빠삐만(Māra Pāpiman, 惡魔)을 두고 한 말이고, 낚싯바늘은 이득과 존경, 명성을 두고 한 말이다."

— 상윳따니까야 17, 2 「낚싯바늘의 경/Balisasutta 3」 —

3) 희망의 출구를 찾아서~, 지금도 우리 청보리는 걷고 있다

가) 유랑의 시절~, 그래도 '붓다 빠리사'는 계속된다

1990년~, 쉰세 살~,

청보리는 창신동 청룡사를 떠났다.

1976년부터 15년간 정들고 꿈이 서린 청룡사를 떠난 것이다.

여러 가지 사정이 겹쳐서 더 이상 머물기가 어렵게 된 것이다.

1990년~, 안암동에 있는 동국대 기숙사 '기원학사'~,

1992년~, 보문동 '보문사' 작은 법당~,

1992년~, '여의도포교원'~,

이렇게 전전하면서도 쉬지 않고 청보리 학생회 청년회 법회를 이어갔다.

1992년~, 독립하기로 방침을 정하고 모금운동을 벌였다. 회원들 열정으로 금세 8천여 만 원이 모금되었다. 바로 신사동 신사역 근처 2층 공간을 세내서 '청보리정토원'을 차렸다. 새 불상도 조성하고, 석명룡 화가가 제작한 탱화도 모시고~, 박상륜 법사가 원장을 맡아서 살림을 보살폈다. 박상륜 법사는 군법사로 있다가 교통사고로 다리를 크게 다쳐서 몸이 불편했지만, 청보리와의 깊은 인연으로(동덕불교 3세 이을섭과 부부) 한 가족이 된 것이다.

그 후 얼마 뒤~,

정토원을 접고, 남산 충정사忠正寺로 옮겼다.

여기에 정착하면서 우리는 안정을 되찾았다.

매주 토요일 학생법회~, 청년회 법회를 꼬박꼬박 열고 공부했다.

2010년~,

우리는 남산기슭 장충동 '우리는선우' 법당으로 옮겼다.

법회 때마다 10만 원씩 사용료를 내기로 했다.

내가 오랫동안 선우의 상임법사로 설법하고 스터디 모임을 운영해
온 인연 때문에, 내집 같이 편하게 느껴졌다.

이때부터 우리는 매월 1회씩 월례법회로 전환했다.

매월 둘째 주 일요일 11시에 모여서 예불 올리고, 둘러앉아 사띠
(Sati) 수행하고 간단 법문 하고, 토론하고 수다 떠는 빠리사 방식으
로 진행했다.

청보리 이, 삼십여 명이 모여 거룩하게 법회를 열고 있다.

육십, 칠십 고개를 바라보는 청보리들이 장성한 아들딸들과 함께
오고, 삼, 사십대 청보리들은 어린 아기를 안고 온다.

총무 김혜경의 남편 정만호 거사는 '청보리 부총무'다. 스스로 '나
는 청보리 5기다'~, 하고 자처하면서, 궂은 일 다 맡아하고 있다.

나) 가슴 아픈 사연들~, 그리운 우리 청보리들

청보리 역사 반백년~,

수천수만의 남녀 청보리들~,

이 과정에서 가슴 아픈 사연들도 많이 있었다.

자식 같은 아이들이 한창 나이에 세상인연 다하여 새 생명의 길로
떠나갔다.

한경희

동덕불교 8세~,

1978년 초~, 이화여대 미술과 1학년 신입생으로 입학했다.

동덕 재학 때 불교반에서 포스터 그리기는 언제나 경희 차지였다.

그해 7월~, 화성 용주사 정무 스님 계시는 곳으로 수련대회를 갔
다. 경희가 지도간사를 맡았다. 후배들을 깊은 사랑으로 돌보고 다
듬었다.

며칠 뒤~, 집에서 아침뉴스를 보는데 청천벽력~,

경희가 강릉 앞바다로 가족 피서 갔다가 파도에 휩쓸려 변을 당했
다. 언니와 함께 먼저 가고 말았다.

'아아~,

어떻게 이런 일이~'

지금도 그때의 아픔~, 상실감~, 잊을 수 없다.

착하고 열정적인 보살 우리 경희~,

사십구재 때 경희 자매 영정 앞에 서서 말했다.

'경희야, 잘 다녀오너라.

너는 부처님의 착한 딸이니까

곧 빛나는 보살몸으로 돌아올 것이다.

경희야, 친구들과 함께 기다리고 있을게~'

경희는 지금

어느 하늘 밑에선가

더 멋있게 보살로 살고 있을 것이다.

최난실

동덕불교 16세~, 1986년 동덕여대 입학~,

대학 다니면서 청보리 8기로 열심히 공부했다.

졸업 후 네덜란드 남자와 결혼해서 그 나라로 가서 시가 부모님 모시고 살았다. 그러다가 난치병에 걸려 돌아왔다.

난실이가 충정사 법회날 찾아와 늙은 선생의 손을 잡고 말했다.

"선생님, 저는 오래 못살아요.

저를 예산 수덕사 뒷산에 뿌려주세요.

학생회 때 수련 갔던 수덕사 뒷산 부처님 곁에 있고 싶어요.

선생님, 슬퍼하지 마세요.

저는 저 세상 가서도 부처님 곁에 있을 겁니다."

김명숙

동덕불교,

고려대 의과대학을 졸업하고 의사가 돼서 서울시내 유명한 정신과 병원에서 근무하였다. 학생회 때 품은 불교공부에 대한 열정을 버리지 못하고, 늦게 동국대대학원 불교학과로 진학해서 원효元曉사상 연구로 석사학위를 받았다.

어느 날 인사동 한 식당에서 명숙이를 만났다.

"선생님~,

선생님 덕택으로 불교를 만나게 돼서 참 행복해요. 저는 원효대사를 연구해서 꼭 박사학위를 받고 싶어요. 이 나라 지식인들에게 우리 불교의 위대한 사상을 알리고 싶습니다. 그래서 학교 때의 꿈 꼭 이루고 싶습니다."

얼마 뒤 갑상선암에 걸렸다. 의사로서도 어쩌지 못하고 훌쩍 떠났다. 아무리 '다시 온다' 하지만, 금생의 우리불교가 급하고 급한데~, 너무도 가슴 아프고 허망하다.

수유리 보광사에서 49재 올릴 때, 나는 명숙이 앞에 서서 기도했다.

'명숙아~, 얼마나 고통스러웠냐.

부처님 품속에서 편히 쉬었다가 어서 돌아오너라.

많은 사람들이 너를 기다리고 있다.~'

조영선 선우

청룡사 청년회 1기~, 중증 장애자~,

잘 걷지도 못하고, 그러면서도 열심히 공부하여 '선우'가 되었다.

충정사 법회 때~, 신장까지 나빠져서 주머니를 달고 다녔다. 그러다가 신장 때문에 몸이 망가져 혈액투석을 받게 되고, 십여 년 만에 이빨이 모두 못쓰게 되었다.

이 소식을 듣고 청보리들은 '조영선 선우 돕기 기도회'를 열고 의치義齒해 넣을 성금을 모아서 법회 때 성금을 전달했다. 그날 밤, 영선이는 떠나고 말았다.

청보리들이 49재를 지내는 자리에서 영선이 어머니가 말씀하셨다.

"우리 영선이가 잠들면서 청보리들이 모금했다고 그렇게 기뻐했습니다."

정종우

대원학생회 열성 멤버

2022년~, 먼저 갔다.

떠나기 몇 달 전, 내게 전화를 했다.

"법사님~,

서울살이 청산하고 시골 고향으로 내려갑니다.

새 인생을 살고 싶습니다."

그리고 몇 달 뒤 떠나고 말았다.

시골 갈 때 이미 병이 깊었던 것일까?

박상륜 법사

동국대 불교학과~, 군법사~,

심지心地가 깊고 의지가 강하고 정직했다. 청보리정토원 원장을 맡아 동분서주하면서 힘을 기울였다. 한창 일할 나이에 먼저 갔다. 청보리와 함께하려던 평생의 소원 잠시 접어두고 서쪽나라 부처님 정토로 떠나갔다.

이효선

1981년 고1입학~, 청보리 6기期~.

학교에서 반장도 맡고 심지心地가 굳어 친구들의 신망이 두터웠다. 수련대회 가서도 어려운 수행을 앞장서 해내고 힘든 과업을 자발적으로 해내는 열성 보살이다. 청룡사 법회에서도 중심이 되었다. 2023년~, 효선이가 먼저 갔다. 아이들 남겨놓고~.

고영애 김계옥 하원 병진이 …

알게 모르게 많은 아이들이 떠나갔다.

매일 아침 정진할 때,

나는 아이들 하나하나 이름 부르면서,

그 모습 눈앞에 지켜보면서, 축원하고 있다.

2편 〔동덕불교-청보리 시절〕

"사랑하는 청보리들

우리 빛나는 보살몸으로

다시 만나리~,

무량수 무량광無量壽 無量光~,

생명은 무한한 것~,

여기서나 저기서나~,

금생이나 내생이나~,

우리는 부처님 광명 속에 함께 있는 것~."

다) 2020년 12월~, 고요하고 장엄한 동덕-청보리 회향법회

2020년 12월~, 여든세 살~,
남산 기슭 '우리는선우' 법당~,
동덕 청보리 회향법회가 열렸다.
1970~2020년~, 50년 역사 막을 내리는 장엄한 순간~

30여 명의 대중들이 둘러앉았다.
1970년 2백여 명이 모여 창립하고, 꿈으로 열정으로 내달리던 하얀 칼라의 십대 소녀 소년들~,
이제 6, 70대의 성숙한 선남선녀善男善女들이 되어서 마지막 법회를 열고 있는 것이다. 활활 불꽃처럼 타 오르다 인연 다하여 고요히 소멸돼 가는 것이다.

'몸은 비록 이 자리에서 헤어지지만
마음은 언제라도 변하지 마세~'

마지막으로
둘러서서 서로 손을 잡고 이렇게 산회가를 불렀다.
그리고 큰 소리로 외쳤다.

'우리도 부처님같이~,
만세~, 얼쑤~'

동덕 청보리 50년~,
청보리들은 평생가족으로 살아왔다.
오십여 년, 사십여 년, 삼십여 년, 이십여 년~
청보리들은 생애에 걸쳐, 세대에 걸쳐 한 가족으로 살아왔다.
인연 따라 훨훨 많이들 떠나갔지만, 그래도 남아 있는 사람들은 따
뜻한 가족 사랑으로 하루도 빠짐없이 옛터를 지켜왔다.

라) 생애를 넘어, 생사를 넘어~, 우리는 '영원한 Buddha-messenger'

청보리 50년
만여 명의 청보리들이 탄생했다.
이 청보리들은 꽃씨처럼 바람 타고 훨훨 날아다니며 인연 따라 이
나라 방방곡곡 푸르른 보리씨앗을 전파하고 있다.

청보리 50년의 고요한 회향

한국불교 중흥의 '작은 등불들'이 되어 소리 없이 타오르고 있다.

'작은 등불 하나~,

세상을 밝히는 작은 등불 하나'~

이 등불~,

지금도 이 세상 구석구석 비추며 타오르고 있다.

순수열정 하나로 외롭게 의義롭게 타오르며

이 세상 어둔 곳을 찾아 비추고 있다.

그러면서 낡은 수레처럼 허물어져가고 있다.

우리 청보리들은 지금 이 모습~, 담담하게 지켜보고 있다.

우리가 모두 부처님 은혜 가운데

더불어 한 생명으로 굽이쳐 흘러가며

다함없는 사랑과 헌신의 열정으로

죽어도 죽지 아니하는

'불사(不死, Amata/아마따)의 도리'를 지켜보고 있다.

「죽지 않아요, 죽지 않아요,

부처님 따르는 보살들은

죽는 것 가운데서도 죽지 아니하고

빛나는 보살몸~, 새 생명으로 다시 돌아와요.」

Buddha-Messenger

우리 청보리는 '붓다 메신저(Buddha-messenger)'~,

생애를 넘어, 생사를 넘어

우리는 '영원한 붓다 메신저'~,

붓다의 법을 전파하는 붓다의 사자使者들~,

여래사如來使~, 여래의 사자使者들~,

'만인견성-시민불교'의 개척을 위하여 신명을 바치는 붓다의 전사
들~,

무대도 사라지고 사람들도 떠나갔지만

이 소박한 '청보리의 꿈'은 지금도 계속되고 있다.

조명도 거의 꺼지고 박수 함성도 사라진 지 이미 오래지만

이 소박하고 순순한 'Buddha-messenger의 열정'은 지금도 여전
히 계속되고 있다.

불교계의 현실이 절망적이어도, 수많은 사람들이 떠나가도, 우리는 다만 이 길 걷고 있다.

희망의 출구를 찾아서~, 지금도 우리 청보리는 다만 걷고 걷는다.

그리고 내생에 다시 와서 또 이 길 함께 걸을 것이다.

이 사바의 땅~, 동포들 시민들~, 고통의 현장으로 다시 돌아와서 작은 것 하나라도 나누고 섬기면서 사바정토娑婆淨土의 길 걷고 걸을 것이다.

'붓다의 시대'~, '붓다의 불교'를 열어갈 것이다.

'만인견성-시민불교'의 시대'를 향하여 걷고 걸을 것이다.

마음 텅~ 비우고 지켜보면,

우리는 함께 살아가는 불사不死의 생명들~,

과거 현재 미래~, 여기서나 저기서나~,

함께 어깨동무 하고 걷고 걷는 무한 생명들~,

새 생명의 길이 환~하게 열려온다.

〔합 송 ;「광명진언光明眞言」〕

허리 곧게 펴고 호흡 들이쉬고 내쉬면서

광명진언光明眞言 고요히 함께 외운다.

「광명찬란 광명찬란

불성광명이 눈앞에 찬란하다.

일체 우울은 사라지고

새 생명의 길이 환~하게 열려온다.

모든 생명들이여 부디 행복하소서,

사랑하는 사람들이여 부디 행복하소서,

우리 빛나는 보살몸으로 다시 만나요.

나무 석가모니불

우리도 부처님같이~,

만세~, 얼쑤~, 훨훨 얼쑤~」

3편 〔붓다-빠리사 시절〕

원력탄생-원생願生~,

원력으로 살고 원력으로 돌아온다

죽지 않아요, 죽지 않아요

8장

[만인견성-만인불사]

'죽지 않아요 죽지 않아요'~,
아픔 속에서 만난 불사不死의 소식

1. 33년 동덕의 꿈을 접고~, 안성 도피안사로 들어오다

1) 배우고 가르치고, 늦깎이 불교학박사도 되고

가) 동국대 대학원에서 김동화 박사님한테서 배우다

1974년 3월 초~, 서른일곱 살~,

나는 동국대학교 대학원 불교학과에 입학했다.

차일피일 용기를 못 내고 있었는데, 마침 좋은 기회가 왔다. 어떤 계기로 그때 동국재단 상임이사로 계시던 오법안 스님과 인연이 된 것이다. 법안 스님은 통이 크고 시원시원 성품으로 쉽게 친해질 수 있었다. 스님이 대학원 진학의 길을 열어주신 것이다.

법안 스님이 적극 권고하셨다.

"등록금 전액 장학생으로, 늦기 전에 공부하세요."

입학시험을 보고 3년 장학생으로 등록하였다.
수업은 일주일 두 번씩~, 주로 김동화 박사님한테서 배웠다. 박사
님 연구실에 모여서 공부하고 발표하고 했다.
'초기불교'를 비롯하여 '구사론' '부파불교' '대승불교' '교리발달사'
'원전강독' 등 불교 전 분야를 거의 망라하다시피 해서 정성껏 가르
치시고 열성을 다하여 배웠다. 우이동에서 사찰을 경영하고 있는
박상문 거사, 조계종의 암도 스님 등이 함께 공부한 동기생이다.

김동화金東華 박사님~,
한국현대불교학을 체계적으로 정리하신 석학碩學이시다.
빛바랜 『불교학개론佛敎學槪論』(1980년판)은 지금도 머리맡에 두고
찾아보고 있다. 이런 스승 밑에서 배운 것이 참 행운이고 자랑이다.

홍정식洪庭植 박사님한테서 법화사상法華思想을 배웠다.
장원규張元奎 박사님한테서 화엄사상華嚴思想을 배웠다.
김영태金煐泰 박사님한테서 한국불교사韓國佛敎史를 배웠다.
김영태 박사님과는 이때 인연으로 그 이후 두고두고 가까이 하고
가르침을 받아 왔다. '한국이 부처님께서 상주하셨던 진짜 불국토'
라는 '진불국토眞佛國土 사상'은 한국불교의 정통성과 긍지를 드높
인 빛나는 논술이다.

1980학년도~,

석사碩士학위를 받았다.

「韓龍雲 華嚴思想의 實踐的 展開考」

이것이 석사학위논문 제목이다.

홍정식 박사님이 지도교수이시고, 목정배 교수님이 많은 조언을 해 주셨다. 깊이 감사드립니다.

대학원 3년 전 과정 수료하고 논문을 쓰지 못하고 있다가, 1979년~, 친구 김용조의 주선으로 한국외국어대학교 교양국사 강사로 1년 동안 나가면서 학위가 필요하게 돼서 서둘러 논문을 써냈다. 한용운 스님이 편찬해낸 『불교대전佛敎大典』의 수록 경전들을 분석해서 스님의 생각과 독립운동이 화엄사상에 기초하고 있다는 사실을 밝혀내는 작업이다.

나) 동방불교대학 교수로 40년~, 나는 지금도 현역이다

1984년 3월~, 마흔일곱 살~,

내가 동덕여고에서 한창 근무하고 있을 때~,

인연이 닿아서 동방불교대東邦佛敎大로 처음 강의하러 나갔다.

2024년~,

지금 현재까지 만40여 년~,

나는 지금도 현역現役이다.

동방대 교수로 '현대포교론'을 가르치고 있다.

몇 년 전부터 코로나 때문에 대면對面강의는 못하고 영상강의를 하고, 동방대 교학처에서 매년 영상강의비를 챙겨 보내주고 있다. 며칠 전에도 이번 학기 강의비를 받았다. 잊고 있다가 횡재한 기분이다. 현재 상진 스님이 학장이고 월호 스님이 교학처장이다.

동방불교대학은 태고종 종립宗立이다.
태고종에서 설립한 유일한 지도자 교육기관으로, 이 대학을 졸업해야 태고종 승려로 인정된다. 2년 과정으로 불교학과와 승가과가 중심이고 미술학과, 역경학과도 한때 운영하였다. 이 인연으로 매년 순천 선암사에서 열리는 태고종 출가교육에 여러 차례 강의를 맡아 해왔다. 절 화장실 문에 '뒷깐'이라고 써 붙인 팻말이 인상적이었다.
처음 강의 나갈 때는 학교가 중곡동에 있었는데, 그 후 성북동 총무원 건물로 옮겨서 오래 있었고, 다시 은평구 봉원사 밑의 단독 2층 건물로 옮겨서 오래 있었다. 현재 안국동 태고종 총무원 건물에 함께 있다.

동방불교대 교수 40년~,
3천여 명의 출가 재가의 학인學人들을 가르쳤다.
그래서 전국 어딜 가나 제자들을 만난다.

"제가 동방대에서 배운 제자입니다."

기억나는 학인들~,

여기 한번 기록해본다.

계현스님 도일스님 의덕스님 자륜스님 정원스님

원산스님 해동스님 혜림스님 혜묵스님 혜민스님

묘령스님 법승스님 선묘스님 지광스님 진성스님

김석란~ 법연스님 김재기~ 지경스님

제주 비구니스님 산청 비구니스님 하동 비구니스님 …

수많은 인연들~,

좋은 친구들도 많이 만났다.

웬만한 불교학자들은 다 동방대 강의 나와서 만났다.

건국대 사학과 교수 출신으로 출가한 이영무 박사

나의 박사학위논문 지도교수 주명철 박사

인도유학 하고 돌아온 초기불교의 조준호 박사

불교의식 전문 만춘 스님

범패 전문 해사 스님

상진 스님 (현재 동방불교대 학장)

'우리는선우'의 도반 이혜숙 박사

그리고 교학처장을 지낸 홍성복 거사와 하춘생 박사 ….

하춘생 박사는 이때 맺은 인연으로 지금까지 왕래하고 있다.

지금 동국대 경영대학원 교수로 사찰경영자 과정을 주관하면서, 일 년 한 번씩 내게 초청강의를 청하고 있다. 하 박사는 불교언론인 출신으로 정의감이 강하고, 한국불교의 문제점과 그 개혁의 방향에 새로운 문제의식을 갖고 있다. 보다 큰 역할이 기대되는 우리시대 불교의 현역現役이다.

'10분 설법~,
10분 설법대회'~

이것이 동방대 40여 년의 하리라이트(high light)다.
나는 강의 처음부터 '10분 설법 모델'을 제시하고, 설법과제를 부여하고, 중간발표와 평가회를 열고, 12월 졸업에 앞서 '10분 설법대회'를 개최해왔다. 우승자에게는 종정상을 수여하였다.

'10분 설법~,
10분으로 무슨 설법을 하나?
인사말도 못하겠네~'

10분이면 족하다.
아니~, 10분이어야 한다.
10분~, 최대 20분~, 이것이 설법의 기본이다.
이것 넘으면 이미 설법 아니다. 잡설雜說이다.
대중들이 다 졸고, '빨리 끝났으면'~, 몸부림치고 있다.

3편 〔붓다-빠리사 시절〕

법사 혼자 모르고 있을 뿐~, 자기도취에 빠져서 모르고 있을 뿐~.
한 번 설법에 딱 한 가지 주제만 말하는 것~,
구체적인 사례를 통해서 말하는 것~, 이것이 설법의 원칙이다.
'불교가 무엇인가?' '깨달음이 무엇인가?'~,
팔만사천법문 두루 왔다갔다 하다가 다 망치는 것이다.

다) 늦깎이 '불교학박사'~, 책도 내고 상도 타고~

2010년 2월 19일
일흔세 살~, 만 나이 일흔한 살~,
박사학위를 받았다. 늦깎이도 보통 늦깎이가 아니다.
동방문화대학원대학교 불교학박사 1호다.
3년 장학생으로, 딱 한 번 결석하고 열심히 다녔다. 경북 경산 원효
사의 해종 스님, 숙명여대 출신의 김화미 보살 등이 동기다.
식장에는 가족들도 오고, 서울사대 역사과 동문인 조카 영애도 오
고, 또 남지심 보살님도 귀한 걸음을 하셔서 축하해주셨다.

2009년 12월~,
논문심사위원회도 열려서 장시간 토론도 거쳤다.

심사위원장 박경준 교수
심사위원 임승택 교수
황순일 교수

백원기 교수

지도교수 겸 심사위원 주명철 교수

「초기불교의 사회적 실천에 관한 연구」

이것이 학위논문의 주제다.

초기불교의 실천의 문제를 단순히 교리적인 측면이나 이벤트적 (event的)인 일회성의 사건으로 보지 않고, 인도사회의 역사적·민중적 상황 속에서 이 문제를 관찰하려는 문제의식으로 접근하였다. 일반사—般史를 전제로 불교를 보는 실증적 접근방법으로 관찰하려는 것이다. 내가 학부에서 사학史學을 공부했던 것이 큰 도움이 되었다.

불교학자들이 대개 불교 속에 빠져 있다.

불교밖에는 모르고, 불교를 사회적 상황에서~, 사회적·시대적 상황에서 보지 못하는 경향이 심하다.

불교는 붓다 석가모니의 고뇌와 독창적 작품이기 이전에, 시대적 모순 속에서 구원을 갈망하는 민중들의 절박한 요구라는 사실, 또 이들 인도 민중들 시민들과의 연대의 산물이라는 역사적 사실~, 이런 역사적 상황을 보지 못하기 때문에, 사회적 실천의 문제도 교리로만 접근하려는 편협성偏狹性과 허구적 관념성觀念性을 벗어나지 못하고 있다. 따라서 마냥 '마음' '일심—心' '자성自性'만 찾고 앉아서 아라한 되고 한소식 하고 나서 동포들 구제한다고 헛된 망상에 빠져 있다. 나는 사회적 실천의 문제를 깨달음 이전의 시대적 상황의 문제로~, 사회의식의 문제로 인식하면서 논리를 전개하고, 마지막으로 우리시대의 사회적 실천의 문제를 비판적으로 관찰하였다.

「지금 한국불교는 안팎으로 심각하고 현실적인 곤경에 직면하고 있다. 초기불교의 사회적 실천에 관한 이 연구에 입각하며 판단할 때, 이러한 곤경들은 기본적으로 사회의식의 결여에서 초래된 것이다. 오늘의 불교가 초기불교와 다른 점, 오늘 불교도들의 수행이 초기대중들의 수행과 다른 점, 우리시대 불교의 깨달음이 초기불교의 깨달음과 다른 점~, 이것은 곧 사회의식의 결여이다. 지금 불교도에게는 붓다 같은 캇띠야적(khattiya的) 항마의식降魔意識도 없고, 벌판을 달리며 목숨 걸고 개척해가는 상인적商人的 도전의식挑戰意識도 없는 것으로 보인다. 이런 치열한 사회의식이 없기 때문에, 오늘의 우리 불교는 거대한 관념주의觀念主義의 늪에 깊이 매몰되어 있다. 화려한 수사修辭나 개념적 논리, 신비한 수행만 난무할 뿐, 눈앞의 난제들과 대면하는 야성野性-야성적野性的 개척정신도 없고 문제해결 능력도 없다. 사회의식이 없기 때문에 깨닫는 이들도 드물거니와, "깨달았다" 해도 이 세상의 변화에 거의 아무런 도움이 되지 못한다. 이 사회의 대중적 시민적 고통 속에 뛰어들어 피땀 흘리며 헌신하는 이가 드물기 때문이다. …」

—『초기불교의 사회적 실천』(2012년, 민족사) p.423.

2012년 2월~,

내 학위논문이 출판되었다. 민족사에서 『초기불교의 사회적 실천』이란 제목으로 출판한 것이다.

출판사 윤창화 대표의 배려와 노고가 컸다. 책이 세상에 나가면서 상복賞福도 뒤따랐다. 대한불교진흥원에서 제7회 원효학술상으로 선정되었다. 조성택 교수의 저서와 함께 우수논문상을 받게 된 것이다. '최우수'가 없는 최고상으로 상금도 받았다. 또 뜻밖에 '청호사회복지재단'이란 곳으로부터 최우수논문상과 상금을 받았다.

그 해 12월~,

조계종에서 뽑는 '올해의 불서'에 내 논문이 대상大賞으로 선정되었다. 조계사 공연장에서 성대하게 시상식도 열렸다. 상금도 5백만원 받아서 출판사와 사이좋게 반분했다.

2) 우리 집사람 먼저 떠나보내고

가) 월계동 삼창아파트~, 가족들의 소소한 행복

김송자金松子~,

상생화上生華 보살~,

우리 집사람~, 세 아이들 엄마~,

용근 성근 보현~,

집사람은 아이들 셋을 낳아 키우느라 정신이 없었다.

집사람은 활발하고 사람들 잘 사귀고 경제관념도 강했다.

어떻게 하든 '한번 잘 살아보겠다'고 이리저리 애를 썼다. 내가 벌어다주는 봉급으로는 애들 키우고 할 수가 없어서 더욱 그랬던 것이다. 그때만 해도 교사봉급이 형편없었다. 몇 년 동안 전세방~, 전셋집을 전전하다가, 월계동 삼창아파트를 사서 들어갔다. 은행의 주택담보로 상당한 부채를 안고 들어간 것이다.

월계동 삼창아파트 B동 509호~,
방 세 개짜리~, 광운대학교가 바로 옆에 있었다.
주말이면 가족들이 다 모여서 외식도 하고~, 태능泰陵으로 가서 돼지갈비 먹던 생각이 난다. 집사람이 음식도 잘했다. 창원 구산면 난포 바닷가에서 자라고 마산에서 학교 다니고 해서 생선회를 특히 잘했고, 가지나물도 맛있게 잘 만들었다. 지금까지 그런 가지나물 만나보지를 못했다.

저녁 먹고 큰 방에 누워서 집사람과 함께 곧잘 노래를 부르곤 한다.
집사람도 노래 잘하고, 나도 한가락 한다.
집사람 십팔번은 '칠갑산'~, 애절하게 잘도 넘긴다.
내 십팔번은 '봄날은 간다'~, '부초'도 잘 부른다.
이렇게 부부노래방은 밤늦도록 계속된다.

이즈음 집사람이 도선사를 열심히 다녔다.
나와 아이들 삼형제는 청룡사의 청보리법회 열심히 나가고,
집사람은 우이동 도선사를 열심히 나가고~,

그때 도선사에 청담 스님이 계실 때인데, 한번은 집사람이 보현이를 업고 걸어서 절로 올라가는 걸 보고, 청담 스님께서 자기 차에 태워주셨다고~, 늘 감사해 했다.

가정폭력, 폭언~,
이런 건 상상도 못한다.
내가 자랄 때도 이런 모습 보질 못했고, 커서도 보질 못했다.
아이들이 지나치게 장난치거나 약속을 어기거나 잘못을 저지르면, 단체기합을 받는다. 해병대식이다. 마루에 한 줄로 앉아서 입정을 하고 몸을 좌우로 가볍게 흔들면서 함께 외운다.

'반성 반성 반성~'

이것이 전부다.
이것이 단체기합의 전부다.
더 이상 없다.
지금 생각해도 웃음이 난다.

나) 발병發病~, 여의도 성모병원으로~,

1993년~, 쉰여섯 살~,
월계동 삼창아파트 509호를 팔고 안산으로 옮겼다. 안산 상록수 신안아파트 B동 502호를 사서 이사 갔다. 서울보다는 집값이 싸서 은행대출도 많이 가벼워졌다.

이참에 결혼해서 분가해 살던 용근이 가족들도 불러들여서 함께 살게 되었다. 용근이는 동국산업 과장으로 진급하고, 성근이는 제일기획에 다녔는데, 이때 방을 얻어서 독립해 나갔다. 보현이는 늦깎이라 아직 연세대 공과대에 다니고 있었다. 1995년 여름~, 보현이도 결혼해서 분가해 나갔다. 집사람도 안정된 일상을 살고 있었다. 에스페로 승용차를 몰고 서울 친구들 만나러 오가곤 했다. 나는 타고난 겁쟁이라 운전대도 못 잡아봤지만, 집사람은 운전도 잘했다. 집에서 쉴 때는 우리 내외가 넓은 거실 소파에서 한 살짜리 손주 문수(태건으로 개명)를 데리고 노는 게 큰 낙樂이었다. 누워서 아기를 배 위에 올려놓고 어르곤 했다.

1995년 7월경~, 집에서 쉬는 날~,
갑자기 집사람 입에서 출혈이 있었다. 얼른 동네병원으로 달려갔다.

"빈혈입니다. 큰 병원 가야 합니다."

수원 성빈센트병원에 갔더니, '재생불량성 빈혈'이라고 진단이 나왔다. 바로 여의도 성모병원으로 옮겼다. 한치화 선생이 주치의다. 몸속의 피를 응고시키는 혈소판이 파괴되면서 출혈이 나타나고 백혈구가 급속히 감소되면서 몸의 저항력이 약화되고 감염 위험이 높아지는 증상이다. 치료가 어려워서 암보다 더 무섭다고 주변에서 얘기들 했다. 우선 통원치료를 받다가 상태가 악화돼서 일반실로 입원했다. 이것이 1995년 8월경이다.

주치의의 판단으로 지금 실험단계에 있는 특별한 항체치료를 받기로 했다. 한치화 선생 말로는 '안전하다'고 한다. 우리는 그대로 믿고 따랐다. 정기적으로 혈관주사를 통해서 새 항체를 주입받았다. 주사 맞고 나면 집사람이 매우 힘들어했다. 항암주사 후유증 같은 것인 줄 알았다.

시간이 갈수록 문제가 나타났다.

제일 큰 문제가 백혈구의 급격한 감소다.

혈소판도 줄어들고 백혈구가 감소되면서 사람이 무력無力해지고 감염에 노출되었다. 얼마 후 일반실에서 격리실로 옮겼다. 병실의 침대도 비닐로 완전히 차단돼 있고, 보호자가 출입할 때도 소독실에서 공기소독을 하고 들어간다. 마스크는 말할 것도 없다.

여의도 성모병원 격리실~,

나는 거의 매일 퇴근 후 병실로 가서 간병했다.

집사람 옆에 작은 침대를 놓고 대화도 나누고 작은 심부름도 하고 화장실 갈 때 링겔병 거치대 끌고 따라가고~, 식사 오면 찾아와서 침대 위 받침대에 차려놓고~, 나는 주변 식당에 가서 이것저것 사서 요기를 하고~, 밤에는 작은 침대에서 쪼그리고 자면서 집사람 지켜보고~, 아침이면 대충 챙겨서 출근하고~, 주말에는 아이들이 와서 역할을 맡아서 했다. 다들 한결같고 지극했다.

이런 와중에 뜻밖의 일이 생겼다.

학교 선생님들이 '쾌유'를 빌며 거액의 성금을 모아서 내게 가져온 것이다. 박상건 교장이 직접 성모병원까지 와서 전달하고 위로하였다. 생각보다 큰돈이다. 한 분 빠짐없이 모두 참여하셨다.

'하아~,

어떻게 이런 일이~,

어떻게 이런 일이~'

우리 부부는 이 성금을 받아들고 눈물을 흘렸다.

집사람이 다짐했다.

"꼭 완쾌해 나가서 이 은혜를 갚아야지.~"

다) "송자야, 사랑해"~, 때늦은 마지막 인사

1996년 1월~, 신년新年이다.

집사람 쉰일곱 살~, 나는 쉰아홉 살~,

집사람한테 갑자기 위기가 왔다.

감염이 되고 패혈증이 생기고 호흡곤란이 왔다.

중태重態~, 급히 중환자실로 옮겼다.

문제는 백혈구가 제로(zero) 가까이 떨어진 것이다. 항체 투입을 중단하고 혈소판과 백혈구 주사를 집중적으로 했지만 백혈구 수치가 올라가지 않는다. 나는 용근이와 함께 화성 신흥사 오성일 스님을 찾아가 '칠일기도'를 시작했다. 스님께서 지극정성으로 인도하시고, 우리도 '관세음보살 관세음보살'을 염念하며 간절하게 빌고 빌었다. 병원으로 돌아오니 병세가 좋아져서 격리실로 돌아와 있었다. 감사하고 감사하다.

그러나 며칠 못가고 다시 위기상황~,

백약百藥이 무효~, 중환자실로 갔다.

중환자실로 옮기기 전날 밤~,

담당 레지던트 선생이 나를 보자더니 최후통첩을 했다.

"마음의 준비를 하셔야 합니다."

나는 아무 생각이 없었다.

믿기지 않는다. 받아들여지지 않는다.

그리고 이 사실을 집사람에게 알려야 한다고 생각했다. 아무리 힘들더라도, 사람은 자기 최후를 알아야 할 권리가 있다고 생각했다.

집사람 머리맡에 앉아서 말했다.

"내일 중환자실 가면 다시 못 나올지도 모른데~"

"할 일이 많은데~, 나가서 할 일이 많은데~"

"송자야~, 사랑해~"

"나도 사랑해요~"

처음으로 "사랑한다"는 말을 주고받았다.
때늦은 마지막 인사를 나눈 것이다.

1월 17일 새벽~,
병원 지하 대기실에서 자고 있는데, 콜 전화가 왔다. 나를 찾는 전화다. 옆에 있던 성근이를 깨워서 급히 중환자실로 달려갔다.
집사람이 호흡을 거칠게 내쉬고 있다. 담당 의사가 '나가 있으라'고 한다. 문 밖에서 기다렸다. 조금 뒤 들어오라고 한다.
집사람이 고요히 눈을 감고 있다. 얼굴에 붉은 멍 자국이 전사의 상흔傷痕처럼 선명하다.
담당 의사 김영수 선생이 말했다.

"김송자 환자는
1996년 1월 17일 새벽 3시에
패혈증으로 인한 호흡곤란으로 사망했습니다.
삼가 명복을 빕니다."

"수고하셨습니다."

집사람은 영안실로 옮겨졌다. 성근이와 내가 뒤따랐다.
집사람은 차가운 영안실로 들어가고 문이 굳게 다쳤다.
얼마 뒤 연락을 받고 용근이와 보현이 내외가 달려왔다.
말없는 어머니 앞에 무릎을 꿇었다.

이렇게 집사람은 떠나갔다.

이 세상의 고통~, 훌훌 벗어버리고 부처님 품으로 돌아갔다.

새 생명의 길로 훨훨 떠나갔다.

「우리도 부처님같이

어머니 상생화上生華 보살 김송자金松子

1940년 9월 18일~1996년 1월 6일」

우리 집사람 묘비명墓碑銘이다.

지금 우리 집사람 상생화上生華 보살은 나와 함께 있다.

포천 공원묘지에 안장했다가, 몇 년 전 다비해서 우리절 도피안사 모란동산으로 옮겨왔다. 그 옆에 내 자리도 잡아놓았다. 나는 때때로 집사람한테 가서 쌓인 먼지를 닦아주곤 한다. 아침저녁 드나들때마다 나는 모란동산 쪽으로 손을 흔들며 인사한다.

'상생화 보살~, 보고 싶어요.~'

3) 동덕을 떠나다, '밤낮으로 생각키는 우리 제자들'~,

집사람 떠날 때 나는 고3 학년부장이고 3학년 1반 담임이었다.

이후 3년 더~, 4년 계속해서 고3 학년부장과 3학년 1반 담임을 맡았다.

1995학년도 학급반장 남 주

1996학년도 학급반장 오윤아 (지금 서울대 정치외교학과 교수)

1997학년도 학급반장 강인원 (지금 변호사)

1998학년도~, 마지막 학년~, 학급반장 김서윤 (지금 진주 경상대 교수)

1998년 겨울방학~,

집에서 쉬고 있는데, 박상건 교장으로부터 연락이 왔다.

새 학기부터 학교교감으로 승진 발령한다는 통보다.

마침 그때 정부에서 상당한 고액의 퇴직금을 내걸고 일선교사들의 명퇴(名退, 명예퇴직)를 독려하고 있었다. 나는 많이 생각했다. 고민 끝에 명퇴금과 퇴직금을 일시불로 받아 집을 사면서 진 은행빚을 정리하는 쪽으로 맘을 정했다. 굶어도 빚 없이 살고 싶었다. 자유롭게~, 우리 집사람도 자유롭게~.

1999년 2월 말~, 예순두 살~,

학교 대강당에서 퇴임식이 열렸다. 퇴임식 마치고 동진회관에서 송별연도 열어주셨다. 그때만 해도 퇴임식 송별연 열어주던 시절이었다.

지금은 그런 것 다 없어졌다. '혁신'이니 '인권'이니 정치꾼들 나팔 불다가, 지금 학교교육을 거의 완전히 황폐화시켰다.

퇴임식 마지막 답사 순서~,

내가 퇴임교사들 대표해서 단상에서 간단히 인사하고, 마지막으로
말했다.
아니~, 노래했다.

"내 일생 기쁜 곳은 우리 학교요
밤낮으로 생각키는 우리 제자들 …
동해물과 백두산이 마르고 닳도록
부처님이 도와주사 우리학교 만세"

동덕 교가다.
끝줄 '하느님이 도와주사'를 나는 '부처님이 도와주사'로 부른다.
식을 마치고 나오니까 강당입구에 담임했던 3학년 1반 아이들이
날개 꺾인 비둘기처럼 수십 명 모여서 나를 기다리고 있다. 맨 앞에
반장 김서윤이 서 있다. 그때 우리 아이들의 슬픈 눈동자들~, 지금
도 잊을 수가 없다.
나는 속으로 눈물을 삼키며 말했다.

"잘들 해~, 나는 간다."

'밤낮으로 생각키는 우리 제자들'~,
나는 아직도 잊지 못하고 가슴에 안고 살아간다.

1999년 2월 말~,

집사람 떠난 지 만3년~,

내 나이 예순둘~,

나는 이렇게 동덕학교를 떠나왔다.

33년~, 내 인생의 꿈과 열정, 로망(roman)~, 다 뒤로 하고~,

내 인생의 가장 귀한 것들 다 상실하고~,

나는 쓸쓸하게 퇴장하였다.

4) 도피안사 옥천산방玉川山房~, 『광덕 스님 평전』~, 70일 만에 탈고

1999년~, 봄~,

안산 상록수 집에서 쉬고 있는데, 송암 스님으로부터 만나자는 연락이 왔다. 그때 송암 스님은 안성 죽산에서 '도피안사到彼岸寺'라는 절을 짓고 계셨다. 광덕 스님의 뜻을 받든 창건불사다.

송암 스님이 나를 보자 제안했다.

"법사님~,

학교 그만 두셨으니까, 우리 절에 와서 함께 수행하시면 좋겠습니다. 광덕 스님의 뜻이기도 합니다.~"

선뜻 결정을 못하고, 안성 죽산 도피안사로 한번 찾아가 보았다.

푸른 숲~, 아름다운 호수~,

열성적인 대중들~,

스님의 웅장한 창건의 꿈~

나는 마음을 정했다.

5월 중순 간단하게 짐을 싸들고 절로 들어왔다. 아라한전 1층의 깨
끗한 방을 내주셨다. 이날 청보리 제자들도 많이 함께 왔다. 이때부
터 나는 도피안사 식구가 됐다. 그리고 1년 뒤~, 새로 완공된 수광
원壽光院 기와집 방 2칸짜리 독립된 공간으로 옮겨왔다. '옥천산방
玉川山房'~, 촐촐콸콸 촐촐콸콸~, 합성 제2금강산 옥천 물소래 생
각하면서, 나는 새 공부방을 이렇게 부른다.

1999년 2월 27일~,

금하당 광덕金河堂 光德스님께서 입적하셨다.

세수世壽 일흔둘~,

한참 일하실 때 불광의 꿈 못 다 이루고 홀연히 떠나가셨다.

스님 돌아가시고 몇 달 뒤~, 7월경~, 내가 도피안사 아라한전에
공부하고 있을 때, 어느 날 지정 스님께서 절에 오셨다. 지정 스님
은 광덕 스님 맞상좌로 송암 스님과는 사형사제지간이다. 그때 불
광법회 법주를 맡고 계셨다. 경남 함안군 칠원에 봉불사라는 절을
창건해서 머물고 계시고, 나와도 여러 차례 왕래가 있어서 친한 사
이다.

지정 스님이 선방에서 말씀하셨다.

"법사님께서 큰스님 일대기를 써주셨으면 합니다.

아무래도 법사님이 큰스님 사상이나 불광운동에 대해서 잘 알고 계시니까, 제일 적임자라고 생각합니다."

이렇게 해서 무거운 책임을 맡게 되었다.

큰스님 계실 때 몇 년 간, 내가 불광법회 상임법사로 한 달 한 번씩 보광당에서 일천여 명 대중들 앞에서 법문한 것도 큰 인연으로 작용하였다.

큰스님의 일대기~, 평전評傳을 쓴다는 것이 쉬운 일이 아니다.

불광출판부 남동화 보살(부장)이 필요한 자료를 대거 수집해 왔다. 자료가 방대하

도피안사 가는 길

다. 나는 이 자료들 검토하면서, 필요한 자료는 더 요청하고~, 보름 가까이 생각을 다듬어갔다.

8월부터 집필을 시작했다. 컴퓨터 작업이다.

일단 시작하니까 술술 나온다.

물 흐르듯~, 머리에서 글이 술술 흘러나온다.

광덕 스님의 사유思惟방식~, 불광의 사상적 체계도 막힘없이 흘러나온다.

70일 만에 거의 탈고했다.

570쪽 분량의 방대한 내용~,
최소 1년은 걸리는 작업~, 70일만에 다 쓴 것이다.
이것은 기적이다. 남동화 보살이 '기적'이라고 말했다.
이것은 광덕 스님께서 음우陰佑하신 것이다.
불교를 보는 사유방식이나 문제의식에서, 내가 광덕 스님을 많이
닮아 있다는 것이 이 작은 기적의 큰 조건이라고 생각한다. 남동화
부장이 원하는 자료를 애써서 다 찾아준 것~, 절에서 공양 때마다
불광에 대해서 내가 궁금한 것을 물으면 송암 스님께서 살아있는
현장으로 자세하게 대답해주신 것~, 이것이 크게 힘이 되었다.

『광덕 스님의 생애와 불광운동』
2000년 2월 16일~, 광덕 스님 1주기에 맞춰 출판되고, 석 달 뒤에
재판되었다. 지금도 이 책이 광덕 스님 연구의 표준이 되고 있다.
불광운동의 사상적 체계와 전체 발전과정을 이해하고 연구하는 데
거의 유일한 표준이 되고 있는 것이다.

2. L.A. 한 서점에서 「불사不死의 소식」 발견하다

1) PTS본 Pāli-Nikāya 27권~, L.A. 제자 김순정이 준 귀한 선물

가) 1차로 2000년 가을~, L.A. 동덕동문회의 선물

2000년 가을~, 미국 L.A.에 갔다.

그곳에 있는 동덕동문회의 초청을 받아 가게 된 것이다.

남가주 동문회에서는 모교 은사 초정프로그램으로 매년 한 명씩 초청하는데, 이번에 내가 초청을 받은 것이다. 가보니까 동덕여고 입사동기인 이승자李勝子 선생님이 동창회장을 맡고 계셔서 마음이 편했다.

동덕에서 함께 오래 근무했던 김성관 선생님, 김성중 선생님, 최승이 선생님도 만나 뵈었다. 3학년 6반 노필윤도 만나보고, 김숙자 김홍희 김진숙 구미서 등 제자들도 만나 보았다. 다들 열심히 살고 있었다. 필윤이는 여비로 200달러를 보태주고, 진숙이는 자기 집에 초대해주었다. 택사스(Texas)에 있는 52회 박은경(3학년 7반 반장)도 멀리 날아와서 만났다.

보름 동안 52회 졸업생인 김순정金順正의 집에 머물면서 멕시코 여행 가서 테킬라(술)도 마셔보고~, 호강을 했다. L.A. 관음사觀音寺로 가서 도안 스님과 청소년교화연합회에서 나와 함께 「보리誌」 작업을 했던 김안수 사무총장도 만났다. 도안 스님의 요청으로 관음사

법회에서 한 시간 강의도 했다. 교회 다니는 제자들도 자리를 함께
했다.

어느 날 이승자 선생님에게 청했다.

"여기 L.A.에 불교서점이 없습니까?
한번 찾아가 보고 싶은데~"

마침 'Bodhi Tree'~, '보리수'라는 불교서점이 있어서 함께 갔다.
자그마한 책방이다. L.A. 한복판에 이런 불교서점이 있다는 것이 놀
라웠다. 불교자료를 찾아서 여기저기 살피다가 번쩍 눈에 들어오
는 것이 있었다.

The Long Discourses of the Buddha

Pāli-Nikāya/빨리나까야~, 초기경전 가운데 *Dīgha-Nikāya*/디가나
까야(長部經)의 영역본英譯本이다. *Mahāparinibbāna*/대반열반경을
비롯한 34부의 Nikāya/니까야가 실려 있다.

The Middle Length Discourses of the Buddha

Pāli-Nikāya/빨리나까야 가운데 *Majjhima-Nikāya*/맛지마나까야
(中部經)의 영역본英譯本이다. 152부의 Nikāya/니까야가 실려 있다.

오랜 세월 찾아 헤매던 Pāli-Nikāya를 찾아냈다.
남방에서 전승돼 온 붓다의 초기경전을 찾아낸 것이다.
비록 빨리(Pāli) 원본은 아니지만, 영역본英譯本을 찾아낸 것이다.

가격도 매우 비싼 것인데, 동창회에서 사서 내게 선물로 손에 잡혀 주었다.

이승자 선생님이 손수 사인까지 해서~,

'무원 김재영 은사님
남가주 동덕동문회 드림'

나) 2차로 PTS본 Pāli-Nikāya 27권~, L.A. 제자 김순정의 선물

2003년~, 예순여섯 살~,

세 번째 L.A.로 날아갔다.

첫 번째는 동덕 재직시 선생님들 연수차 미국 L.A., 샌프란시스코, 라스베이거스 등 미국 서해안 일대를 방문했고, 두 번째는 2000년 동문회 초청으로 간 것이고, 이번 3차는 김순정의 개인초청으로 가게 된 것이다.

동덕 52회 김순정~,

내가 처음으로 3학년 6반 담임할 때 4반~, 박근화 선생님 반이었다. 졸업하고 일찍 미국 이민 가서 고생하며 자수성가自手成家해서 자리 잡고 잘 살고 있었다. 경제적 여유가 있어서 모교은사 초청 때 선생님들의 숙소를 제공하기도 했다. 그 덕에 지난번 보름 동안 순정이 집에서 잘 지냈다. 이것이 인연이 돼서 귀국하고도 자주 연락하고 철철이 좋은 선물도 사서 보내오곤 했다.

순정이는 살아오면서 역경도 많이 겪었다.

낯선 땅에서 여자 혼자 맨주먹으로 부동산 사업하느라 고생도 많이 했고, 나이차가 많은 캘리포니아주州 대법원장과 결혼해서 살면서 갈등도 많았던 것 같다. 남편이 돌아가고 순정이가 연금을 받고 있었다. 집안 가족들이 모두 교회 다니는 기독교신자들이고, 언니 한 사람은 전도사로 러시아 가서 전도사업을 하고 있었다. 그런데 순정이는 교회에 나가지 않고 불교 쪽을 선호하고 있었다. 법정 스님의 글도 여러 편 읽고 관심이 많았다. 내가 지난번 갔을 때도 불교 얘기 많이 하고 관음사도 같이 가서 법회도 참석하고 했다.

순정이는 놀랄 정도로 남 돕는 선행善行을 해왔다.

모교 선생님들 방문하면 자기 집에 모시고 보름이고 한 달이고 시중 다 들고, 모교 동덕여고에 장학금으로 거금을 희사하고, 주변 어려운 사람들 보면 가리지 않고 돕고 있다. 비용 다 부담하고 이번에 나를 초청하고, 몇 분 선생님들 모시고 여기저기 여행 함께 하는 것도 이런 사례 가운데 하나다. 돈 있다고 누구나 쉽게 할 수 있는 일 아니다.

이번 L.A.방문은 한가롭고 넉넉했다.

지난번 갔을 때 글렌데일(Glendale)에 있었는데, 결혼하고 L.A.카운티의 다른 곳으로~, Estate-City로 옮겼었다. 며칠 뒤에는 캘리포니아 태평양 연안에 있는 별장으로 옮겨서 한 일주일 지냈다. 바다에서 고래들이 수십 마리 껑충껑충 뛰면서 북상하는 모습도 볼 수 있었다. 하루는 혼자 구경 나갔다가 별장집을 잘못 찾아서 남의 집으로 들어갔다. 소동이 벌어졌다. 영화에서처럼 권총 꺼낼까봐 조마조마했다.

급한 김에 되는 대로 떠들었다.

"I came from Seoul.

I am a teacher, Mrs, Rhyn is my student.

I miss my house, …"

Rhyn은 순정이 미국이름이다.

문장은 문법에 맞지만, 내 엉성한 발음이 통할까?

정신없이 주워섬기고 있는데 마침 순정이가 와서 구출됐다.

어느 날 순정이에게 또 청했다.

"지난번 그 불교서점 한 번 갔으면 좋겠네.

내가 꼭 구하고 싶은 자료가 많은데~"

Bodhi-tree로 다시 갔다.

그새 새 자료들이 많이 들어와 있다. 한 코너에서 수십 권의 영역서 英譯書를 발견했다. 책을 뽑아보니 Pāli-Nikāya의 PTS 영역본 시리즈다. PTS본을 여기서 만나다니~, 꿈만 같다.

PTS는 Pali Text Society의 준말이다. '빨리경전협회'라는 뜻인데, 빨리경전의 표준이 되는 번역서들을 출판하는 기관으로, PTS본은 세계적인 공신력과 보편성을 인정받는 책들이다. 차근차근 살펴보니 Pāli-Nikāya 4부뿐만 아니고, *Vinaya-Piṭaka*/위나야빠따까, 곧 초기율장初期律藏도 모두 PTS본으로 나와 있다. *Udāna*/우다나도 나와 있고 *Dhammapada*/담마빠다(법구경)도 나와 있다.

2) "The Deathless has been found"~, 붓다의 제일성을 듣다

가) '불사不死가 드러났다'~, 사슴동산의 첫 법문〔초전법륜初轉法輪〕

Vinaya-Piṭaka/위나야빠따까,
초기율장初期律藏~, 계율의 기원과 내용을 정리한 초기불전~,
이것은 *Sutta-Piṭaka*/숫따빠따까, 곧 초기경정初期經藏과는 또 다르게 초기불교의 역사와 붓다의 삶을 이해하는 데 매우 긴요한 정보들을 제공하고 있다.

Vinaya-Piṭaka IV Mahāvagga/마하왁가
초기율장 IV 「대품大品」~,
첫머리~, 책을 펴들고 목마르듯 열었다.
기원전 588년~, 와라나시 사슴동산~,
다섯 수행자를 향하여 한 붓다의 첫 법문/초전법륜初轉法輪~,
PTS본 *Mahāvagga*에서는 이렇게 기록하고 있다.

〔합 송 ; 「사슴동산 붓다의 제일성第一聲」〕
허리 곧게 펴고 합장하고

큰 소리로 함께 사자후 한다.

(목탁/죽비~)

「"귀를 기울여라, 수행자들이여,

불사不死가 드러났다. (The deathless has been found)

이제 길을 가르치리라. 법을 설하리라.

설한 대로 걷고 걷는다면,

지금 여기서 즉시 (Soon, here and now)

그대들 자신의 뛰어난 지혜로 깨달을 것이다.

이리하여 그대들이 집을 떠나 수행하며 찾았던

바로 그 궁극의 목표~,

청정범행(淸淨梵行, Brahma-cariya)에 길이 머물게 될 것이다."」

– 초기율장「대품(大品/Mahāvagga)」1, 6* –

허리 곧게 펴고

사띠(Sati)~, 고요히 묵념 묵상하며

저 장엄한 사슴동산의 초전법륜~,

붓다의 '제일성第一聲'~,

부처님의 직언직설直言直說~,

불사(不死, Amata/아마따, The Deathless)의 소식~,

---

*   Vin Ⅰ. pp.9 ; I. B. Horner, M.A. tr, *The Book of The Discipline* (PTS vol., Ⅳ) p.13.

마음속으로 외우며 깊이 새긴다.

"Give ear, monks,

The deathless has been found … "

〔귀를 기울여라, 수행자들이여,

불사不死가 드러났다.

(나는 不死, deathless를 찾아냈다)〕

_ 초기율장 「대품(大品/Mahāvagga)」 1, 6*

나) '죽지 않아요 죽지 않아요'~, 이것은 붓다의 직설直說이다

「불사不死~,

원력불사願力不死~,

원생願生~, 원력탄생願力誕生,

죽지 않아요 죽지 않아요,

부처님 따르는 사람들은

죽는 것 가운데서도 죽지 아니하고,

빛나는 보살몸으로 다시 돌아와요,

원력願力으로 살고 원력으로 다시 돌아와요」

---

*   Vin Ⅰ. pp.9 ; I. B. Horner, M.A. tr, *The Book of The Discipline* (PTS vol., Ⅳ)
    p.13.
    이것은 「전법륜경」에는 없는~, 율장律藏에 기록돼 있는 중요한 내용이다.

내가 평생 추구해온

불교적 신념~, 신앙~,

죽음 앞에서 방황하는 동포들에게 보내는

구원의 메시지~

지금 붓다께서 첫 설법에서

'불사(不死, The Deathless)'를 설하시다니~,

바로 이 '불사-원생不死願生'의 도리를 선포하시다니~,

내가 틀리지 않았구나~,

나의 메시지가 틀리지 않았구나~,

나는 흥분을 감출 수 없었다.

그 자리 서서 껑충 춤을 추었다.

'죽지 않아요 죽지 않아요,

빛나는 몸으로 다시 돌아와요.'

바로 이것이 부처님의 제일성第一聲~,

바로 이것이 붓다께서 선포하신 제일법第一法~,

붓다께서는

동포들 앞에 이 소식 전하기 위하여 오시는구나.~

이제 죽음에서 벗어났다~,

내가~, 우리가~, 이 땅의 동포들이~,

어둔 죽음에서~, 죽음의 공포에서~, 훨훨 벗어났다.

광명찬란 광명찬란

새 생명의 길이 환~하게 열려온다.

오고 가고 가고 오고

피고 지고 지고 피고

광명찬란 광명찬란

무한생명無量壽의 빛〔無量光〕이 환~ 하게 열려온다.

눈물이 쏟아진다.

36년 전~, 동덕여고 도서실~,

『법구경』 1장 1절~,

죽음이 빙산氷山처럼 무너져내린 그날의 감동이 되살아나면서

기쁜 눈물이 뜨겁게 솟아오른다.

Pāli-Nikāya의 PTS 영역본 시리즈

합이 27권~, 2,000달러가 넘는다.

우리 돈 2백만 원 넘는 거금~,

책을 모두 뽑아서 계산대로 가져왔다. 나는 앞뒤 생각 없이 외환카
드를 꺼냈다. 열 달 할부로 할 참이다. 그때 순정이가 나서서 제 카
드로 결제했다.

"선생님~,

김순정이 선물이에요. 좋은 책 많이 쓰세요."

3) 순정이가 먼저 떠나갔다~, 불사不死의 길 먼저 떠나갔다

2017년 9월~, 내 나이 여든 살~,

그 순정이가 갔다. 김순정이가 먼저 떠나갔다.

일흔도 채 못 채우고 떠나간 것이다.

미국 있을 때부터 위암을 치료하고 있었고, 한국에 나와서도 치료

받고 있었다.

그 와중에서도 순정이는 남편 미스터 김과 함께 한 달 한 번씩 박종

오 선생님 박근화 선생님 나~, 이렇게 세 사람을 강남 외국인 식당

으로 초청해서 맛있는 걸 대접하고 담소를 나누곤 했다. 그러다가

간다는 말도 없이 미국으로 돌아갔다. 병세가 악화된 탓~,

나중에서야 이 소식을 듣고 내가 문자를 보냈다.

"순정아~,

생명은 불사不死야, 죽지 않는 거야.

마음 비우고 지켜보면,

여기서나 거기서나 이 세상에서나 저 세상에서나

우리는 함께 있는 거다."

"선생님~,

감사합니다.

인사 못 드리고 와서 죄송해요.

선생님 말씀~ 무슨 뜻인지~ 잘 생각해보겠습니다.”

(이 문자 메시지는 지금도 보관하고 있다)

그리고 며칠 뒤~,

순정이는 먼저 떠나갔다.

불사의 세계로~,

원력불사願力不死~, 원력탄생願力誕生의 세계로 따나갔다.

순정이는

그 선善한 마음으로 죽지 아니하고 지금쯤 빛나는 몸으로 다시 돌아와서 나누고 섬기면서 또 고된 보살의 길 걷고 있을 것이다.

3. 나누고 섬기는 보살의 원력~,
이것이 ‘불사~, 새 생명의 동력’이다

1) ‘죽음’~, 이것은 조작된 이미지〔相〕~, 고정관념이다

가) 어둔 마음이 생겨나므로 ‘죽음’이 생겨나고~

“순정아~,

생명은 불사不死야, 죽지 않는 거야~’

무슨 말인가?

사람은 다 죽기 마련인데

태어난 생명은 다 소멸하는 법인데

부처님도 예수도 다 죽었는데~,

'죽지 않는다'~, 이것이 무슨 말인가?

'다시 돌아온다'~, 이것이 무슨 말인가?

오래오래 살고 싶어 집착하는 것인가?

누구들처럼~, 죽는 것 두려워서

'천국이다' '영생이다'~, 외치며 비는 것인가?

우리는 다시 붓다께로 돌아간다.

다시 『법구경』 1장 1절로 돌아간다.

〔합 송〕

허리 곧게 펴고

합장하고 함께 외우며 깊이 새긴다.

(목탁/죽비~)

「마음이 모든 것에 앞서 간다.

마음이 모든 것의 주인이다.

마음이 모든 것을 만들어내나니

마음으로 어둔 것을 생각하면

고통이 그를 따르리.

마치 수레가 황소를 뒤 따르듯~」

−Dhp 1 ;『법구경』제1게송 −

실로 이것이다.

'죽음'~, 조작造作된 것이다.

'죽음' '사망死亡'~,

이것은 우리 마음이 만들어낸 것(行, saṅkhāra/상카라)이다.

'죽음의 공포' '죽음의 고통'~, 우리 어둔 마음이 만들어낸 것이다.

'죽음'은 우리 어둔 마음이 만들어낸 '어둔 생각덩어리'다. '나고 죽
는 것'~, '생사生死'는~, 우리들 어둔 마음이 조작해낸 어둔 생각덩
어리~, 고정관념~, 마음속의 이미지(image, 相, saññā/산냐)~, 뿌리
깊은 허상虛像이다.

'죽음'만이 아니다.

'생사生死'만이 아니다.

'신神' '나〔自我〕' '영혼靈魂' '성령聖靈' '창조' '심판' '천국' '지옥'~,

이 모든 것이 우리 어둔 마음이 조작해낸 어둔 생각덩어리~, 고정
관념~, 마음속의 이미지~, 뿌리 깊은 허상이다.

'영원히 살고 싶다'~, 이렇게 집착하고~,

'내 잘났다' 내세우고, 이기적으로 행동하고,

탐욕에 빠지고, 화내고, 남 미워하고, 고집부리고,

좌/우, 남/북. 동/서, 노/사, 노/소, 남/녀, 밤낮 패를 갈라 서로 해치
고~,

이렇게 탐진치貪瞋癡로 생각하고 행위하면~, 이 어둔 생각~, 어둔 행위로 짓는 것이 업(業, kamma/깜마)이고, 이 업의 에너지가 곧 업력業力이다. 업력은 강력한 조작 에너지다. 이 어둔 마음~, 어둔 업력에너지가, 수레바퀴가 끝없이 굴러가듯~, 끝없이 '죽음'~, '어둔 죽음' '어둔 죽음의 공포와 고통'을 만들어간다. 나는~, 우리는~, 수레바퀴가 수레에 묶여 끌려가듯~, 끝없는 '죽음의 공포~, 죽음의 고통'에 매달려 끌려 다닌다. 이것이 곧 '윤회(輪廻, saṃsāra/상사라)'다. 우리 생명의 어둡고 고통스런 악순환惡循環이다. 지금 우리 눈앞에서 벌어지고 있는~, 끝없이 서로 해치고 있는 이 세상의 현실이 곧 윤회의 현장이다.

이렇게 어둔 마음이 '죽음'을 조작해낸다.

「어둔 마음이 생겨나므로

죽음의 고통이 생겨나고~」*

– Udāna 1, 1「깨달음」** –

이것이 곧 '연기법緣起法'이다.

'십이연기법十二緣起法'~, '생사유전生死流轉의 연기법'이다.

연기법은 '죽음과 해탈의 과정'을 밝혀내는 관찰법이다.***

---

* 　이것이 십이연기법의 '유전연기流轉緣起'다. 어둔 생각으로부터 죽음이 생겨 나는 과정을 통찰하는 관찰법이다.

** 　Peter Masefield tr. *The Udāna* (PTS, 1997) p.1

*** 십이연기법은 이렇게 큰 줄거리로 이해하면 족하다. 열두 갈래 하나하나 해

미증유未曾有~, 전무후무前無後無~,

붓다께서 인류역사상 최초로 '죽음의 실상'을 밝혀내고,

'죽음'에서 벗어나는 '해탈 불사解脫不死의 길' 활짝 여신 것이다.

우리 인류 앞에 열어 보이시는 '위없는 축복'이다.

나) 어둔 마음 비우고 비우면~, '죽음'이 소멸하고~

그럼 무엇인가?

무엇이 이 윤회輪廻 벗어나는 해탈의 길인가?

무엇이 어둔 죽음에서 벗어나는 '해탈 불사의 동력'인가?

어떻게 하는 것이 어둔 마음 극복하고 빛나는 몸으로 다시 돌아오는 새 생명의 에너지인가?

곧 마음 비우는 것이다.

어둔 마음 텅~ 비우는 것이다.

탐진치貪瞋癡~, 이 어둔 마음~, 어둔 생각들 텅~ 비우는 것이다.

'나〔自我〕'라는 어둔 생각덩어리 텅~ 비우는 것이다.

'아상(我相, attā-saññā/앗따산냐)'~, 곧 '나〔自我〕'라는 이기적인 자아의식~, 마음속의 이미지(image)~, 텅~ 비우는 것이다.* '내가 주인이다, 주체다'~, 이 생각마저 텅~ 비우는 것이다. 악惡한 생각은 물

   석하고 체계 세우고 머리 굴리면 또 망한다.

*　'나〔自我〕'라는 생각마저 철저히 비울 때 비로소 나는 빛나는 것이다. 생각에
　사로잡혀 있으면, 이것은 허상에 빠지는 것이다.

론, '내가 좋은 일 한다'는 선善한 생각도 텅~ 비우는 것이다. 이렇게 '나(自我)~, 나의 것~, 내가 주체~'라는 어둔 생각이 모든 고통과 갈등~, 죽음의 근본원인이다. 이 마음~, 이 생각 비우는 것이 불교다.

일체 마음의 상相을 비우고
안팎으로~, 눈앞의 상황들~, 현실들~,
지금 있는 그대로 담담하게 지켜보는 것~,
담담하게 지켜보는 사띠(Sati) 열심히 닦고 닦는 것~,*
이것이 곧 마음 비우는 것이다.
이렇게 비우면 소멸한다.
고요히 비우면(寂/적) 소멸한다(滅/멸).
이것이 적멸寂滅이다. 비움이 곧 소멸이다.
이렇게 비우는 것이 곧 어둔 마음 소멸하는 길이다.
이것이 곧 어둔 생각~, 어둔 업력에너지 소멸하는 길이다.
이것이 곧 '죽음'~, '죽음의 고통' 소멸하는 길이다.
비우고 비우는 것이 곧 '죽음' 소멸하는 것이다.
이것이 곧 '해탈 불사'~,
죽음 소멸하는 것~, 죽지 않는 것이다.

---

* 이것이 '사념청정(捨念淸淨, uppekkhā-sati-pārisuddhi)'이다. 이것은 8정도에서 '바른 삼매正定'를 실현하는 사선四禪의 마지막 단계 제4선第四禪의 경지를 일컫는다. '담담하게(捨/사, uppekkhā) 지켜보기(念/념, sati)를 청정하게 닦는다(pārisuddhi)'~, 이런 뜻이다. 이것이 수행의 궁극적인 목표다.

「어둔 마음이 소멸하므로

죽음의 고통이 소멸하고~」

—Udāna 1, 1「깨달음」—*

이것이 곧 '연기법緣起法'이다.

'십이연기법'~, '생사소멸生死消滅의 연기법'이다.

비우고 비우면

'죽음'~, 사라진다.

이렇게 마음 텅~ 비우고 비우면~,

'죽음'~, 사라진다.

어둔 맘 텅~ 비우고 비우면,

'죽음의 공포'~, 몰록 한 찰나에 사라진다.

'생사의 허상'~, 빙산처럼 무너져 내린다.

'나〔自我〕'라는 어둔 생각덩어리~, 가을하늘처럼 깨끗해진다.

죽음은 단지 육신의 변화일 뿐~,

죽음은 단지 낡은 옷 훌훌 벗어버리는 것~,

죽음은 단지 새 생명으로 나아가는 출구일 뿐~.

---

*   이것이 십이연기법의 '환멸연기還滅緣起'다. 어둔 생각이 소멸함으로부터 죽음이 소멸하는 과정을 통찰하는 관찰법이다.

다) '나누고 섬기는 것'~,

　　이것이 '불사~, 원생願生'이다

무엇인가?

무엇이 비우는 길인가?

무엇이 비우고 비우는 길인가?

어떻게 하는 것이 어둔 마음 비우고 비우는 길인가?

어떻게 하는 것이 탐진치 어둔 마음~, 어둔 나〔自我〕~, 어둔 에너지

소멸하고, '죽음' 소멸하는 길인가?

'비워라 비워라'~, 외치면 되는 것인가?

'공空 공空'~, 눈감고 앉아서 외우고 명상하면 되는 것인가?

홀연~,

부처님께서 오신다.

부처님께서 우리 앞에 오신다.

모두 일어나 합장 경배로 맞이한다.

이제 부처님께서 설하신다.

'불사의 길'~, 직설하신다.

'불사不死~, 원생願生의 길'~, 직언직설하신다.

〔합 송 ; 불사不死-원생願生의 길〕

허리 곧게 펴고 합장하고

저 부처님 우러러 보며

경청하고 함께 외우며 가슴 깊이 새긴다.

(목탁/죽비~)

> "험한 벌판길 함께 가는 길동무처럼
> 가난한 가운데서도 나누는 사람은
> 죽어가는 것들 가운데서도 죽지 않느니
> 이것은 영원한 진리라네."
> — 상윳따니까야 1, 4, 2 「MacchariSutta/맛차리숫따/인색의 경」—*
>
> (2번~, 3번 외우고 외운다)

하아~,

참으로 단순명료하다.

불사不死~, '죽지 않아요 죽지 않아요'~,

이렇게 단순명료하다.

원생願生~, '빛나는 보살몸으로 다시 돌아와요'~,

이렇게 단순명료하다.

해석하고 체계 세우면 또 망한다.

앉아서 명상하고 참선하면 또 황이다.

'불사不死'~, 무엇인가?

나누고 섬기는 것이다.

---

* 　전재성 역, 『쌍윳따니까야』 1권, p.50.

'원생願生'~, 무엇인가?

작은 것 하나라도 나누고 섬기는 것이다.

'보살행' '보살원력'~, 무엇인가?

외롭고 병든 이웃~,

가만히 손 내밀고 따끈한 밥 한 끼라도 나누는 것이다.

'불성광명'~, 무엇인가?

'부처' '본래부처' '나도 부처'~, 무엇인가?

외로운 사람들 찾아 걷고 걷는 것이다.

저 팔순 노인老人 붓다 석가모니같이~,

숨넘어가는 순간까지 피땀 흘리며 목말라 하며

외롭고 작은 동포들 찾아 걷고 또 걷는 것이다.

누가 이렇게 살았는가?

'본래부처' '나도 부처'~, 누가 이렇게 살았는가?

'대보살' '대승보살'~, 누가 이렇게 살았는가?

'조사祖師' '선사禪師' '도인道人'~, 누가 이렇게 살았는가?

기원전 544년 웨사카 달력 2월 보름~,

구시나가라 사라쌍수 언덕~,

팔순 노老 부처님께서 걷고 있다.

죽음의 고통 참고 견디면서

뙤약볕길 목말라 하며 작은 동포들 찾아 지금도 걷고 있다.

2번 3번~, 물을 찾으시는 붓다의 음성~, 귀에 쟁쟁 들려온다.

〔합 송〕

모두 합장하고

간절한 마음으로 외우며 경청한다.

　"아난다여,

　나를 위해 물을 좀 다오.

　아난다여,

　나는 목이 마르구나.

　물을 마셔야겠다."

　　－ 디가니까야 16 「대반열반경」 4, 22~24 －*

라) 나누고 섬기는 '보살의 원력'~,

　　이것이 '불사~, 새 생명의 동력'이다

만분일萬分一~,

우리도 부처님같이~,

우리도 저 목말라하는 부처님같이 걷고 걸으면서~,

작은 것 하나라도 나누고 섬기면서

마음 텅~ 비우면~, 새롭게 솟아오른다.

가난하고 어려운 속에서라도 정성껏 나누고 섬기면서

어둔 마음 텅~ 비우면~, 밝은 마음이 새롭게 솟아오른다.

---

* 　각묵 스님 역, 『디가니까야』 2권, pp.251~252.

　　　　　　　　　　　　　　　　　　3편 〔붓다-빠리사 시절〕

오래된 낡은 우물 퍼내면, 새 샘물이 솟아나듯~,

곪은 종양덩어리 수술해서 제거하면, 새 살이 뽀얗게 돋아나듯~,

나누고 섬기면서 어둔 마음 텅~ 비우고 비우면,

밝은 마음~, 밝은 에너지가 솟아난다.

어둔 업력業力 에너지가 빛나는 생명의 동력으로 솟아난다.

새벽어둠이 사라지면, 동쪽하늘〔東天〕~, 일출이 불끈 눈부시듯~,

어둔 마음 사라지면 새 생명의 에너지가 불끈 솟아난다.

새 생명의 에너지~,

이것은 곧 원력願力이다.

이것은 곧 '보살의 원력'이다.

나누고 섬기는 '보살의 원력'이다.

'보살의 원력'~,

나누고 섬기는 '보살의 원력'~,

이것이 곧 '불사不死의 에너지'다.

'죽지 않아요 죽지 않아요'~

'불사의 에너지~, 불사의 동력'이다.

나누고 섬기면서 비우고 비우는 '보살의 원력'~,

이것이 곧 '새 생명의 에너지'다.

원력으로 새롭게 탄생〔願力誕生〕하는 '원생願生의 에너지'~,

원력으로 살고 원력으로 다시 태어나는 '원생의 동력'이다.

낡은 옷~, 낡은 육신 훌훌 벗어버리고~,

빛나는 보살몸으로 다시 태어나는 '새 생명의 동력'~, '무한생명의 동력'이다.

이 고통의 세상~, 사바(sabha)를 정토로 변화시키는 에너지~,

사바정토娑婆淨土의 동력이다.

나누고 섬기는 '보살의 원력'~, '보살도'~,

이것이 곧 '불성佛性'이다. '원력불성願力佛性'이다.

불성佛性~, 성불成佛~, 무엇이 되는 것 아니다.

무슨 우주진리 깨닫고 한소식 하는 것 아니다.

이것은 힌두교의 범아일여梵我一如 흉내 내는 것~, 헛소리다.

불교는 철저하게 '인간의 길~, 인간학人間學'이다.

불성~, 성불~, 나누고 섬기는 것이다.

작고 외로운 사람들~, 끝없이 나누고 섬기면서 텅~ 비우는 것~,

이것이 불성이고, 이 삶이 성불이다.

이것이 보살도~, 보현행원普賢行願이다.

나누고 섬기는 보살도~,

끝없이 몸을 던져 나누고 섬기는 보살도~,

세세생생世世生生 보살도~,

이것이 불교의 대전제大前提~, Key-word이다.

이것이 모든 수행의 대전제다.

이것이 깨달음 견성 해탈 열반 불사의 대전제~,

이것이 반야般若~, 지혜智慧의 대전제~,

이것이 사띠(Sati)의 대전제다.

이것이 불교적 명상의 대전제다.

나누고 섬기지 않으면서 하는 사띠, 명상 참선~, 가짜다.

그래서 '자애慈愛 사띠(Sati)'다.

'(어머니가 목숨 걸고

외딸 외아들을 지키듯이 …)

서 있거나 앉아 있거나

누워 있거나 깨어 있는 한

자애(慈愛, Metta)에 대한 사띠를 닦아야 한다.

이것이 이 세상에서 청정한 삶이라 일컫는 것이다.'

 ─ Sutta-nipāta 1, 8 Metta-Sutta ─

'자애慈愛 사띠'

Metta-sati/ 멧따사띠'~,

이렇게 사띠(Sati)는 처음부터 자애수행慈愛修行이다.

명상 참선~, 위빠사나 사마타~,

이것은 처음부터 자애수행이다.

눈앞의 상황들을 있는 그대로 관찰하고,

'무상하고 실체가 없는 것'이라고 꿰뚫어 통찰함으로써 욕심을

비우고 모성母性의 자애慈愛를 불러 일으키는 것이다.

나누고 섬기는 보살의 원력으로~, 보살도로 나아가는 것이다.

'무상無常-고苦-무아無我~', '나누고 섬기라'는 것이다.

'오온' '십이처-십팔계' '십이연기'~, 일체법이 모두

'나누고 섬기라'는 것이다.
'공空' '색즉시공 공즉시색'~, '나누고 섬기면서 비우고 비우라'는
것이다.
부처님의 팔만사천법문이 모두 '자애慈愛 사띠'하는 과정이며
나누고 섬기면서 마음 비우는 보살도의 과정이다.

이렇게 나누고 섬기면서
텅~ 비우고 비우면, 곧 '광명光明'이 솟아난다.
눈앞에 찬란한 '불성광명佛性光明'이 솟아난다.
모든 동포들 살려내는 보살도가 열려온다.
새 생명의 길이 환~ 하게 열려온다.
세세생생世世生生 보살도~,
빛나는 보살의 몸으로 다시 돌아온다.

〔합 송 ; 「광명光明 사띠」〕
허리 곧게 펴고 마음 집중하여
내 빈 마음속에서 솟아나는 빛을 지켜보며
큰 소리로 외친다.
(목탁/죽비~)

「광명찬란 광명찬란
불성광명이 눈앞에 찬란하다.
일체 우울은 사리지고

무한생명의 에너지가 온몸 가득 솟아난다.

새 생명의 길이 환~ 하게 열려온다.

모든 생명들이여~, 부디 행복하소서.

사랑하는 사람들이여~, 부디 행복하소서.

우리 빛나는 보살몸으로 다시 만나요.

(우렁차게~)

나무석가모니불

우리도 부처님같이~, 만세~, 얼쑤~」

4) '우리도 부처님같이'~, 지금 곧 '보살의 서원'을 발하라

가) '천도' '영가천도'~, 이것은 생명구원의 길이다

L.A. 김순정~,

우리 어머니 아버지~,

우리 집사람 상생화 보살~,

우리 막내 보현이~,

형님 형수님들, 친척들, 현숙이, 매야~,

장인 장모님들~,

우리 친구들,

김태문, 안광열, 지연수, 이종구, 진일상, 배종철, 김봉세, 이수인~,

우리 도반들~,

박세일 선생, 윤용숙 보살, 이윤형 보살, 박상률 법사, 선진규 법사,
이동성 법사, 혜조 김영규 거사~,
사랑하는 제자들~,
한경희 자매, 고영애, 최난실, 김명숙, 김계옥, 이효선, 조영선~,
학교 선생님들~,
박상건 선생, 이종록 선생, 문병찬 선생, 오세찬 선생, 서세원 선생,
홍영진 선생, 옥지선 선생, 박근화 선생~,
열심히 살다간 이 땅의 동포들~,
불쌍하게 간 원영이 정인이들~,

그들은 그들 자신의 선善한 마음으로 다시 돌아온다.
이 세상에서 나누고 섬긴 그들의 선한 보살행으로~,
보살원력~, 그 에너지로 불사不死~, 다시 돌아온다.
아니~, 이미 돌아와 열심히 나누고 섬기면서 보살로 살아가고
있다.
이것은 단순히 희망사항 아니다.
이것은 '눈앞의 팩트(fact)~, 사실事實'이다.
다만 우리가 욕심에 눈이 가려 보지 못할 뿐이다.

살았을 적 그들의 원력이 부족했던 것은
우리들의 기도로~, 우리들의 보살행으로 채울 것이다.
마음 비우고 지켜보면~, 우리는 모두 한 생명공동체~,
이심전심以心傳心~, 내 마음과 그들의 마음은 한 줄기 흐름~,

과거 현재 미래~, 삼세三世에 걸쳐~, 먼저 간 자者나 지금 살아있는 자者나~, 우리는 모두 서로 얽혀 함께 살아가는 공생관계共生關係다. 우리는 서로 부모자식으로, 부부로, 형제자매로, 연인으로, 이웃으로~, 시공時空에 걸림 없이 함께 살고 있는 것~, 이것이 '인연(因緣, nidāna/니다나)'이다.

우리가 기도하면 그들의 마음이 밝아진다.
우리가 나누고 섬기면서 보살의 삶을 살아가면, 이 보살원력의 에너지로 그들도 새 생명으로 돌아온다.
우리가 나누고 섬기면서 불성佛性을 일으키면, 그들 마음속에서도 불성광명佛性光明이 찬란하게 솟아난다. 이것이 천도薦度다. 영가천도靈駕薦度다. 빛나는 보살몸으로 높이 들어올려〔薦/천〕새 생명으로 구제하는 것〔度/도〕이다. 영가靈駕, 영혼靈魂은 다음 생生으로 나아가는 우리들의 마음~, 그 에너지다. 무슨 귀신鬼神, 심령心靈이 따로 있는 것 아니다. 우리가 보살의 마음으로 기도하면, 그들의 마음에너지도 보살의 마음으로~, 보살의 원력으로 빛을 발한다. 이것이 참된 생명구원이고 동포들에 대한 사랑이다.

나는 아침마다 기도한다.
아침정진 마지막 순서로 사랑하는 사람들 위하여 기도한다.
우리 가족들~, 제자들~, 동덕청보리들~,
자비수레꾼들~, 빠리사 도반들~, 친구들 도반들~,
우리절의 대중들~, 열심히 살아가는 이 땅의 동포들~,

먼저 가신 분들 위하여 기도한다.

그 이름 하나하나 외우면서,

그 얼굴 하나하나 눈앞에 보면서 기도한다.

그분들이 빛나는 보살몸으로 다시 돌아와

보살의 삶 열심히 살아가고 있는 모습들~, 눈앞에서 지켜보고

있다.

나는 언제나 그들과 함께 살고 있다.

나) 지금 곧 부처님 앞에 나아가 '보살의 원생서원'을 발한다

지금 곧 일어나

부처님 앞에 나아가

촛불 밝히고 삼배 올리고

무릎 꿇고 합장하고

'보살의 서원誓願'을 고할 것이다.

'보살의 원생서원願生誓願'을 발할 것이다.

불교는 말 아니다.

불교는 이론 아니다.

불교는 명상 참선 아니다.

앉아서 말로 생각으로 하는 보살행~, 헛것이다.

앉아서 머리 굴리며 기다리는 깨달음 성불~, 헛것이다.

Soon, Now and Here

불교는~, 보살도는~,

바로 지금 여기서 걷는 것이다.

일초직입 여래지一超直入如來地~,

이제 우리도 부처님같이~, 바로 걷고 걷는 것이다.

피땀 흘리며 걷고 걷는 것이다.

팔정도의 길 걷고 걷는 것이다.

애쓰고 애쓰면서

참고 견디면서

싸워 이기면서

숨 거두는 마지막 순간까지

뙤약볕길 목말라 하며 동포들 속으로 걷고 걷는 것이다.

이 순간순간이 곧 불사不死다. 원생願生~, 새 생명이다.

'죽지 않아요 죽지 않아요'~, 바로 이 순간순간이다.

불사不死는 소멸도 아니고 영생도 아니다.

'한소식 해탈하면 적멸이다~, 고요하다, 다시 태어나지 않는다'~,

이런 소멸도 삿된 견해(斷見)고, 영생도 삿된 견해(常見)이다.

'다시 태어나지 않는다'~, 이것은 윤회에 들지 않는다는 것~,

그러나 보살은 중생제도의 원력에너지로 몇 생生~, 몇 겁劫을 윤회

의 굴레 속으로 스스로 들어가 나고 죽고 나고 죽고~, 이것이 붓다

석가모니의 본생本生이다. 붓다는 본래 이렇게 사신다. 우리 보살들
도 본래 이렇게 살아간다.

불사는 바로 지금 이 순간순간~, 나누고 섬기는 보살의 삶이다.

나누고 섬기면서

텅~ 비우고 비우면서

윤회의 고통 속으로~,

윤회의 죽음 속으로 스스로 뛰어드는 보살~,

보살의 원력~, 세세생생世世生生 보살도~,

이것은 인류가 도달한 최고의 경지~, 빛나는 인생~,

바로 '청정범행(淸淨梵行, Brahma-cariya/브라마짜리야)'~,

이것이 불교가 추구하는 궁극의 목표다.

〔합 송 ; 「보살의 원생서원願生誓願」〕

부처님 앞에 나아가

간절하게 함께 외우며

굳센 불퇴전不退轉의 서원을 발한다.

또 법회나 빠리사 공부모임 때 회향발원으로 합송한다.

(목탁/죽비~)

「이제 우리도 부처님같이

애쓰고 애쓰면서

참고 견디면서

싸워 이기면서

보살 원생顧生 서원합니다.

보살 원생顧生 서원합니다.

원력으로 살고

원력으로 돌아오기 서원합니다.

낡은 옷 훌훌 벗어버리고

빛나는 원왕顧王 보살로 다시 돌아와

이 땅의 동포들과 함께 나누고 섬기면서

사바정토의 길 걷고 걷기 서원합니다.

세세생생世世生生 보살도를 닦아지이다.

부처님~, 저희를 인도하소서.

이 어리석은 중생들 인도하소서.

불보살님~, 저희를 수호하소서.

이 허약한 중생들 수호하소서.

사랑하는 우리 가족들~, 제자들~, 친구 도반들~,

열심히 살아가는 이 땅의 동포들~,

수호하소서~, 수호하소서-.

나무 석가모니불 나무석가모니불 나무시아본사석가모니불」

4. 국제구호단체 '자비수레꾼' 설립~,
'캄보디아 어린이들 학교보내기 운동'

1) 남지심 보살과 함께~, 2011년 '자비수레꾼'을 설립하고

가) 몰려드는 수레꾼들~, '우리 불교도 하면 되는구나'

2011년 여름~, 일흔네 살~,
남지심 보살님이 도피안사로 찾아왔다.
남지심 보살은 이화여대 국문과 출신으로, 불교소설『우담바라』를
비롯하여 많은 작품을 써온 훌륭한 작가이면서 불교발전을 위해서
도 많은 노력을 기울여온 개척자시다. 박광서 교수와 함께 '우리는
선우'라는 단체를 설립하기도 하였다. 이때는 종로 낙원동 근처 종
로빌딩에 공부방을 열고 문학 지도를 하고 계셨다.
도피안사에서 점심공양을 하다가 내가 말을 꺼냈다.

"캄보디아 어린이들이 학교도 못 간다는데,
그 아이들 학교보내기 운동을 했으면 참 좋겠는데~"

남 보살님이 즉석에서 찬성이시다. 그러면서 남 보살님이 개인적
으로 캄보디아 승왕僧王과 교류가 있다는 얘기까지 하셨다.

일이 급속도로 추진되었다.

'캄보디아 어린이 학교보내기 운동'~,
이렇게 목표를 구체화하고 회원모집에 나섰다.
한 달 만 원씩 회비 내기~,
이것이 회원 되는 조건이다.
'당신이 희망입니다'~,
이런 홍보카드를 만들어서 인연 닿는 대로 돌
렸다.
이 카드에 실린 눈이 큰 여자아이~, 캄보디아
어린이~,
내가 '순이'라고 이름을 붙이고, '내 딸이다'~,
하고 작정하였다.

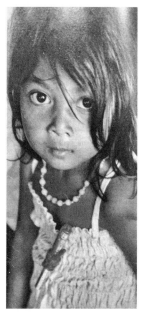

캄보디아 순이順伊, 우리 딸

지금도 절 내 공부방에 순이 사진을 올려놓고,
아침저녁으로 '순이야' 부르면서 인사를 나눈다. 세월이 십 년 넘게
흘렀으니까, 꼬마 순이가 벌써 커서 시집갔는지도 모르겠다~.

회원모집이 놀랄 정도로 잘 돼 갔다.
전국에서 지원자들이 모여오고, 회비가 모여왔다.
스님들도 여러 분이 동참하셨다. 대구의 한 비구니 스님은 거금을
보내셨다. 십만 원 이십만 원 보내는 분들도 많았다. 이름도 얼굴도
모르는 캄보디아 아이들 위해서~. 나도 힘닿는 대로 회원모집에
나섰다. 동덕 청보리들이 많이들 참가하고, 도피안사에 함께 살고
있던 서울대 천문학과 명예교수 이시우 박사께서 적극적으로 동참
하셨다. 창원 동향同鄕인 무위심 보살(김정란)도 팔을 걷어붙이고

동참했다. 이렇게 자비수레꾼의 결집은 큰 성공을 거두었다.

'자비수레꾼'이 자리 잡는 데는 남 보살님 원력이 크게 작용하였다. 남 보살이 아는 사람들도 많고 발도 넓어서 그 인연으로 많은 분들이 모여왔다. 엄앵란 보살도 이렇게 동참했다. 몸소 캄보디아 현지까지 다녀오고, 그쪽에 있는 원일 거사를 통하여 땁보딩에 초등학교, 중학교 건설하는 사업을 해냈다. 남 보살은 국내에서도 탈북대학생들 후원 장학금 사업을 벌여서 그동안 50여 명의 학생들에게 지속적으로 장학금을 지원해오고 있다. 그중 일부 학생들은 불교 수행자로 돌려놓으셨다.

대연 거사 정연대 박사
무상화 보살

이 두 분의 역할도 큰 빛을 발하였다. 대연 거사는 수레꾼의 국내 실무를 총괄하면서, 초파일을 맞아 장충공원에서 '북한동포들을 위한 연등蓮燈 밝히기' 사업을 추진하고, 무상화 보살은 종로구청과 연대해서 이주移住 여성들을 위한 '요리교실'을 운영하면서 큰 호응을 이끌어냈다.

수레꾼의 성공을 보고 나는 속으로 감탄했다.

'우리 불교도 하면 되는구나~,
게을러서 "마음"이니 "깨달음"이니 핑계대고 앉아서 안 해서 못하는 거지, 몸으로 뛰어들면 얼마든지 성공할 수 있구나.~'

3편〔붓다-빠리사 시절〕

나) '자비수레꾼' 결집~, 보살은 본래 '수레꾼'이다

2011년 10월~,
조계사 앞 템플스테이빌딩 3층 문수실~,
50여 명이 모여서 거룩하게 창립법회를 열었다.
법회에 앞서 남 보살과 함께 단체 명칭을 의논하다가, 내가 '자비를
나르는 수레꾼'이라는 꽤나 긴 이름을 제안하고 남 보살님도 적극
찬성해서 그렇게 정했다.

'자비를 나르는 수레꾼'~,
줄여서 '자비수레꾼'~,

이것은 대승大乘의 길~,
대승보살의 길을 뜻하는 것이다.
대승(大乘, Mahayana)~, 큰 수레~, 자비의 수레~,
보살은 자비를 나르는 수레꾼~,
우리 불자들은 아라한 이전에~, 깨달아 부처 이전에~,
모두 보살이다. 대승보살~, 자비를 나르는 수레꾼이다.

대승보살~, 자비를 나르는 수레꾼
이것이 불교도의 정체성正體性이다.
불교는 처음부터 대승(大乘, Mahāyāna)이다.
대승~, 큰 수레~, 자비수레꾼 아니면 불교 아니다.

이 정체성 망각하고,
'아라한이다' '부처다' 하면서 눈감고 앉았으니까
이 모양 된 것이다.

창립총회에서
남지심 보살, 충남대 이평래 교수, 나~,
이렇게 세 사람이 공동대표로 선출되었다.

2) 뽀디봉 벽지마을에 학교 세우고, 어린이 5백 명 학교 보내다

2012년 초
학교 지을 모금이 목표를 넘어섰다,
캄보디아 현지와 협의해서 캄보디아 북부 변경의 벽촌 '뽀디봉 마을'에 터를 잡고 초등학교 건립에 들어갔다. 현지에서는 원일 거사라는 분이 일을 맡아서 헌신적으로 추진하셨다.
몇 달 뒤~, 초등학교가 완공되었다.
5백 명의 어린이들이 입학했다.
아이들이 모여드니까, 주민들도 모여들었다. 2천여 명의 주민들이 모여들어서 큰 마을을 이루었다. 식수가 부족했다. 그래서 수레꾼들은 '우물파기 불사'를 시작하고 모금에 나섰다. 많은 분들이 호응해왔다. 박종오 선생님도 한 구좌 맡아서 헌금하셨다.
수레꾼은 건설비용과 교직원들의 인건비 등을 계속 지원하고 있다.

자비수레꾼이 세운 뽀디봉 초등학교

3년 뒤~,
중학교 건물을 새로 건설하였다.
초등학교 졸업생들이 들어가 공부할 공간이다.
역시 수레꾼들이 건설비와 인건비를 지원하고 있다.

「자비수레꾼의 개척은 계속되었다.
캄보디아 수도 프놈펜에 한국어 학원을 개설하고, 국립프놈
펜대학 학생들에게 장학금을 지원하는 프로그램을 진행했다.
현지에 있던 원일 거사의 주도적 노력이 큰 도움이 되었다. 이
운동을 지속적으로 전개한 결과 현재는 이 장학생들이 중심
이 돼서 '프놈펜 자비수레꾼'이 창립되어 시골 자원봉사 등 활
발한 활동을 전개하고 있다.

이 사업을 주도한 원일 거가는 안타깝게 작년(2020년) 신병으로 입적하셨다. 가슴이 무너진다. 내생에 다시 만나 더욱 빛나는 불사를 함께 할 것이다.

이것은 그냥 해보는 소리가 아니다.

이것은 '눈앞의 팩트(fact)~, 사실事實'이다.」

― 『붓다는 지금도 걷고 있다』(2021, 동쪽나라) pp.308~309 ―

수레꾼들은 국내에서도 활발한 활동을 전개해왔다.

한 달 한 번씩 종로빌딩의 남지심 보살 공부방에서 수레꾼 study 모임을 열고, 나와 이시우 박사 등이 강의를 하고, 사띠 수행을 해왔다. 명지대 명예교수 정연대 박사가 국내 수레꾼의 책임을 지고 사업을 주도하고, 무상행 보살은 종로구청과 협력하여 '다문화가족 요리학교'를 열어서 큰 호응을 얻고 있다. 정연대 교수는 '작은 통일운동'을 꿈꾸며 '부처님오신날' 장충공원에 '북한동포들을 위한 연등달기'를 전개하여 불교계에 신선한 메시지를 전파하였다.

남지심 보살은 탈북대학생 장학금 사업을 수년 동안 계속하여, 50여 명의 동포대학생들이 큰 혜택을 받고 있다. 남 보살은 이들 가운데 불교에 관심 있는 대학생들을 모아서 '불교클럽'으로 키워가고 있다. 수십 명이 동참하고 있다.

3) 캄보디아 공예(고등)학교를 세우고~, 수레꾼들의 꿈은 계속 된다

2018년~, 여든한 살~,

나는 남지심 보살과 함께 수레꾼 대표에서 물러났다.

4년 임기 두 번 하고 후배들에게 물려준 것이다.

박세동 선생이 대표를 맡고, 오서암 거사가 부대표를 맡았다. 실무 는 서암 거사가 거의 전적으로 맡아서 하고 있다.

2019년~,

서암 거사가 중심이 되어 새로운 프로젝트를 추진해왔다.

중학교를 졸업하는 캄보디아 청소년들을 위하여 공예(고등)학교 를 세우는 작업이다. 큰돈이 든다. 모금운동이 시작되었다. 이번에 도 놀랄 만큼 호응이 컸다. 나는 가난해서 한 구좌 10만원 밖에 내 지 못했다. 대신 빠리사학교 도반들이 적극적으로 동참하셨다. 김 해 여연진 보살은 30만원~, 서울 윤웅찬 교수는 20만원~, 다들 힘 껏 하셨다.

2023년 4월~,

L.A.의 옛 도반 서진우 거사와 연락이 닿았을 때, 내가 수레꾼불사 이야기를 했다. 지난 7월 14일 L.A. 금강불자회의 황금서 회장이 캄 보디아 공예학교 불사 희사금 천 달러~, 백 28만원을 송금해왔다. 멀리서 다들 고생하며 번 귀중한 돈~, 그리고 2024년부터 L.A. 불

자들 5백여 명이 수레꾼 동행자로 함께하고 있다. 고맙고 장하다. 지금 현재 공예학교 건설은 착착 진행되고 있다. 얼마 전 서암 거사가 직접 현지에 가서 점검하고 돌아왔다. 아래 글은 서암 거사의 report다.

「수레꾼 공예학교를 짓기 시작했습니다.

초등학교와 중학교에 이어 기술과 공예를 가르칠 수 있는 기술공예학교를 설립할 계획을 세운지 5년~, 그동안 꾸준히 설립기금을 모아온 결과 드디어 엊그제인 (2023년) 5월 22일 그 첫 삽을 떴습니다.

이 학교에서는 수레꾼 중학교 졸업생을 위주로 학생을 선발하여, 목공기술과 재봉기술을 가르치고자 합니다. 이 학생들이 앞으로 수준 높은 고급제품을 만들어낼 수 있도록 기술향상과 디자인 개발에 더욱 열심히 노력하겠습니다.

그동안 이 학교가 세워질 수 있도록 성원하여 주신 많은 후원자님께 다시 한 번 감사의 말씀을 드리며, 이 학교가 어떤 모습으로 성장할지~, 깊은 관심을 가지고 지켜봐주시기 바랍니다.」*

_ 2023년 5월 24일 서암 거사, 카톡방에서

국립프놈펜대학생들 장학급 사업도 잘 계속되고 있고,

---

*   뽀디봉 공예학교는 2024년 11월 18일에 개교한다.

초등학교 중학교의 부족한 교실 증축사업도 잘 진행되고 있고,
현지의 '프놈펜 자비수레꾼' 활동도 활기차게 계속되고 있고~,
우리 수레꾼들이 참으로 멋지고 자랑스럽다.
우리 수레꾼들이 '자비의 수레'~, '대승大乘의 수레' 이끌고
라오스로, 베트남으로, 미얀마, 스리랑카로~,
멈추지 않고 끝없이 끝없이 전진 개척해갈 날을 기약한다.

나는 이렇게 걷고 있다.
사랑하는 사람들 떠나보내고
아픔과 외로움 참고 견디면서
부처님의 고행苦行 지켜보면서
나는 오늘도 이렇게 쓸쓸하게 걷고 있다.

9장

〔Buddha-Parisā 학교〕

'붓다의 불교-시민불교'를 개척해가다

1. 'Buddha-Parisā 학교' 설립~, 우리는 '붓다 석가모니'를 찾아나선다

1) 12명의 청보리 순례자들~, 눈물로 인도 팔대성지를 걷다

'인도로 가야지~,

부처님 찾아서 인도로 가야지~'

이것은 우리들의 오랜 꿈이다.

1970년 동덕불교 시작하면서부터

우리 청보리들이 함께 간직해온 40여 년의 오랜 꿈이다.

2013년 2월~, 일흔여섯 살~,

우리는 마침내 꿈을 이루게 되었다.

12명의 '청보리순례단'이 인천공항에서 인도 뉴델리행 비행기를 탔다. 12일간 붓다의 8대성지를 걷기 위하여 먼 길을 떠났다.

청보리순례단

유정애(대표) 이을섭 이춘실 손경옥

김미자 김경희(김미자 큰딸)

유지형 광우거사(유지형 남편) 이승연(유지형 둘째 딸)

임동숙(우리는선우 사무국장)

석명룡 거사(불교화가, 사진작가)

김재영

임동숙(임수정으로 개명) 보살

'우리는선우'의 사무국장으로 오래 봉사해왔고, 내가 선우의 상임 법사로 있으면서 함께 스터디 모임도 하고 인연이 깊었다. 특히 '붓다의 마지막 낮과 밤'을 소재로 한 최초의 붓다 영상작품 '대열반'을 함께 만든 것은 기록할 만한 가치가 있다. 내가 사진자료를 수집하고 대본을 쓰고 임동숙 국장이 편집하고 음악 편성하고~, 지금까지 세계 각국에서 30여 만 명이 관람했다. 이 작은 작품이 전 세계 수십만 불자들에게 큰 감동을 준 것이다. 마침 그때 박종오 선생님이 임 국장의 여행경비를 희사하셔서 순례단으로 함께 가게 된 것이다.

법안거사 석명룡

역량 있는 젊은 불화가佛畵家~,

우리가 신사동에 '청보리정토원'을 개설했을 때 후불탱화를 그렸
다. 유정애와도 인연이 있어서 우리 순례단의 사진작가로 초청해
서 동행하게 된 것이다.

뉴델리 근교에서 1박하고

다음 날 초전법륜지 와라나시로 날아갔다.

다메크-스투파(Dhamekh-Stupa)~,

하늘 높이 솟아 있는 장엄한 초전법륜탑~,

12명 순례자들 그 앞에 맨발로 합장하고 섰다.

내가 간단히 이곳의 의미를 설명하고, 목탁을 들고 예불을 선도
했다.

"계향 정향 혜향 해탈향 해탈지견향

광명운대 주변법계 공양시방 무량불법승~'

눈물을 쏟아낸다.

합장하고 선 순례자들이 눈물을 쏟아내고 있다.

뜨거운 것이 솟아올라와 더 이상 참지 못하고 어깨를 들썩이며 눈
물을 쏟아내고 있다. 나도 안간힘을 쓰며 겨우겨우 예불을 이어갔
다. 땅바닥에 엎드려 예배 올리면서 다들 일어설 줄 모른다.

이렇게 예불을 끝내고 우리는 둘러서서 돌아가면서 서로 포옹하고

함께 눈물을 쏟아냈다. 그리고 다메크스투파 앞에 앉아서 Sati 수행
에 들어갔다.

'뜨거운 눈물
환희의 눈물
부처님을 친견한 기쁜 눈물'~

참 이상한 일이다.
2001년 도피안사 성지순례단으로 처음 왔을 때는 이렇지 않았다.
송암 스님, 도예가 김기철 선생 내외분, 묘덕심 보살, 청련화 보살,
진여성 보살 등 좋은 벗들과 함께 와서, 그때도 큰 감동을 받았지
만, 이렇게 뜨거운 눈물이 쏟아지지는 않았다.

청보리 성지순례단-웨살리 아소까의 돌사자상 앞에서

세월이 많이 흐른 때문일까?

내가 너무 늙어서 마음이 약해진 탓일까?

이 눈물은 계속되었다.

팔대성지를 걸을 때마다 계속되었다.

구시나가라 사라쌍수 언덕~,

열반당 앞에서 백팔배를 올릴 때

청보리순례단의 뜨거운 감동은 절정에 달했다.

열반당 안으로 들어가 부처님의 발에 이마를 대고

간절히 기도했다.

'부처님~, 부처님~,

저희도 부처님같이 살고 싶어요.

만분의 일이라도 부처님같이 살다 가고 싶어요.'

2) 10부작 '붓다 석가모니' 시사회~, 22개 재가단체들의 연합 으로

2014년 10월 28일,

화요일 오후 2시, 조계사 공연장~,

영상10부작 '붓다 석가모니' 교계시사회~,

수많은 사람들이 몰려왔다. 2백여 석 좌석이 차고 복도에까지 줄지어 앉았다. 이런 성황~, 뜻밖이다. 예상치 못했던 일이다.

조계종포교원장 스님도 와서 축사를 하고, 오랜 동지 '자비의 소리' 반영규 선생도 흰머리 휘날리며 오시고~, '불이회不二會'의 윤용숙 실상화 보살은 거금 백만 원과 함께 간곡한 손편지를 보내셨다. '우리는선우'의 이수복 보살님도 귀한 촌지를 보내셨다.

이 날 시사회는 오랜 산고產苦의 결실이다.
2013년 2월 인도순례하고 돌아와서, 석명룡 화백이 힘들게 촬영한 사진자료들과 내가 수집한 여러 자료들을 영상편집 전문가 정철기 PD에게 맡겨서 10부작을 만들도록 위촉했다. 1천만 원이 넘는 상당한 비용도 지불했다. 아껴두었던 청보리기금에서 기꺼이 지불했다. 정 PD는 연세대 출신의 이 방면 전문가로 불심도 깊었다.
영상10부작~, 결코 쉬운 일이 아니다.
영상미와 불교적 메시지를 함께 살려내야 하는 어려운 작업~,
우리 둘이는 때로 부딪히기도 하면서도 서로 의논하고 서로 양보하면서 잘 극복해갔다. 그래서 1년 이상의 시간이 흐른 것이다.

'10부작 영상 붓다 석가모니' 교계시사회~,
나는 이 행사를 '불교계 활력의 장'으로 승화시키고 싶었다. 여러 재가단체들과 손잡았다. '독불장군獨不將軍'~, 함께 갈 때 빛나는 것 아닌가.

['붓다 석가모니' 시사회 공동주체들]
참여불교재가연대 우리는선우 자비수레꾼

교사불자회 군종특별교구 니르바나필하모닉오케스트라
대불련총동문회 대한불교청년회 민족사 법림 보리수아래
불광법회 불교기자협회 불력회 삼보법회 안산화업사
안성도피안사 열린선원 은평빠리사선원 작은손길
재한줌마인연대 한국대학생불교연합회

22개 재가불자단체의 연합~,
참여불교재가연대가 간사 역할을 맡고, 재가연대 사무총장 정윤선
박사가 실무를 총괄하면서 열정을 쏟아 부었다.
'왔다 청보리'라는 포스터도 만들어 붙이고~, 정윤선 박사는 '남의
일'이 아니라 '자신의 일'로 정성을 다한 것이다.
이렇게 해서 '부처님의 일생-10부작 영상 붓다 석가모니'는 수십
개 재가불자들의 공동작품으로 세상에 탄생하였다.

시사회는 청보리 한지호 군이 사회를 보았다.
먼저 '무상無常 사띠 수행' 하고 영상관람으로 들어갔다.
10부작 가운데 1부 탄생과 7부 수행, 마지막으로 10부 '붓다의 마
지막 낮과 밤'을 상영하였다.
만장의 대중들이 눈물을 쏟아냈다. 그리고 모두 기립하여 박수를
치며 환호하였다.
석명룡 화백과 정철기 PD가 단상에 올라 꽃다발을 받고 감격하
였다.

10부작 영상 '붓다 석가모니'

역사적인 사실과 경전에 근거한 코멘트,

순례자들이 주체적으로 참여하는 영상들~,

2천 7백 년 전의 흘러간 과거사가 아니라,

'지금 여기서~,

우리가 어떻게 붓다의 삶을 살아낼 것인가?'

우리들의 삶에 초점을 맞춘 기본 콘셉트~,

이 모든 것이 불교사의 새로운 개척들이다.

3) 'Buddha-Parisā 학교'~, 우리는 '붓다 석가모니'를 찾아나 선다

2014년 11월~, 일흔일곱 살~,

남산 기슭 '우리함께 빌딩' 2층 '만해교실'

'붓다 빠리사학교'를 처음 시작하였다.

내가 법사로서 교육과정을 주관하였다.

'빠리사(Parisā) 학교',

정확하게는 'Buddha-study-Parisā 학교',

줄여서 'Buddha-Parisā 학교'~, 'Parisā 학교'~

이것은 뜻밖의 일이다.

부처님께서 열어주시는 뜻밖의 선물이다.

10월 28일 10부작 영상 '붓다 석가모니' 시사회를 열고나서, 이 행사를 주관한 재가연대를 중심으로 '함께 모여서 부처님 공부 하고 싶다'는 의견들이 분출하였다. 사무총장 정윤선 박사와 재가연대 연수원장 조화제 박사, 정은용 도반(현 동산반야회 이사장), 신기윤 도반(현 빠리사학교 학인대표) 등이 중심이 돼서 이 의견들을 조직하고 내게 학교 설립을 제의해왔다. 나는 기꺼이 이 제안을 받아들이면서, 학교의 명칭부터 이렇게 분명히 하였다.

'Parisā 학교,

Buddha-Parisā 학교,

Buddha-study-Parisā 학교'

내가 이렇게 애도 낳기 전에 이름부터 정한 것은 망각해버린 '붓다'를 찾기 위해서다. 망각해버린 '붓다의 불교'~, 불교의 정체성을 찾기 위해서다.

불교인생 60여 년~,

'재가연대'를 비롯하여 불교계의 수많은 단체들이 흥망성쇠하는 과정을 나는 너무나 명백하게 보아왔다. 처음에는 '불교중흥'이니 '불교의 새 물줄기'니 뭐니 하면서 거창하게 나가다가, 얼마 못가서 지리멸렬 서로 싸우고~, 그러다가 허망하게 사라져갔다. 단체 이름 붙들고 있어도 이미 죽은 단체들이 되고 말았다. 슬프고 안타까운 일이다.

무엇 때문일까?

왜 수많은 불교단체들이 머지않아 서로 싸우고 사라져가는 것일까?

'정체성의 부재不在~,

확고부동한 정체성의 부재와 상실'~

이것이 결정적 원인이다.

정확하게 말하면, 처음부터 정체성을 확립하지 못했기 때문이다.

대부분의 불교단체들이 미사여구美辭麗句만 내세우다가 얼마 못가서 Identity를 잃고 혼란에 빠지고, 작은 이해관계로~, 대부분 권력다툼으로 망하고 만다.

4) '붓다의 불교-시민불교'~,
이것이 불교의 Identity, 빠리사들의 정체성

〔합 송〕

큰 소리로 함께 외운다.

(목탁/죽비~)

「Buddha~, Buddha 석가모니~,

Buddha 석가모니께서 몸소 피땀 흘리며 목말라 하며,

동포들 속으로 걷고 걸으시는 만인견성-붓다의 불교~,

우리도 부처님같이 만분 일이라도

애쓰고 애쓰면서 시민들 속으로 걷고 걸어가는 시민불교~,

만인견성-만인불사의 시민보살불교~」

이것이 불교의 정체성~,

이것이 불교의 Identity다.

이것이 우리들의 정체성이다.

이것이 우리 빠리사학교의 정체성이다.

이렇게 우리는 붓다를~, 붓다 석가모니를 찾아 나선다.

이렇게 우리는 처음부터 '붓다 석가모니'로서~, '붓다의 불교'로서

불교의 정체성을 확립하고 개척해 나간다.

법신불 화신불이 아니다.

도인 조사가 아니다. 우주진리가 아니다.

우리는 오로지 붓다 석가모니를 찾고 공부하고 그 삶을 따라서 걷

고 그 삶을 개척해간다.

「붓다의 불교~,

붓다 석가모니께서 몸소 하시는 삶과 직언직설

만인견성萬人見性-만인불사萬人不死의 시민불교」

우리 빠리사들은 이것을 정체성으로 삼고,

「Buddha-study~,

붓다 석가모니 공부」

우리 빠리사들은 이것을 수행법으로 삼고,

「우리도 부처님같이~,

만분 일이라도 부처님같이

애쓰고 애쓰면서 걷고 걸어가는 시민보살의 삶」

세세생생世世生生 보살도~,

우리 빠리사들은 이것을 깨달음으로 삼고 나간다.

이것 아니면 빠리사학교 아니다.

아니~, 이것 아니면 불교 아니다.

2. 사띠(Sati)와 빠리사(Parisā)~, 우리 빠리사들의 수행법

1) 붓다(Buddha), 사띠(Sati), 빠리사(Parisā)로, 우리 빠리사들의
3대 수행법

붓다스터디(Buddha-study)

이것이 우리 공부다.

이것이 우리 빠리사들의 공부법이다.

붓다의 피땀 어린 삶과 직언직설直言直說을 공부하는

Buddha-study~, 부처님 공부~,

이것이 우리가 하는 공부법이다.

이것이 우리가 깨달음을 찾고, 보살행을 행하고,

만인견성-만인불사의 시민불교를 추구하는 공부법이다.

붓다 석가모니의 삶이 없는 수행~,

붓다 석가모니의 고행이 없는 깨달음~, 한소식~,

붓다의 직언직설을 전제하지 아니하는 설법~,

모두 다 허구, 환상이다.

아무 생명력이 없는 조화造花에 불과하다.

지금 우리는 이 허구, 환상에 빠져 있다.

앉아서 한소식 하면, 만사형통萬事亨通~,

머리에 뿔나는 줄 착각하고 있다.

우리 빠리사는 철저하게 Buddha-study로 나가고 있다.

모이면 둘러앉아서 Buddha-study~, 부처님 공부한다.

초기경전을 중심으로,

붓다의 피땀 어린 삶을 중심으로,

붓다의 체온과 고뇌가 스며있는 직언직설을 중심으로~,

강의하고 발표하고 토론한다.

선사니~, 도인이니~, 이런 허虛한 소리 하지 않는다.

이렇게 해서 우리도 만분일萬分一 부처님같이 살아가려고 애쓰고

애쓴다.

그래서 우리 학교 이름도 'Buddha-study-Parisā 학교'다.

3편 〔붓다-빠리사 시절〕

「Buddha, Sati, Parisā로,

우리도 부처님같이

작은 것 하나라도 나누고 섬기면서 〔Buddha〕

사띠(Sati) 하면서 〔Sati〕

둘러앉아 대화하고 토론하면서 〔Parisā〕~

이것이 우리 빠리사의 '삼대 수행법'이다.

이것이 Buddha-study 하는 '삼대 수행법'이다.

〔Buddha〕

우리도 부처님같이 나누고 섬기면서

〔Sati〕

순간순간 얼굴 맞대고 눈앞의 상황들 알아차리면서

〔Parisā〕

때때로 우리 빠리사에 둘러앉아 대화하고 토론하면서~,

이렇게 우리 수행법은 단순명료하다.

이것으로 족하다. 차고 넘친다. 더 이상 필요하지 않다.

이것으로 누구든지 깨달을 수 있다.

이것으로 누구든지 불사 원생不死願生을 실현할 수 있다.

죽는 것 가운데서도 죽지 아니하고, 낡은 옷 훌훌 벗어버리고,

빛나는 보살의 몸으로 다시 돌아올 수 있다.

2) 빠리사들의 수행법 (1) ; 사띠(Sati)~,
  ## 우리 빠리사는 '무상無常 사띠'로 정진한다

가) '나누고 섬기면서 사띠 하면서'~, 이것이 불교의 모든 것~

「우리도 부처님같이
나누고 섬기면서~, 사띠 하면서~」

이것이 사띠다.
이것이 우리 빠리사들의 사띠 수행이다.
이 사띠가 Buddha-study~, 그 출발점이다.
이 사띠가 Buddha-study~, 그 출발점이고 동력이다.
아니~, 세세생생 보살도~, 그 출발점이고 동력이다.
이 사띠가 우리 인생~, 그 출발점이고 동력이다.
사띠~, 이것이 불교의 모든 것~,
불교는 이것으로 끝~, 더 이상 없다.
불교~, 이렇게 단순명료하다. 더 나가면 헛소리~.
우리가 하는 사띠는 바로 이런 것이다.

이 사띠가 불교의 모든 수행을 관철하고 있다.
무상 고 무아~, 공~, 오온 십이처 십팔계 십이연기~,
일체법이 모두 사띠 하는 과정이다.
명상 참선 삼매~, 위빳사나 사마타 간화선~, 지관止觀~,

이 모든 수행이 곧 사띠~, 사띠 하는 과정이다.

불교의 선禪이 곧 사띠다.

불교의 선정 삼매禪定三昧~, 팔정도의 사선四禪이 곧 사띠다.

사선의 마지막 단계~, 제사선第四禪이 곧 사띠다.

선정수행의 최고단계인 제사선을 '우빽카사띠(Uppekkha-sati/捨念)'
라고 일컫고 '사념捨念'이라고 번역한다. 'Uppekkha/우빽카'~, 일
체의 어둔 생각들 버리고(捨/버릴 사) '담담하게'~, '사띠'~, '알아차
리고 관찰한다(念)'는 것이다. 사띠를 중국 역경가들이 '염念' '정념
正念'이라고 번역했다. 이렇게 사선四禪이 곧 사띠다. 최고 경지인
제사선第四禪이 곧 사띠다. 이 사띠를 닦고 닦는 것~, 이것이 곧 선
정 삼매다. 이것이 곧 반야 지혜고 깨달음이다.

사띠라야 불교다.

이 사띠 벗어나면 이미 불교 아니다. 외도外道다.

이 사띠가 붓다의 첫 가르침이고,

이 사띠가 붓다의 마지막 가르침~, 최후유교最後遺敎~,

우리 불자들에게 주시는 유언遺言이다.

어쩌다 지금 우리는 '사띠'란 용어조차 망각하고~,

그래서 불교가 이 모양 된 것이다.

생각하면 한심하고 부끄럽다.

기원전 544년, 웨사카달력 2월 보름~,

열반의 땅 구시나가라 사라쌍수 언덕~,

와라나시 사슴동산에서 사띠하는 청보리들

붓다께서 죽음을 목전에 두고 우리들 불쌍히 여겨
마지막 말씀하신다.

〔합 송 ; 「붓다의 최후의 말씀」〕
모두 허리 곧게 펴고 합장하고
구시나라가 사라쌍수 언덕 저 부처님 우러러보면서
간절한 마음으로 함께 외운다.
(목탁/죽비~)

　"이제 그대들에게 이르노니,
　제행은 무상한 것이다.
　생겨난 것은 반드시 소멸해가는 것이다.

　　　　　　　　　　　　　　3편〔붓다-빠리사 시절〕

게으르지 말고 사띠 하라.

이것이 여래의 마지막 말이다."

(2번, 3번 함께, 또 혼자 외운다)

— 디가니까야 16 「대반열반경」 6, 7 —

나) '무상無常 관찰'~, face to face~, 얼굴 맞대고 관찰하라

"제행은 무상(諸行無常)한 것이다.

게으르지 말고 사띠 하라."

곧 '무상無常 관찰'이다.

사띠는 곧 '무상 사띠'다.

'제행무상諸行無常

제행무상諸行無常

제행諸行은* 무상無常하다,

---

* '제행(諸行, *sabbe-saṅkhara*/삽베상카라)'은 '어둔 짓들' '어둔 짓들로 생겨난 고통스런 현상들'이다. 탐진치 어둔 마음~, 어둔 행위로 하는 짓들이 제행이고, 그 결과로 생겨난 우리들의 어둔 삶의 현상~, 현실이 곧 제행이다. 시간적으로 관찰하면~, 이것은 끊임없이 변하고 사라져가기 때문에 '제행무상諸行無常'이고, 행태적으로 관찰하면~, 이 모든 것은 괴로움과 갈등을 가져오기 때문에 '일체개고一切皆苦'이고, 공간적으로 관찰하면~, 어떤 것도 영원한 실체가 없기 때문에 '제법무아諸法無我'라고 본다. 無常-苦-無我, 이렇게 관찰하는 것이 붓다의 삼법인三法印~, 불교적 관찰의 기본이다.

생겨난 것은 반드시 소멸하고 사라져간다.

일체一切는 지나가고 사라져간다.'

이렇게 관찰하는 것이다.

눈앞의 사실들~, 상황들~, 현상들~,

안으로는 나 자신의 상황을 관찰하고〔자기관찰〕~,

밖으로는 많은 사람들의 상황을 관찰하고〔타인관찰〕~,

안팎으로 나와 동포들의 상황들을 서로 주고받는 사회적 공생관계
로 관찰하고〔사회적 관찰〕~,

face to face로~,

안팎의 상황들 대면하여~, 얼굴 맞대고 눈앞에서 보듯~,

있는 그대로~, 변화하는 그대로~,

마음 집중해서, 정신차려서〔正念〕 알아차리고〔正知〕 관찰하는 것
이다.

순간순간~, 찰나찰나 '무상하다'고 알아차리고 관찰하는 것이다.

'일체는 지나간다, 사라져간다'~, 이렇게 관찰하는 것이다.

이것이 '무상 사띠'다.

이렇게 '무상無常 사띠'는 곧 '대면對面 사띠'다.

'대면對面 사띠'~,

이렇게 얼굴 맞대고 눈앞에서 무상관찰함으로써

탐진치 어둔 마음 비우고 비우면서~,

어둔 나〔自我〕 비우고 비우면서~,

죽음도~, 생사도 비우고 비우면서~,

빛나는 마음 에너지~, 보살의 원력을 불러일으키는 것이다.

눈앞에 찬란한 불성광명을 불러일으키는 것이다.

이것이 곧 사띠, '무상無常 사띠'다.

이 '무상 사띠'가 불교의 모든 것, 그 동력이다.

눈감고 무엇을 보려고 하거나,

눈뜨는 듯 마는 듯~,

보이지 아니하는 신비한 체험을 구하려 하거나,

눈앞에서 볼 수 없는 무엇들~,

'자성自性'~, '자아自我'~, '대아大我'~, '진아眞我'~,

'우주진리'~, '불멸의 진리'~, '법신불法身佛'~,

이런 것들 찾는 것은 사띠의 범주를 벗어나는 것~,

붓다의 가르침을 벗어나는 것~,

신비적 선정주의禪定主義~, 명상주의冥想主義~,

이것은 외도外道다.

붓다께서 버리고 떠나신 것이다.

「Face to face~,

눈앞의 사실들 현상들 얼굴 맞대고

일체의 고정관념~, 이데올로기 벗어나

있는 그대로 담담하게 관찰하라,

'무상無常하다'고 관찰하라~

순간순간 마음을 텅~ 비워라」

이것이 불교 하는 근본이다.
아니~, 인생 살아가는 근본이다.
죽음을 벗어나 새 생명의 길 열어가는 근본이다.
이 세상의 평화를 살려내는 근본이다.
부처님께서는 하루하루 이렇게 살아가신다.

금강경 1장(序分)은 이렇게 경책하고 있다.

〔합 송〕

허리 곧게 펴고 합장하고
저 부처님 지켜보며, 우리도 따라 하며
함께 외운다.
(목탁/죽비~)

「이와 같이 나는 들었다. …
그때 참으로 세존께서는 옷매무새를 가지런히 하시고 가사와
발우를 수하시고 사왓티 큰 도시로 탁발하려 들어가셨다. 탁
발을 마치신 후 공양을 드셨다.
공양 후에는 탁발로부터 돌아와 발우와 가사를 제 자리에 내
려놓으시고, 두 발 씻으시고, 미리 준비된 자리에 앉으셨다.
가부좌하시고 몸을 곧게 세우고, 얼굴 맞대고 사띠(對面念, 對

面 Sati)를 확립하여 머무셨다. …」

－금강경 서분序分－*

다) 〔실참실수實參實修〕 우리 빠리사는 매일 이렇게 사띠(Sati) 수행한다

사띠가 빠리사 공부의 핵심이다.

나는~, 우리는 매일아침 30분간 사띠 정진을 실천한다.

내가~, 우리가 마음의 평정을 유지하는 거의 유일한 길이다.

사띠 수행 순서

1) 호흡 사띠 (예비호흡)

2) 무상無常 사띠

3) 사념처四念處의 확립

'사념처'가 사띠수행의 기본형基本形~, Standard이다.

4) 보살의 원생서원

5) 광명 사띠

---

* 현장玄奘 역, 금강경 1분 ; 각묵,『금강경 역해』 pp.23~24. 구마라집의 번역본에는 이 부분이 빠져있다. 그러나 이 사띠 부분은 빠져서는 안 될 중요한 가르침이다. ; 각묵,『금강경 역해』 pp.42~43. 금강경 설법은 기본적으로 이 사띠의 통찰과정이다. 해설하고 강의할 것이 아니라 그대로 담담하제 지켜보고 통찰할 것이다. 무엇이든 해설하고 강의하려고 나서는 것이 콘 병폐다. 불교의 모든 가르침은 기본적으로 사띠 과정이다. 통찰과정이다. 지켜보고 알아차리고(正念正知) 판단하고 실천하는 과정이다. 머리 굴려 해석 해설하면 생명을 잃는다.

빠리사의 Study 때는

이 사띠 과정은 철저하게 준수하고 있다.

20분 정도의 시간이 걸린다.

〔실참실수實參實修〕

함께 수행해간다.

허리 곧게 펴고 참선자세로 앉는다.

고개 가볍게 숙이는 듯~,

두 눈 반개하여 코끝에 집중하고,

들숨-날숨~, 다섯 번 헤아린다.

호흡을 가다듬는다(예비호흡).

(목탁/죽비~)

(들이쉬며) 들숨~ (내쉬며) 날숨~ 하나

(들이쉬며) 들숨~ (내쉬며) 날숨~ 둘 … 다섯.

〔1〕무상無常 사띠

「제행무상諸行無常 제행무상諸行無常

일체는 지나간다 사라져간다,

일체는 지나간다 사라져간다,

몸도 마음도 허공처럼 텅~ 비어 있다.

몸도 마음도 허공처럼 텅~ 비어 있다.

새 생명의 길이 환~ 하게 열려온다.

새 생명의 길이 환~ 하게 열려온다.」

세세생생 보살도를 닦아지이다.

세세생생 보살도를 닦아지이다.

〔2〕 사념처四念處의 확립

(한 칸에 한 번씩 들숨~ 날숨~ 한다. 날숨~ 하면서 외운다)

「① 이것은 몸이다〔身〕

이것은 몸이다,

이 몸은 끊임없이 늙고 병들고 허물어져가고,

늙고 병들고 허물어져가고,

머지않아 한 덩어리 시신屍身으로,

한 줌 재로 흙으로 사라져가고~,

지금 이 순간~,

영안실 냉동고에 누워 있는 내 시신을 지켜본다,

얼음 허옇게 뒤집어쓰고 있는 내 시신을 지켜본다.

저것을 보고~,

'나의 것이다'~, 할 수 있겠는가?

'나〔自我〕다~, 내 잘났다'~, 할 수 있겠는가?

'나의 자아는 영원하다, 영생이다, 불멸이다'~, 할 수 있겠는가?

'이 몸 이대로 영원히 살고 싶다'~, 할 수 있겠는가?

이 몸은 한때 생겨났다 소멸해가는 것,

조건 따라 새롭게 새롭게 변화해가는 것,

'나의 것이다' '내 잘났다'~, 고집할 것이 없고,

'이것이 진리다'~, 고집할 것이 없고,

〔후 렴〕

물처럼 바람처럼 담담하게 지켜본다,

물처럼 바람처럼 담담하게 지켜본다,

몸도 마음도 허공처럼 텅~ 비어 있다,

몸도 마음도 허공처럼 텅~ 비어 있다.

……」

② 이것은 느낌이다〔수受〕

느낌이다, 기분이다.

좋아하고 싫어하고

사랑하고 미워하고

즐거워하고 괴로워하고

외로워하고 우울해하고

이 느낌은 한때 생겨났다 소멸해가는 것,

조건 따라 새롭게 새롭게 변화해가는 것,

'나의 것이다~, 내 잘났다'~, 고집할 것이 없고,

'이것이 진리다'~, 고집할 것이 없고,

〔후 렴〕

물처럼 바람처럼 담담하게 지켜본다,

물처럼 바람처럼 담담하게 지켜본다,

몸도 마음도 허공처럼 텅~ 비어 있다,

몸도 마음도 허공처럼 텅~ 비어 있다.

③ 이것은 마음이다〔심心〕
마음이다, 생각이다.
욕심 부리고 애착하고
욕심 부리고 애착하고
화내고 미워하고 어리석고
화내고 미워하고 어리석고
남 무시하고 의심하고
원망하고 비난하고
근심 걱정하고 게으르고
이 마음은 한때 생겨났다 소멸해가는 것,
조건 따라 새롭게 새롭게 변화해가는 것,
'나의 것이다~, 내 잘났다'~, 고집할 것이 없고,
'이것이 진리다'~, 고집할 것이 없고,
〔후 렴〕
물처럼 바람처럼 담담하게 지켜본다,
물처럼 바람처럼 담담하게 지켜본다,
몸도 마음도 허공처럼 텅~ 비어 있다,
몸도 마음도 허공처럼 텅~ 비어 있다.

④ 이것은 안팎의 상황들이다〔법法〕
안팎의 상황들 사실事實들이다.

가고 오고

만나고 헤어지고

성공하고 실패하고

싸우고 화해하고

허망한 진영논리에 빠져

'좌다' '우다'~, 끝없이 끝없이 허덕이고,

이 상황들 사실들은 한때 생겨났다 소멸해가는 것,

조건 따라 새롭게 새롭게 변화해가는 것,

'나의 것이다~, 내 잘났다'~, 고집할 것이 없고,

'이것이 진리다'~, 고집할 것이 없고,

[후 렴]

물처럼 바람처럼 담담하게 지켜본다,

물처럼 바람처럼 담담하게 지켜본다,

몸도 마음도 허공처럼 텅~ 비어 있다,

몸도 마음도 허공처럼 텅~ 비어 있다.

[3] 붓다의 마지막 말씀

마음의 눈으로 구시나가라 사라쌍수 언덕~,

피땀 흘리며 한 발 한 발 걷고 걸으시는

붓다의 마지막 행진을 지켜보면서

간절한 그리움으로 관찰하고 깊이 새긴다.

법사가 외우고

대중들은 허리 펴고

모두 합장하고 경청한다.

「구시나가라 사라쌍수 언덕~,

열반의 땅 구시나가라 사라쌍수 언덕~,

팔순 노老부처님께서 걷고 있다,

팔순 노老부처님께서 걷고 있다,

죽음의 고통 참고 견디면서

뙤약볕 길 목말라 하며 지금도 걷고 있다,

부처님께서 우리 앞에 오신다,

('부처님 부처님 부처님' 3념하며 부처님 영접한다)

우리 손 꼭 잡으신다,

(우리 두 손을 깍지 끼고 '부처님 부처님 부처님' 3념한다)

죽음을 목전에 두고

이 중생 김 아무개 불쌍히 여겨

마지막 말씀 하신다,

마지막 말씀 하신다.

(모두 허리 곧게 펴고 합장하고

부처님 최후유교最後遺敎~,

합송하며 받아지닌다.

목탁/죽비~)

〔합 송 ; 붓다의 마지막 말씀〕

"이제 그대들에게 이르노니

제행諸行은 무상無常한 것이다,

생겨난 것은 반드시 소멸해가는 것이다,

게으르지 말고 사띠 하라,

이것이 여래의 마지막 말이다,

이것이 여래의 마지막 말이다."

_ 디가니까야 16 「대반열반경」 6, 7

(모두 합장한 채

함께 외우며 가슴 깊이 새긴다.)

"부처님~, 부처님~,

감사합니다~, 감사합니다~,

생명의 길 열어주셔서 감사합니다~,

명심불망銘心不忘 명심불망銘心不忘

잊지 않겠습니다, 잊지 않겠습니다.

부처님 (목탁 딱~ 한 번)

부처님 (목탁 딱~ 한 번)

부처님 (목탁 딱~ 한 번)」

마지막으로

붓다의 마지막 말씀 받들며

우리도 부처님같이

보살의 서원誓願을 발심한다.

'보살의 원생서원願生誓願'을 발심한다.

(모두 합장하고

사자처럼 굳건한 용기로 함께 외운다.

목탁/죽비~)

〔4〕 합 송 ; 「보살의 원생서원願生誓願」

「이제 우리도 부처님같이

애쓰고 애쓰면서

참고 견디면서

싸워 이기면서

보살 원생 서원합니다,

보살 원생 서원합니다,

원력願力으로 살고

원력願力으로 돌아오기 서원합니다.

낡은 옷 훌훌 벗어버리고

빛나는 원왕願王보살로 다시 돌아와

이 땅의 동포들과 함께 나누고 섬기면서

사바정토娑婆淨土의 길 걷고 걷기 서원합니다.

세세생생 보살도를 닦아지이다.

세세생생 보살도를 닦아지이다.

부처님~, 저희를 인도하소서.

불보살님~, 저희를 수호하소서.

나무석가모니불

나무석가모니불

나무시아본사석가모니불」

(5) 합 송 ; 「광명光明 사띠」

발표 토론 공지사항 다 마치고

Study 마지막은 '광명 사띠'와 '사홍서원'으로 회향한다.

고요하고 생기 넘치는 기쁜 마음으로

함께 외운다.

「광명찬란 광명찬란

불성광명이 눈앞에 찬란하다.

일체 우울은 사라지고

무한생명의 에너지가 온몸 가득 솟아난다.

새 생명의 길이 환~ 하게 열려온다.

모든 생명들이여~, 부디 행복하소서~,

사랑하는 이들이여~, 부디 행복하소서~.

(우렁차게)

나무석가모니불

우리도 부처님같이~,

만세~ 얼쑤~」

3) 빠리사들의 수행법 (2) ; Parisā~, 우리는 둘러앉아 토론한다

가) Buddha-study 시간표(보기)

❀만인견성萬人見性-Buddha-study

9월 8일(금) 저녁 8시~10시

※연간(年間) Study 주제 ; '이제 보살행의 현장現場이다'

교재 ; 『룸비니에서 구시나가라까지』(불광출판사)

*오늘 Study 주관 ; 관음진 개척법사

1. 개회 Ment ; 주관

2. '원형삼보귀의' 합송 ; 주관, 대중들 함께

3. '보살원생서원' 합송 ; 주관, 대중들 함께

4. 사띠 수행 (20분, '無常Sati'-'四念處의 확립') ; 법 사

5. 빠리사 법문(20분) ; 법사

   *주제 ; '불교佛教의 정체성正體性-Identity를 확립하다' (1)

6. 설법발표 7(20분) ; 신기윤 교수법사, 룸비니 6장

   연구발표 1(20분) ; 김향녀 도반, 룸비니 7장

7. 3분 스피치(30분 ; 법사 진행) ; B팀

   *주제 ; '일본원전 방출수 문제 어떻게 접근할 것인가?'

   ① 두 도반 발표에 대한 간단한 소감

   ② 방출수~, 과학적 사실은 무엇인가?

   주제발표(10분) ; 윤웅찬 교수법사(이학박사, 부산대 명예교수)

③ 국민분열 투쟁하지 않고 합리적으로 접근하는 방법은?

8. 회 향 ; 주관

　① 공지사항 ; 대표, 총무도반

　② '광명光明 사띠'

　③ 사홍서원

"성불하세요"~, 서로 박수치며 따뜻한 인사 나눈다. 〔끝〕

나) 빠리사(Parisā)는 '대중중심주의'~, 지금 '대중'이란 말도 사라졌다

위에서 보기로 제시한 'Buddha-study 시간표'는 실제상황이다. 2023년 9월 8일 금요일 저녁에 우리 빠리사학교에서 공부한 실제 시간표다.

Study는 매월 2회~, 둘째 넷째 금요일 저녁 8시~10까지, 줌(zoom)방식으로 진행한다.

나는 안성 죽산 도피안사 공부방에 앉아 있고, 20여 명 빠리사 도반들은 서울 수원 양주 춘천 대구 김해 부산 울주 포천 등 전국 각처에서 TV로, 또는 핸드폰으로 둘러앉아 참가하고 있다. 나는 7시 20분부터 TV를 켜놓고 7시 40분 되면 헤드폰을 머리에 쓰고 총무 변혁주 도반님이 여는 프로그램에 접속한다. 매번 접속이 잘 안될까봐 조마조마하다가, 화면이 뜨고 총무님과 김해 관음진 보살의 얼굴을 보고 서로 인사 나누고 음성 확인하면 '됐다' 하고 안도한다. '관음진 보살님 잘 생기셨네~' 하고 농을 건다. 도반 한 분 한 분 들어올 때마다 반갑게 서로 인사 나눈다. 화기애애하다.

빠리사학교는 철저하게 대중大衆중심주의다. 법사가 일방적으로 대중을 끌고가는 통솔방식이 아니다.

학인대중들이 법사와 더불어 둘러앉아 '도반道伴'이 돼서 이끌어가는 '도반방식'이다. 빠리사(Parisā)가 본래 이런 것이다. 부처님께서도 대중들과 더불어 둘러(Pari) 앉아(sā) 서로 대화하고 토론한다. 붓다께서 확립하신 불교도공동체~, 빠리사(Parisā)가 본래 이런 것이다. 그래서 붓다의 불교가 민중들로부터 지지를 받고 새로운 시대의 희망으로 추구된 것이다. 이 '빠리사(Parisā)'를 '대중' '사부대중'이라고 일컫는다. '출가 재가의 대중들이 둘러앉아 평등한 도반이 된다'~, 이런 뜻이다.

'빠리사(Parisā)'
'대중' '사부대중'~,

지금은 다 사라지고 없다.
'대중'이란 말도 망각해가고 있다.
절에 가도, 법회에 가도, 종단에 가도~,
'대중' '대중공사'~,
이런 말 사라진 지 이미 오래다.
오직 권승權僧들만 존재할 뿐이다.
'재가' '재가대중'~, 헛 그림자에 불과하다.
철저하게 무시되고 망각되었다.
'불교' 또한 민중들로부터 철저하게 망각돼가고 있다.

3. 빠리사 열전列傳~, '붓다의 불교' 열어가는 개척자들

1) 빠리사학교 시즌 1~, 2014년 11월~, 만해교실에서

2014년 11월 4일~, 첫 금요일 저녁 8시~,

서울 남산기슭 '우리함께 빌딩' 2층 '만해교실'~,

1기期 '개척강사 과정'이 뜨거운 열기 속에 개강하였다.

'빠리사학교 시즌 1'이 시작된 것이다.

멀리 지방에서도 올라오고~, 50여 도반들이 결집하였다.

조화제 도반이 학인대표를 맡았다.

내가 지도법사를 맡아서 교육분야를 주관하면서 몇 가지 방향을
제시하였다.

① 학교명칭은 '붓다스터디 빠리사학교'로 한다.

② 주 1회~, 금요일 8시~10시~, 공부한다.

③ 도반들은 둘러앉는다.

④ 공부는 도반들의 '10분 연구발표'와 토론중심으로 나간다.

⑤ 8개월 과정으로 운영하고, 수료할 때 '개척강사' 인증서를 수여
   한다.

⑥ 회비는 위원들이 상의해서 학기당 10만 원으로 정한다.

스터디는 내가 서두에 20분정도 강의하고, 도반들 3, 4명이 '10분
발표'하고, 토론으로 '3분 스피치' 하는 방식으로 진행하였다. 내

가 교제를 만들어 배포하고, 학인들의 연구발표 주제를 지정해 주었다.

'10분 발표'
'3분 스피치'~,
도반들이 대부분 생전 처음 해보는 방식이다.
초기에는 잘 적응이 안 돼서 도반들이 당황하는 모습을 보이기도 했다. 그러나 나는 동방불교대학 30년 강의경험을 통하여 이미 노하우(know how)를 축적해왔기 때문에 '성공할 것이다'라는 확신이 있었다.
시간이 지날수록 도반들이 빠르게 적응해왔다.
초기에는 마이크 앞에 나와서 말도 제대로 하지 못하던 도반들이 두어달쯤 지나면서 놀랄 정도로 능숙하게 능력을 발휘하였다. '3분 스피치' 분위기도 뜨거웠다.

또 하나~,
나는 처음부터 사띠 중심으로 나갔다.
'빠리사의 수행법은 사띠뿐이다'~, 하고 밀고 나갔다.
'무상사띠-사념처확립-광명사띠'~,
이때부터 시작한 것이다.
대부분 '사띠'라는 말도 몰랐다가 처음 해보는 것이다.
시간이 지날수록 도반들의 얼굴빛이 달라져갔다.
낡은 껍질을 벗고 나오는 노란 병아리들처럼 도반들 얼굴이 맑고

빠리사학교 수료 발표회

투명하게 맑아져갔다.

2015년 7월 28일~,
수료식이 열렸다.
8개월 1기 1학년 개척강사 과정이 끝난 것이다.
50여 명의 도반들이 퇴전 없이 모두 '개척강사'의 인증서를 받았다.
수료 마지막 과정으로 진행한 '10분 설법대회'에서는 불광법회 조
명숙 도반이 장원의 영예를 차지하였다.

이렇게 빠리사학교 시즌 1이 끝나고,
원래는 2학년 3학년 계속해 가기로 했으나,
여러 사정으로 더 이상 계속하지 못하고 문을 닫았다.
지금 만날 순 없어도, 빠리사 도반 한 분 한 분~,
지금도 어디선가 열심히 '개척의 꿈'을 키워가고 있을 것이다.

2) 빠리사학교 시즌 2~, 2017년 11월~, 다시 시작하다

2017년 11월 17일(금요일)~,

종로 두산위브빌딩 '탄허강숙' 강의실~,

빠리사학교가 문을 열었다.

7명이 모여서 둘러앉아 Buddha-study를 시작하였다.

어느 때보다 학인들의 표정이 진지하고~,

'붓다의 불교' 찾으려는 열정과 결의로 눈빛이 선명하였다.

잠시 중단된 빠리사학교가 Season 2로 다시 돌아온 것이다.

빠리사학교 시즌 2~,

다시 시작한 Buddha-study~,

다 꺼졌던 불씨가 뜨거운 열기로 활활 타오른 것이다.

이것은 참으로 기적이다.

부처님의 뜻이다.

여기에는 몇몇 도반들이 열정과 신념이 결정적 역할을 하였다.

신기윤(전 행자부불자회 회장)

진철희(수원불교문화원 원장)

민병직(전 초등학교 교장)

조명숙(불광법회 대중, 어린이 지도자)

1기 출신의 이 네 도반들이 불을 다시 지핀 것이다.

나도 이 도반들의 열성에 감동되어 다시 마음을 내었다.

지금도 이 빠리사학교의 불길은 고요하게 타오르고 있다.

현재 3개년 6학기 법사과정으로 공부하고 있고,

수료 후에도 떠나지 않고 연구과정에서 Buddha study 평생공동체로 열정을 이어가고 있다.

코로나 사태 이후 지금은 온라인의 줌 방식으로 공부하고 있는데, 보다 더 학인들의 연구발표 중심으로 나가고 있다. 법사는 20분 정도 강의하고, 스터디 때마다 한, 두 분씩 학인들이 연구발표(각 20분, 또는 30분씩)를 하고 있는 데, 그 수준이 박사과정을 능가할 만큼 대단하다. 우리 빠리사 개척전사들이 한국불교~, 나아가 세계불교의 수준을 높인다는 자부심으로 열정적으로 하고 있다. 참으로 우리 빠리사가 희망이다.

〔3개년 법사 과정〕

1학년(10개월 20강좌) ; 개척강사 과정

　　교재 ; 1학기 『룸비니에서 구시나가라까지』

　　　　　2학기 『화엄코리아』

2학년(10개월 20강좌) ; 개척법사 과정

　　교재 ; 1학기 『붓다의 시대 다시 열어간다』

　　　　　2학기 『초기불교개척사』

3학년(10개월 20강좌) ; 교수법사 과정

　　교재 ; 1학기 『붓다의 일생 우리들의 일생』

　　　　　2학기 『붓다는 지금도 걷고 있다』

[1~8기 학인들 수료내용]

2014년 1기부터 2023년 8기까지의 수료기록을 정리해본다.

*1기(2014. 11. 4~2015. 7. 28) ; 개척강사 19명 배출

*2기(2017. 11. 17~2018. 8. 24) ; 개척강사 2명, 개척법사 5명

*3기(2018. 9. 14~2019. 6. 29) ; 개척강사 5명, 개척법사 1명,
　　　　　　　　　　　　　　　교수법사 4명

*4기(2019. 7. 12~2020. 5. 2) ; 개척강사 1명, 개척법사 5명,
　　　　　　　　　　　　　　　교수법사 1명

*5기(2020. 5. 8~2021. 2. 26) ; 개척강사 2명, 개척법사 1명,
　　　　　　　　　　　　　　　교수법사 3명

*6기(2021. 3. 12~2021. 12. 23) ; 개척강사 7명, 교수법사 1명.

*7기(2022. 2. 11~2022. 12. 23) ; 개척강사 3명, 개척법사 5명.

*8기(2023. 1. 30~2023. 11. 26) ; 개척강사 3명, 개척법사 3명,
　　　　　　　　　　　　　　　교수법사 4명.

　(개척강사 총 43명, 개척법사 20명, 교수법사 13명 수료)

*2024년 4월 현재 9기 학인 3분이 공부하고 있다.

3) 빠리사 열전~, '붓다의 불교' 열어가는 개척자들

1기期

2014. 11. 입학

오늘의 빠리사를 있게 한 개척전사들.

조화제 정은용 정윤선 신기윤 진철희 민병직 조명숙 승한스님 박종린 배병태 도반 등

조화제
서울대 이학理學박사~ 개척강사.
2014년 재가연대 연수원장으로 있으면서 빠리사학교 설립을 주도하였다. 서울대 불교동문회 회장도 맡아서 봉사하였다. 지금은 대구로 가서 수행하고 빠리사와도 꾸준히 인연을 이어오고 있다.

정은용
회계사~ 개척강사.
빠리사학교 개교의 주역 가운데 한 분이다. 지금 동산반야회 이사장을 맡아서 동산東山반야 부흥사업을 이끌고 있다. 매주 토요일 법회를 개설해서 기도정진하고, 동산반야불교대학도 충실히 경영해나가고 있다.

정윤선
이학理學박사~ 개척강사.
재가연대 사무총장으로서 빠리사학교 설립의 실무를 맡아서, 오늘의 초석을 놓았다. 독일 유학해서 학위를 받고, 불교계에 투신하여 헌신적으로 봉사하였다. 지금은 불교계를 떠나서 연구소에서 활동하고 있다.

승한 스님

시인詩人 언론인~ 개척강사.

시집을 여러 권 펴낸 문인으로서, 오랫동안 태고종 기관지 '한국불교'의 주간으로 불교언론 개척에도 열성적으로 정진해오셨다. 빠리사에 대한 애정을 잊지 못하고 기회 있을 때마다 와서 함께하고 있다.

이남재

개척강사. 동국대 사무처에서 오래 근무.

월곡청소년원 원장으로 사회적 활동도 열심히 해왔다. 몇 년 전부터 합천의 일본원폭피해자들과 그 가족들의 복지를 위하여 단체를 이끌고 대정부 교섭 등을 활발하게 벌이고 있다.

박종린

덕암德庵 법사~, 개척강사. 불력회佛力會 대표.

오랫동안 동국대 역경원에서 33년 근무했다. 수행단체 '불력회佛力會'를 설립하고 회장을 맡아 이끌고 있다. 덕암 법사는 우리나라 '염불절〔念佛禮拜〕수행의 개척자'~, 주말에는 도반들과 절에 가서 철야 3천배정진을 하고 있다. 덕암 거사는 굳센 정의감으로 우리 불교계와 사회의 오랜 문제점을 비판하며 몸으로 맞서 싸우고 있는 재가보살이다.

배병태

해병대 출신의 젊은 용사~ 개척강사.

빠리사학교 설립 때 재가연대 팀장으로 실무를 도왔고, 그 후 박광서 교수의 '종교자유연대' 사무책임자로 열심히 일했다. 지금은 불교계를 떠나서 사회활동에 매진하고 있다.

신기윤

학인擧人대표~ 교수법사. 전 행정자치부 불자회 회장.

빠리사학교 시즌 2를 이끌어낸 주역이다. 다방면으로 공부가 깊고, 몸을 아끼지 않고 열성을 다하고 있다. 매주 빠리사 도반들과 함께 탑골공원 원각사 무료급식소에서 자원봉사 하고, 이어서 '원각사 법회'를 열고 있다.

진철희

경기도 간부공무원 출신~ 교수법사.

지금 수원 팔달문 근처에서 '경기불교문화연구원'을 경영하면서 법회를 열어 시민포교에 주력하고 있다. 심지가 깊고 뜻이 굳세어서, 매년 인도 성지순례단을 이끌고, '붓다 사진전'을 열고 있다.

민병직

교육자~ 교수법사. 초등학교 교장 출신.

지금도 시골학교의 기간제교사로 봉사활동을 하고 있다. 김태영 법사가 이끄는 '문사후회'에서 오래 수행하고, '아미타불' 신앙이 강하다. 설법방법론에 조예가 깊어서 도반들에게도 유익한 조언을 많이 하고 있다.

조명숙

정연 보살~ 교수법사. 조계종 포교사.

불광사에서 광덕 스님의 훈도를 많이 받았고, 지금 어린이교육 지도자로서 활발한 활동을 펼치고 있다. 빠리사학교 시즌 1 수료 '10분 설법대회'에서 장원상을 받았다. 다재다능해서 하모니카 연주도 잘한다.

2기期

2017. 11. 입학

변혁주

전 행자부 간부 출신~ 교수법사. 빠리사학교의 총무.

궂은일 다 도맡아서 한다. 줌 스터디 때 영상을 주관하고, 모든 자료를 배송하며, 빠리사학교의 자료집을 멋있게 만들어내고 있다. 또 매일 빠리사 가족방에 초기경전 붓다의 법문을 한 편씩 전송해서 도반들이 공부할 수 있도록 이끌고 있다. 집에서도 매일 108배 예불, 간경看經으로 정진하고 있다.

3기期

2018. 9. 입학

빠리사학교의 중흥을 이끈 개척자들.

이형 윤웅찬 박용하 권태근 정승호

이형
전 불광법회 법회장~ 교수법사. 중앙부처 간부공무원 출신.
광덕 스님으로부터 많은 가르침을 받고, 불광법회장을 맡아 헌신
하였다. 빠리사 도반들과 함께 탑골공원 무료급식소 자원봉사와
원각사법회 중흥을 위하여 열성적으로 노력하고, 장례식장을 찾아
영가들의 천도염불 봉사도 하고 있다.

윤웅찬
이학理學박사~ 교수법사. 부산대 명예교수.
화학化學전공으로 국제적으로 인정을 받은 학자다. 명석한 논리와
발표력으로 빠리사학교의 토론의 장場을 이끌고 있고, 학회활동 등
을 통하여 과학적 분석적 방법론으로 불교의 합리적 진리성眞理性
을 널리 선양하고 있다.

박용하
경북 영주 사람~ 개척법사. 농사꾼이면서 시인詩人.
먼 시골에 살면서도 2년 동안 매주 금요일 저녁 서울 와서 빠리사
스터디에 열성적으로 동참하였다. 오래전부터 반가사유상에 관심
을 갖고 그 방면으로 깊이 공부하여 우리나라 제일의 전문가로 활
동하고 있다.

권태근

교수법사. 조계종포교사단에서 핵심적 역할을 하고 있다.

코로나로 인하여 빠리사학교가 온라인으로 전환할 때, 줌 강의방식을 도입하여 새로운 출구를 열었다. 그동안 경기도 포교사단장 일에 전념하다가, 2024년 1월 연구과정으로 다시 돌아왔다.

정승호

경찰간부~, 개척강사. 춘천경찰서 경감으로 봉직.

1년 동안 빠짐없이 서울 강의에 출석해서 열정적으로 공부하였다. 여러 사정으로 공부를 계속하지 못하였으나, 항상 우리들과 함께 빠리사의 꿈을 공유하고, 춘천 무문빠리사에서 황태종 도반과 함께 지역불교 개척에도 동참하고 있다.

4기期

2019. 7. 입학

법홍 스님

울진 고경사~ 개척법사. '진리의 노래' 등을 출판한 시인詩人.

부산에 살면서 빠리사학교 3년 동안 매주 금요일 서울 와서 밤 10시까지 공부하고 심야버스를 타고 다시 내려가는 고행을 거의 빠짐없이 계속한 정진보살~, 지금 고경사에서 'K-붓다대학 빠리사'를 설립하고, '만상만물萬象萬物이 모두 부처며 한몸~, 한통속이다'라는 '붓다의 불교'를 널리 전파하고 있다.

5기期

2020. 5. 입학

김지혜 박사 등 몇몇 도반이 입학하였으나 중퇴하고 수료자가 없다.

6기期

2021. 3. 입학

이때부터 온라인 강의로 전환하였다.

황태종 박동석 관음진(정춘란) 여연진(손여정) 김혜은 박정웅

황태종

춘천 무문관 빠리사~ 교수법사.

불교의 사회적 역할에 대한 문제의식이 투철하고, 불의에 대한 저항정신이 강하다. 천진암의 흔적을 지우려는 천주교의 일탈을 규탄하는 투쟁에 참가하는 등 몸으로 정의를 드러내고 있다. 춘천에서 '무문관 빠리사'를 설립하여 지역전법운동을 주도하고, 호스피스 활동, 사찰 김장봉사 활동 등을 해오고 있다.

박동석

포천의 법사~ 교수법사.

오랫동안 화엄경을 연구 독송하여, 화엄수행자로서 자기 경지를 확립하고, 화엄경 전파에도 힘을 쏟고 있다. 논리가 정연하고 설득력이 뛰어난 재가의 지도자다. 포천에서 독자적으로 사찰을 운영

하며 지역포교에도 앞장서고 있다.

관음진 정춘란

김해 보살~ 교수법사.

빠리사학교에 입학하여 한 번도 빠짐없이 열성적으로 공부하고, 항상 줌 화면에 먼저 들어와서 밝고 천진한 미소로 도반들을 즐겁게 하고 있다. 김해에서 '연꽃 빠리사'를 설립하여 몇 년 동안 끊임없이 정진하고, 최근에는 내가 쓴 '죽지 않아요 죽지 않아요'라는 원고를 낭독으로 유튜브에 올리고 있다.

여연진 손여정

김해 보살~ 교수법사.

관음진 보살과 단짝~, '연꽃빠리사'도 함께하고 있다. 오랫동안 교육활동에 종사해서 친화력과 설득력이 뛰어나다. 장례식장을 찾아 염불봉사를 하고 있다.

김혜은

메조소프라노~ 교수법사.

불교계의 귀한 성악가로, 전국 사찰을 돌며 찬불가를 통하여 붓다의 불교를 널리 전파하고 있다. 수원에 있는 경기불교문화원에서 봉사하고 있다.

박정웅

울산의 젊은 수행자~ 개척강사.

울산 현대중공업에 다니면서 수행하다가, 김해 보살들의 인연으로 빠리사학교에 들어와서 1년간 공부하였다. 명상에 관심이 많고 정진하고 있다.

7기期

2022. 2. 입학

강세장 김석

강세장

불광수행자~ 개척법사.

불광법회에서 오랫동안 광덕 스님의 가르침을 받아왔다. 과묵한 가운데 깊은 통찰력을 지닌 수행자다. 토론시간에도 한두 마디로 압축해서 의견을 발표하고 장황하게 늘어놓는 법이 없다. 두상頭狀이 부처님을 닮아 있다.

김석

명상수행자~ 개척법사.

오랫동안 명상수행을 연구하고 실천해온 재가의 지도자다. 불교 전반에 대한 이해가 깊고 자기 나름의 정립이 돼 있어서, 빠리사학교의 자율발표 시간에 여러 차례 도반들의 공부를 주도하였다. 탑골무료급식소 법사를 맡고 있다.

8기期

2023. 1. 입학

김향녀 이경아 방순권

김향녀

교육자~ 개척강사. 남양주시 진접면 초등학교 교장선생님.

바쁜 공무 중에도 1년 동안 열심히 공부해냈다. 문제의식이 예민해서 무엇이 핵심이고 무엇이 필요한가를 잘 파악하고 있다. 지난 11월 26일 수료식 때, 따끈하고 향기로운 차와 커피를 만들어서 대중들에게 기쁨을 안겨주었다.

이경아

교육자 출신~ 개척강사. 30년 넘게 고등학교 교사로 봉직.

불교공부도 열심히 하고, '자비의 소리' 상담원으로 봉사해오고 있다. 매사 적극적이고 긍정적이다. 지난 11월 26일 수료식 때~, 병원에 입원해 있다가, 만난을 무릅쓰고 나와서 수료인증서를 받았다. 많은 대중들이 큰 감동을 받았다.

방순권

부산 수행자~ 개척강사.

미국 L.A.에서 오래 살다가 몇 년 전 귀국해서 부산에서 사업을 하고 있다. L.A.의 서진호 거사를 통하여 인연을 맺게 되고, L.A.의 '금강불자회'와 빠리사학교를 연계하는 어려운 역할을 하고 있다. 간화선과 수식관 등 명상수행을 오래 해오고 있다.

9기期

2024. 1. 입학

함영희 강수언 심의표

함영희

조계종 포교사.

군軍포교에 열성적으로 종사하고 있다.

10장

〔불사의 현장 Report〕

나누고 섬기면서~,
오늘 하루의 삶이 불사不死의 현장이다

1. 〔불사不死의 현장 Report ①〕 사랑하는 사람들~, 그리운 사람들~

1) 우리 가족들~, 기쁨도 고통도 함께하고

가) 우리 가족들~, 다들 열심히 살고 있다

2003년 5월~,

예순여섯 살~,

의정부 녹양 현대아파트로 이사했다.

안산 전세방을 떠나서 집을 사서 새로운 둥지를 튼 것이다. 전세금을 안고 은행대출을 받아서 마련한 것이다. 지금 거의 다 갚아가고 있다.

세상물정 모르는 내가 이런 일 저지른 데는 동덕의 오랜 도반 박종오 선생님의 훈수가 결정적 역할을 했다.

의정부 녹양 현대아파트

103동 2층~, 34평짜리 구식 아파트~,

구식이지만 튼튼하게 지어서 층간소음 걱정은 안 하고 산다.

그래도 '우리집'이라는 것이 있다는 것이 참 다행스럽고 감사하다.

내가 태어나서 제일 잘한 일 가운데 하나다.

〔우리 가족들〕

큰아들 용근이

일행日行 거사,

1963년 8월 7일~, 내가 해병 1사단 근무할 때 포항서 태어났다.

경희대학교 환경공학과, R.O.T.C 장교로 전역. 동국산업에서 간부
로 일했다. 최근 몇 년간 둘째 태윤이(희수) 곁에서 간병하느라 힘
든 보살행을 하고 있다. 아버지의 불사를 가장 충실히 이어받아, 영
상작품 '붓다의 마지막 낮과 밤'(임동숙 보살 편집)을 인터넷을 통하
여 전파, 현재 전 세계 50여 만 불자들이 관람하였다. 또 「룸비니에
서 구시나가라까지」를 청보리 이혜정의 음성으로 전편을 녹음해서
인터넷으로 널리 펼쳐나갔다.

큰며느리 고도은

강화도 출신, 인하대학교 영문과.

KORAIL 자회사에 다니면서 집안 대소사를 힘써 보살피고 있다. 내
가 주말에 도피안사에서 올라갈 때마다 좋은 음식을 해주려고 애

우리 가족들

쓰고 있다. 또 절에서 가져가는 내 옷가지를 시원하게 잘 세탁해
준다.

첫째 태건이(문수)

한국폴리택대학 전산학과.

우리집 장손長孫이다. 학교 졸업하고 지금 큰 회사 직원으로 열심
히 일하고 있다. 태어났을 때 내가 '문수보살' 닮으라고 '문수'라고
이름을 지었었다. 성품이 순수하고 정情이 많다. 할아버지 생일도
잘 챙긴다.

둘째 태윤이(희수)

몇 년 전 고등학교 때 친구 오토바이를 탔다가 사고가 나서 뇌를 크
게 다쳤다. 지금도 병원에 입원하고 있다. 멋있고 잘 생긴 놈인데~,

가슴 아프다. 평소에 나를 보면 '할배 천원만 줘요' 한다. 그때마다 2천 원도 주고 기분 나면 5천 원도 주곤 했다. 언제쯤 되돌려 받을 수 있을까, 아침 정진 때마다 합장하고 기도한다.

둘째아들 성근이

원조元照 거사,

1965년 10월 17일~, 내가 해병대 전역하고 마산 있을 때 태어 났다.

고려대 경영학과, 연세대 언론홍보대학원.

제일기획 다니다가, 음악분야에 소질이 있어서 SM엔터테인먼트 부장을 지내고, FNC 엔터테인먼트 광고담당 이사로 일하였다. 지 금 새로운 길을 준비중이다. 청보리 때 '청보리 송(Song)'을 여러 곡 작곡해서 시민불교의 영역을 넓히는 데 기여하였다. 현재 고려대 동문합창단 멤버로 매년 발표회에 나가고 있다. 벌써 수십 년간 매 월 내게 월사금月謝金을 보내고 있다.

둘째며느리 안성현

서울 토박이, 이화여대 불문과.

기획능력이 뛰어나서 신문사 편집부장을 지내고, 제일제당 등 큰 회사의 행사를 맡아서 성과를 내었다. 지금 인터넷 쇼핑사업을 열 심히 하고 있다. 지난번 내가 건강문제로 힘들어할 때 여러 차례 잣 죽을 쑤어서 원기를 북돋아주었다.

아들 우준이

지금 중학교 3학년, 3년 동안 전교수석과 학급회장을 해냈다.

키가 훤칠하고 친화력이 뛰어나 친구들과 잘 사귀고, 작년에는 미국 이민간 친구의 초청으로 미국 여행을 하고 왔다. 영어회화도 잘한다. 애비를 닮아서 피아노 바이올린 기타 등 음악에 소질이 있다. 식사할 때마다 합장하고, '부처님 감사하게 먹겠습니다' '부처님 감사하게 먹었습니다'라는 말을 빠뜨리지 않는다. 불심이 깊다.

막내손주 우준이

막내아들 보현이

보현普賢 거사,

1968년 6월 29일~, 내가 동덕여고 있을 때 서울 미아동에서 태어났다.

연세대학교 토목공학과, 건축기사.

보현보살님 닮으라고 '보현'이라고 이름 지었다. 보현보살은 부처님의 중생제도의 원력을 상징하는 성자聖者다. 대림산업에 들어가서 차장까지 성공적으로 해내고, 퇴직해서는 춘천 군산 등 건설현장에서 설계 감리 등을 맡아 일했다. 생각이 깊고 정이 많아서, 도피안사 내 공부방에 난방필름을 깔아주고, 부산 이모가 곤경에 처했을 때 선뜻 성금을 보내서 지금도 고마워하고 있다.

막내며느리 민혜련

경남 산청이 고향, 덕성여대 독문학과.

고등학교 때 보현이를 만나서 오래 사귀다 결혼하였다. 키가 훤칠하고 주관이 뚜렷하다. 내외가 합심해서 냉장고 침상 전자레인지 믹서기 등 절 생활에 필요한 도구들을 자진해서 마련해주고, 지금 대전에 살면서 집안의 대소사에 열심히 동참하고 있다.

아들 정민이

연세대 기계공학과, 기계설계 전문.

지금 두산중공업에서 조선造船 설계업무를 맡아서 열심히 일하고 있다. 성품이 순박하고 듬직해서 주변의 신뢰를 받고 있다. 몇 년 전 내가 손주 손녀들에 대한 할아버지의 도리로 50만 원을 장학금으로 주었을 때, 무척이나 기뻐하던 장면이 아직도 잊히지 않는다.

딸 지원이

KAIST 대학원, 로봇기술 분야 공부.

딸이 귀한 우리 집안의 유일한 공주님. 키가 훤칠하고 학구적 열정과 동기가 뛰어나다. 과학고등학교에서 한 학년 월반해서 진학하고, 지금은 국비장학생으로 연구실에서 연구활동에 참여하고 있다. 영국에 단기유학도 다녀오고, 미국 인도네시아 등 현지연수도 다녀왔다.

우리 아이들~, 가족들~,

기쁨도 슬픔도 함께 나누며 다들 열심히 살고 있다.

어머니 기일, 어버이날, 아버지 생일~,

모두 모여서 떠들썩하게 가족애家族愛를 나눈다.

어머니 제사 때나 성묘 때는 '반야심경 합송'으로 회향한다.
설 추석 어머니 차례는 아이들이 와서 도피안사에서 모시고 있다.

나는 절에 있으면서 주말엔 나들이를 한다.
주중에는 절에서 공부하고, 주말에 집에 나와서 쉬고 월요일 들어오고~,
한 달 한 번씩 둘째 며느리집에 가서 잘 얻어먹고 잘 쉬고~,
지금까지 이십 수년 이런 방식으로 살고 있다. 절에서는 매일 풀만 먹으니까, 주말에 나와서 내가 좋아하는 백세삼계탕도 사먹고, 기분전환도 하고~, 절에서 잡식雜食 안 하고 깨끗하게 풀만 먹고 매일 포행하고 하니까 군살도 싹 빠지고 몸이 많이 가벼워졌다. 평생 70kg 넘다가 지난 달 건강검진 때는 64kg이 나와서, 의사 선생님이 '66kg까지는 돼야 한다'고 진단을 내렸다.
'마른 학鶴처럼 고고孤高하게'~,
내 오랜 꿈이 이루어지는 것 같다.

매달 감사공양금 조금씩 내고 있지만, 지금 이 정도나마 건강을 유지할 수 있는 것도 청정한 절 생활 공덕이다.
부처님~, 광덕 스님, 송암 스님에게 늘 감사드린다.

나) 막내아들 보현이가 갔다, 불사不死의 길 먼저 갔다

2021년 1월 14일 (금요일) 새벽~,

보현이가 군산 근교에서 교통사고로 불의에 떠나갔다.

서울로 데려와서 가족들이 합심해서 가는 길을 아름답게 장엄하였다. 용근이 성근이 내외와 막내며느리 친정집 분들이 정성을 다했다.

동덕 청보리들, 빠리사 도반들, 절의 대중들~, 많은 분들이 오셔서 인연을 함께 나누었다.

'원력탄생~,
빛나는 몸으로 돌아오소서'

빈소 앞에 청보리에서 이렇게 조화弔花를 세웠다.

'극락왕생極樂往生' 하지 말고,

'원력탄생願力誕生~, 이 사바(娑婆, sabha)로 속히 돌아오소서.'

앞으로는 이렇게 불자들의 발원發願을 바꿨으면 싶다.

이 고단한 눈앞의 현장~, 사바를 떠나서~,

극락정토가 어디 있을까? 천국天國이 어디 있을까?

이 눈앞의 세상~, 사바세상이 부처님께서 진실로 염원하시는 정토~,

사바정토娑婆淨土~, 부처님 나라~,

피땀 흘리며 뙤약볕 길 걷고 걸으면서

지금 이 고단한 세상 사바정토로 개척해가는 '사바정토 신앙'~,

이것이 부처님의 일생~, 우리 빠리사들의 일생~,

이것이 불교의 궁극처~, 최상승最上乘의 경지~,

공空도 반야般若도

한소식 깨달음 해탈 열반도~,

모두 이것으로 나아가는 하나의 과정일 뿐~.

1월 16일(일요일)~, 발인 전날, 오후 2시~,

가족들 친척들 도반들이 빈소에 모여서 '원생 고별법회'를 장엄하

게 열었다.

청보리 1기 선배 진성 스님이 집전하고,

50여 명 대중들이 둘러앉아서 '무상계'를 독송하고,

한 분씩 나가서 고별인사 하고,

'아미타불' 장엄염불로 회향하였다.

문득 바라보니~,

보현이가 환~ 하게 웃고 있다.

정토淨土로~, 부처님 곁으로~,

훌훌 떠나가는 모습이 눈앞에 다가왔다.

내가 대중들 앞에서 선포했다.

"보현 거사는

불사不死의 길 떠나갔습니다.

부처님 곁에서 잠시 쉬고,

곧 빛나는 보살몸으로 돌아옵니다.

여기서나 저기서나

우리는 함께 살고 있습니다.

이것은 눈앞의 사실입니다."

도피안사 오는 길목~,
용인 백암면 불광사 공원묘지에 보현이 흔적이 남아 있다.
둘째 성근이랑 때때로 찾아가서 꽃도 갈고 풀도 뜯고 돌보고 있다.
주말마다 버스 타고 서울로 오가면서 나는 불광사 쪽으로 바라보
고 손을 흔들며 말한다.

'보현아~,
사랑하는 우리 막내~,
아버지다,
우리는 늘 함께 있다.'

불사不死~,
여기가 바로 불사의 현장이다.

2) 친척들~, 친구들~, 먼저 간 그리운 도반들~

가) 조카들~, 처제들~

〔조카들〕

〔점윤이 형님 자녀들〕

아들 동진이

장조카~, 부산서 선대들 제사 받들며 열심히 살고 있다. 불심佛心이 깊고, 마산 마성 스님(이수창)과도 친구다.

아들 명진이

그림그리기 기능이 탁월하다. 대구에 살고 있다.

딸 지숙이

마산 큰 병원 원무과 간부로 열심히 일하고 있다. 철철이 삼촌을 잘 챙긴다.

〔호영이 형님 자녀들〕

아들 동규

이학박사~, 부산 동아대 부총장 지내고, 지금은 연구소에 나가고 있다. 집안 대소사 빠짐없이 동참하고 삼촌을 잘 챙긴다.

아들 주용이

이학박사~, 지금 서울 숭실대 섬유공학과 교수로 재직, 집안 큰일에는 빠짐없이 동참하고 있다.

〔7촌 조카들〕

포항의 수연이

부산의 삼연이, 효자, 계자

창원의 상문이

일본 가서 사는 문주~,

피를 함께 나눈 조카들~,

다들 한 가족같이 친하게 지낸다.

〔처제들〕

큰처제 송선이

김해서 잘 살고 있다. 집사람이 항상 '우리 송선이, 우리 송선이' 하
고 챙겼다.

둘째처제 미경이

부산에서 살고 있다. 불심이 깊다. 계절마다 사람들을 모아서 전국
의 사찰을 순례하고 있다.

막내처제 미정이

마산서 열심히 일하면서 살고 있다. 정情이 많고 마음씨가 착해서
주변사람들에게 잘한다.

처제들과 자주 연락하고 지낸다.

얼마 전에는 세 처제들이 돈을 모아서 '서가네 국수'와 '당면'을 한
상자 사서 보내왔다. 절에도 드리고, 아이들한테도 나눠주었다.

나) 동덕친구들~, 상고친구들-

〔동덕 친구들〕

지헌志軒 김기철 선생님

고려대 영문과 출신, 내가 동덕 와서 만난 선생님~,

깡마른 체구에 두꺼운 안경을 쓰고 유머가 많았다. 몇 년 뒤 퇴직하고, 곤지암에서 도자기 가마를 열고 도예가陶藝家로 전업하셨다. 연꽃을 활용한 물병 등 독특하고 문학적인 작품을 만들어서 전시회도 열었다. 대영박물관 등에 작품이 전시되는 등 그 방면으로 높은 평가를 받았다. 불교에 심취하여 법정法頂 스님 등 스님들과도 교류가 많고, 우리절 송암 스님과도 친하게 지내셨다. 2000년~, 그 인연으로 인도성지순례를 함께 다녀왔다.

박근화 선생님

충청도 홍성 출신, 서울사대 화학과 선배.

독일어 서세원 선생님, 음악 문병찬 선생님, 국어 김중호 선생님 등과 낮이고 밤이고 함께 어울린 One-team~. 선생님은 '시골메뚜기'라는 별명답게 꾸밈없이 솔직하고, 또 아이들 가르치는 데 열성적이어서 따르는 제자들이 많았다. 또 바른 말을 잘해서 윗분들 미움을 사기도 했다. 나하고는 많이 싸우기도 하고~, 그러면서 정들었다. 교감으로 퇴직하셨다.

오래전에 친목모임 '동두레'를 만들어서,

박종오 한승희 박근화 김진수 이우충 나~,

이렇게 매월 첫째 월요일 인사동 '향가鄕家'에서 만나 회포를 풀고 있다.

2024년 1월 11일~,

그 박근화 선생님이 먼저 떠나셨다.

사모님 간병하다가 갑자기 발병해서 병원 갔다가 바로 떠나셨다. 시신은 일찍 서울대병원에 기증해서 가져가고, 선생님의 유언으로 알리지도 않고 빈소도 제대로 못 차리고~, 너무 허망하게 따나가셨다. 가까운 친구를 잃고 마음을 걷잡을 수가 없다. 그 열성과 헌신의 공덕으로 빛나는 몸으로 다시 돌아오실 것이다.

〔마산상고 동창들〕

윤도계 친구

평생친구~, 전 부산 연제경찰서 서장~,

부산에 살면서 지금도 때때로 카톡을 주고받는다. 극단적으로 대립하고 있는 우리나라의 정치 미래에 관해서 걱정이 많다.

조병무 친구

평생친구~, 시인詩人, 평론가~, 한국 문단文壇의 원로~,

동덕에서 근무하며 불교반을 함께 돌봤다. 매일같이 상고 동창 카톡방에서 대화를 주고받는다. 부인 장말순 씨는 초등학교 동창~, 인천 사는 최승연 씨랑 우리 모두 마산포교동 학생회-청년회 동기 도반들이다.

현광열 친구

평생친구~, 서울 어느 교회의 장로들 모임 회장~,

초등학교, 중학교, 고등학교 동창~, 70여 년 고향친구~, 면목동 친구가 근무하는 회사(사장 임명상 거사)에서 자주 만난다. 최근 광열이가 눈 오는 날 낙상으로 대퇴골 부상을 입고 고대병원에서 수술 마치고, 지금은 집에서 회복 중에 있다. 마음이 아프다.

김홍락 친구

근년에 가까워진 친구~, 키가 훤칠하고 잘 생긴 호남好男~,
하루에도 몇 차례씩 카톡을 주고받고, 수시로 전화도 주고받으며 마음 깊은 얘기들 나누며 공감하고 있다. 2023년 11월 30일 (목요일)~, 저녁 6시 20분~, 이 대목을 쓰고 있는데, 홍락이 친구가 전화를 해서 한참 수다를 떨었다. 텔레파시가 통한 것 같다.

안일영 친구

합성 고향친구~, 어릴 때 함께 자랐다.
부산 살다가 부인 간병을 위해서 서울 와서 지낸다. 면목동 사무실에서 자주 만난다. 성당에 열심히 다니면서 위로를 받고 있다.

정현화 친구

한양 그룹에서 임원을 지냈다.
독립해 나와서 건설회사를 만들고, '우리는선우' 빌딩(우리함께 빌딩)을 건설하였다. 광열이하고 자주 만난다. 아들이 TV조선 PD로 좋은 교양작품을 많이 만들어 자랑스러워하고 있다.

친구들~,
좋은 친구들~, 평생친구들~,

만나거가 못 만나거나, 우리는 서로 좋은 의지처依支處~,
그래서 덜 외롭다.

다) 그리운 세 분의 도반~, 속환사바速還裟婆~, 어서 돌아오세요

박세일 선생
서울법대 교수, 한반도선진화재단 설립자.
도피안사 수광원(壽光院, 수행자들이 머무는 건물)에서 몇 달 함께 생활하고, 절 앞 용설호수길을 포행하면서 자주 법담을 나누었다. 나는 붓다의 불교에 관하여~, 사띠를 중심으로 얘기하고, 박 교수는 시국문제~, 특히 북한문제에 관하여 설명하곤 하였다.

"북한집단은 무슨 정권이 아닙니다.
세계사에 유례없는 세습 왕조집단입니다.
북한 정권을 정상적인 집단으로 착각하고 평화를 논하는 것 자체가 나라 위태롭게 하는 난센스지요.'

김영삼 정부 시절 '세계화'를 국가정책의 아젠다로 제시하고, 공동체자유주의를 정치적 신념으로 주장하였다. 붓다의 빠리사를 연상시킨다. 그 후 박 교수는 정치에 직접 뛰어들었다가 상처만 받고 물러났다.

2017년 1월~,

박 교수는 원생願生길 홀홀 떠나고 말았다. 아직도 한창 일할 나이
~, 아깝고 아깝다.

지금 다시 돌아와 큰 동량棟梁으로 자라고 있을 것이다.

지금 안성 도피안사 모란동산에 흔적을 남기고 있다. 나는 때때로
찾아가 먼지도 닦아주고, 한마디 한다.

'정치하지 말지~,

얼마나 힘들고 상처 받았을까,

속환사바速還裟婆~, 어서 돌아와,

절대 정치하지 말고, 학문하면서 붓다의 길만 걸으세요.'

실상화 윤용숙 보살

오랜 인연~, 오랜 도반이다.

불교운동에 한창 열중하고 있을 때, 불이회不二會가 주관하는 12회
'불이상不二賞'을 받으면서 서로 알게 되고, 불이회 모임에 나가서
강의도 했다. 윤용숙 보살과는 나이도 동갑이고, 또 사범대 같이 나
온 조카 김영애가 불이회 멤버로 있는 등 여러 인연들로 서로 친한
도반으로 지냈다.

2014년 10월~,

조계사 지하공연장에서 '10부작 영상 붓다 석가모니' 시사회 할
때, 인편으로 백만 원을 보내왔다. 그때 윤용숙 보살이 병중이어서
알리지도 않았는데 어떻게 알고 거금을 보내면서 이런 메모를 남
겼다.

'법사님~, 큰 불사 축하드립니다.

마땅히 가서 동참해야 하는데 제가 요즘 병이 깊어 가질 못합니다.

법사님~, 죄송합니다.'

몇 년 전~, 윤용숙 보살이 먼저 떠났다.

항상 학처럼 청정하고 겸허하던 오랜 친구가 원생顯生길 떠나갔다.

구파발 진관사 영결법회에서 보살의 영정 마주보며 나는 맘속으로

고별하였다.

'윤용숙 보살님~,

보살님은 부처님 당시 위사카(Visakha) 부인이지요.

그동안 거듭거듭 원생(顯生, 원력탄생)하시고,

이번에도 왔다 먼저 가시네요.

윤용숙 보살님~, 우리 다시 만나요.

우리 내생에도 빛나는 보살몸으로 다시 만나 더 큰 불사 해요.

이 나라 불교~, 꼭 살려내요.

우리 그렇게 약속해요.'

실상화 윤용숙 보살~,

지금쯤 이 땅 어디선가 새 몸으로 무럭무럭 자라고 있을 것이다.

혜조 거사

본명 김영규, 의령 사람, 인하대학교 건축과 졸업.

3편 〔붓다-빠리사 시절〕

대학시절부터 불교에 관심을 갖고, 소천詔天 스님 회상에서 공空사상을 배우고, 나름대로 한 경지를 체득하였다. '불광' 창립 때, 혜조 거사는 광덕 스님을 도와서 '월간 불광' 잡지를 수레로 실어 나르는 등 앞장서고, '불광법회' 창립 후에는 초대총무로서 법회를 주관하였다. 광덕 스님이 혜조 거사를 보고 '동지'라고 불렀던 것도 이런 인연 때문이다.

혜조 거사는 깊은 법담法談을 나눌 수 있는 거의 유일한 도반이다. 몇 년 전에 담도암이 발생하여 수술을 포기하고 약물치료를 하고 있을 때, 한 달 한두 번씩 인사동에서 만나 같이 본죽을 먹고, 조계사 가는 도중 '자우 커피숍'에서 차를 마시며 몇 시간씩 부처님의 가르침에 관하여 토론하였다. 혜조 거사는 주로 '공 도리空道理'를 논하며 머무름 없이 떠나는 자유를 주장하였다. 나는 훌훌 떠나는 '공 도리'를 짐짓 충동질하며 공을 타파하곤 하였다.

"'공空사상'~, 그것 불교 아니다.
보살원력으로 매달려서 이 세상 구하는 것이 불교다."

작년 가을 조계사 근처~,
불광법회장 박홍우 도반과 함께 만났을 때, 혜조 거사는 병중病中을 무릅쓰고 역설하였다.

'불광법회·불광사는 스님들끼리 물려주고 물려받는 스님들 절이 아니다.

처음부터 끝까지 불광대중들이 한 푼 두 푼 모아서 세운 불광대중
들 도량이다.

불광대중들이 창건주다. 광덕 스님 돌아가시고 상좌들한테 물려준
것부터 원인무효다. 재판 다시 해야 한다.'

(이 내용은 박 회장이 녹음으로 남겨두었다)

2023년 8월 5일~,

혜조 거사 먼저 원생願生길 떠나갔다.

'만나자'고 전화했더니, '기운이 없어서 못 나간다'고 '다음 보자'며
'고맙습니다' 하더니 훌쩍 떠나고 만 것이다.

은평요양병원 장례식장~,

혜조 거사 영정 앞에 서서 한마디 하였다.

'혜조 거사~, 고생 많았네.

훌훌 털어버리고 편안히 갔다가

원력보살로 다시 돌아와서 큰일 하시게~'

3) 동덕 청보리들~, 제자들~, 뿌리 깊은 선한 인연들

〔동덕 청보리들〕

평생 제자들~,

1970년 7월 처음 만나서 2020년 12월 회향할 때까지 50년~,

평생 고락을 함께하며 '우리도 부처님같이' 외치며 이 땅의 불교중

홍시대를 이끌어낸 '붓다의 전
사들~,
지금도 우리는 한 공동체~, '청
보리 빠리사'~, '동덕-청보리
빠리사'다.

동덕 청보리들

수많은 청보리들~,
착한 제자들~, 지금 이름들은
잊었지만, 아직도 그 순결한 눈
동자들은 내 맘속에 살아있다.
동덕 청보리들은 지금도 계속
만나고 있다. 매년 봄에는 사찰
순례 가고, 12월에는 송년만남을 가진다.
2023년 봄에는 월정사 상원사 순례를 다녀오고, 12월 3일에는 서
초동 '진도울돌목 가는 길'에서 조촐한 송년모임을 가졌다. 스물세
명이 동참해서 끊임없이 수다 떨고 깔깔대며 '환희 불국정토'를 실
현하였다. 마치고는 커피숍에 가서 연장전을 가지고~, 어순아(동덕
2世, 성신여대 명예교수)가 한턱 쐈다.

이날 참석한 청보리들
유정애
동덕불교의 평생대표, 50여 년~, 한평생~,
이젠 70대 할머니가 됐어도 의연하게 후배들을 잘 돌보고 있다.

이영춘

수많은 어린 꿈나무들 키워낸 학교 선생님~,

지금도 꿈 잃지 않고 여러 가지 사회봉사 활동하고 있다.

손인희

50여 년 변함없이 동덕 청보리 지켜온 원력願力보살~,

학교도 지키고 동창회도 돌보고 일편단심 늙은 선생도 챙기고

있다.

어순아

성신여대불교학생회 지금도 돌보고 있고,

약수선원에서 염불선 수행 열심히 정진하고 있다.

이을섭

50여 년 변함없이 이것저것 챙겨주고,

매일 카톡을 보내서 안부를 묻고 있는 열성보살이다.

김미자

경희 남경이~, 두 딸 불자로 잘 키워내고,

내 공부방에 두유가 끊길 날 없이 공급하고 있다.

이춘실

고3 때부터 '춘실아~' 하고 부르면 '예~',

춘천서 심리상담을 하며 지역사회 봉사하고 있다.

손경옥

사찰에서도 청보리에서도 동창회서도 변함없는 열정~,

내게는 큰딸처럼 든든하고, 동심童心 같은 동질감을 느낀다.

손순애

아침마다 정진 마치고 허브라이프 한잔~,

순애의 꿈과 정성을 생각하면서 보살의 미소를 본다.

유지형

남편 광우거사와 딸 승연이를 성지순례로 이끈 강한 의지~,

내가 떠난 후 동덕에서 아이들 모아서 백팔배 하던 그 원력~.

진성 스님(한경섭)

노원구에서 '보광선원'을 열어 시민포교를 개척하고,

내가 보낸 부처님의 치아齒牙사리 잘 모시고 있겠지~.

이숙영

한결같은 열성과 신심으로 청보리 끝까지 지켜내고,

겨울이 오면 숙영이가 한 땀 한 땀 떠서 보낸 목도리를 두른다.

장시훈

청보리의 초기개척자이자 리더로서 열성을 다하고~,

한국전력의 사원으로서 이 세상에 빛을 보내는 보살행을 다하고~.

최용주

보살의 원력을 본받아서 봉사단체 '좋은 사람들'을 조직하고,

어려운 이웃들에게 도시락을 공양하는 보살행 꾸준히 행하고

있다.

이상우

언제 봐도 예의 바르고 밝은 미소로 사람들을 편안하게 하고,

50여 년~, 변함없이 청보리의 의리를 굳건하게 지켜오고 있다.

김혜경

동덕 청보리의 평생 총무~, 수십 년 궂은 일 다해내고,

남편과 우현이 현아 두 자녀를 법회로 인도한 인욕보살이다.

정만호 거사

청보리 명예5기~, 혜경이 남편~,

법회의 어려운 일 다 맡아하면서도 한마디 말도 없다.

서혜정

'연꽃들의 행진' 연극 '바보 판타카'의 그 바보~,

종민이 종현이 두 아들 데리고 멀리 법회에 오던 그 바보~.

이용덕

어떤 상황에서도 청보리 지켜온 또 한 사람 바보~, 혜정이 남편,

이제는 삼성전기의 본부장으로, 선임연구원으로 의젓하게 나간다.

박유란

딸 서현이~, 애기 때부터 법회 데리고 와서 부처님 보고,

부처님의 자애慈愛로운 향기 몸에 배이게 인도하는 엄마보살~.

윤선영

아들 지훈이~, 아장아장 걸을 때부터 법회에 데리고 와서,

고사리손으로 희사금을 넣고 합장하게 하던 또 한 사람의 엄마보

살~.

〔동덕제자들〕

이계숙

고3 때 담임~, 미술학도다.

벌써 몇 년 동안 달마다 나를 챙기고 있다.

민혜인

학교시절 걸스카우트 열심히 했다.

벌써 십년 가까이 달마다 잊지 않고 챙기고 있다.

김태현

도피안사에서 만났다.

요양원 영양사로 있으면서 때때로 귀한 선물 보내고 있다.

마미영

작년(2023년) 5월~,

김미자 딸 경희 결혼식 주례 보러 갔다가

우연히 만난 낯선 얼굴인데도

'동포들 생각하며 살라'는 주례의 말 듣고 감동했다며

미자를 통하여 거액을 보내오고~,

…

세월이 흘러~, 60여 년~,

이렇게 수많은 제자들~,

다 늙고 병든 옛 선생 잊지 않고 아름다운 인연 이어가고 있다.

자식들도 못하는 일~, 전생의 깊은 인연이다.

우리는 내생에 다시 와서도 이렇게 서로 만날 것이다.

바로 이것이 '불사不死'~, '불사의 현장'이다.

4) 2019년 7월 호주로 가다, 제자 지설근의 착한 마음

가) 길고 아름다운 인연~, 작은 앨범 하나가 만든 크나큰 인연

2019년 7월 14일, 여든두 살~,

나는 인천공항에서 아시아나를 타고 시드니로 향했다.

11일간의 호주 여행을 떠난 것이다.

동덕 제자 지설근(Sulkeun Phoon)의 초청~,

여든두 살~, 이 나이에 힘든 여행을 떠난 것이다.

설근이와 인연은 길고 오래되었다.

1967년 갓 서른 살~,

내가 동덕에서 처음으로 고3 담임을 맡았을 때, 나는 3학년 6반 담임이고, 설근이는 옆 7반~, 노영석 선생님 반이었다. 국사國史시간~, 일주일에 두 번씩 들어가서 같이 공부했다.

언제부터인가 설근이가 교무실로 나를 찾아왔다.

훌쩍 큰 키~, 곱슬머리~, 찾아와서는 내 책상 옆에 서서 한참 있다가 가곤 했다. 무슨 특별한 용무가 있는 것도 아니다. 그저 옆에 서 있다가 돌아가곤 했다. 유난히 하얀 순백의 교복칼라가 머리에 남아 있다.

그때는 그런 일이 많았다.

몰래 아침마다 꽃을 꽂아놓는 아이들도 있고~,

쪽지편지를 쓰거나 선물 놓고 가는 아이들도 있고~,

사춘기 아이들의 건강한 성장 과정이다.

졸업 후 세월이 흐르고 거의 잊어버리고 있었는데, 졸업 후 십여 년
지난 어느 날 설근이가 학교로 찾아왔다. 교문 수위실에서 만나자
는 연락이 왔다.
그새 학교 다니고 사회생활 하고~,
이번에 기회가 있어서 호주로 이민 간다고 했다.

"제가 지금 떠나면 언제 올지 기약이 없습니다.
그런데 제가 고등학교 졸업앨범을 잃어버렸습니다.
호주 가서 한국 생각날 때 앨범이라도 보고 싶은데~,
죄송하지만~,
선생님 갖고 계시는 앨범을 제게 주실 수 없는지요?"

잠시 생각이 스쳐갔다.
'내게도 첫 앨범인데~'
나는 대답했다.

"그래~, 그러자~,
내일 수위실에 맡겨놓을 테니까,
가져가서 생각날 때마다 잘 보거라."

호주 여행가기 1, 2년 전~,

설근이가 의정부집으로 찾아왔다. 내게 연락도 안 하고~,
아파트 경비실까지 와서 물어보니까 그런 사람 없다고 해서 돌아
가다가 발길이 떨어지지 않아서 다시 돌아온 것이다. 그때 내가 마
침 동네 병원가려고 나오다가 경비실에서 돌아가려는 설근이를 만
났다. 서로 말을 잊었다. 같이 병원 가서 내 진료 받는 거 지켜보고,
'병원비 쓰라'고 큰돈을 내놨다. 마침 점심때라 우리 동네 작은 식
당에 가서 동태찌개를 시켜먹었다. 입맛에도 맞지 않았을 텐데~,
내내 마음이 불편했다.
그리고 이번에 비행기 왕복티켓을 보내온 것이다.

나) 아직도 생생한 블루마운틴~, '천사 고모'의 따뜻한 배려

2019년 7월 15일 (월요일)
10여 시간 비행 끝에 시드니 공항에 도착했다. 설근이가 둘째 아들
다니엘 군과 함께 기다리고 있었다.
반가운 만남~, 다니엘(Daniel) 군 차로 설근이 집으로 왔다.
볼캄힐스(Baulkham Hills) 주택가에 있는 아담한 2층집~,
이곳 계절로 겨울이라는데, 정원에 동백꽃들이 아름답게 피어
있다.
집에서 점심 먹고, 동네를 한 바퀴 산책하였다. 1, 2층 건물들의 소
박한 주택지다.

7월 16일 (화요일)

다니엘 군의 차를 타고 한국절 조계종 정법사를 참배했다.

입구에 반가사유상이 서 있다.

마침 사시예불 시간~, 스님 한 분이 예불 올리고 있었다.

설근이랑 들어가서 참배하고 앉아서 잠시 사띠 하고 나왔다.

설근이는 집안이 모두 성당에 다니는데, 나를 위해서 배려한 것이다.

7월 17일 (수요일)

오늘은 호주의 명물 블루마운틴 가는 날~,

일찍 서둘러서 2층 기차 타고, 관광버스 타고~, 2, 3시간 달려 도착했다.

Blue-mountain~,

높은 산인가 했더니 눈 아래 보이는 계곡이다. 산이 발아래 펼쳐져 있다. 미국의 그랜드캐년 같은 분지형 산이다.

산에 들어서니 기분이 상쾌하다. 맑은 공기가 그대로 손에 잡히는 듯하다. 블루마운틴은 세계에서 공기가 가장 청정한 곳으로 정평이 나있다.

산 정상에서 발아래 산을 배경 삼아서 설근이랑 기념사진을 찍었다. 호주여행에서 가장 기억 남는 곳~, 기억 남는 사진~,

지금도 절 공부방 앞 벽에 붙여놓고 아침저녁 보면서 인사를 나눈다.

시드니타워도 가고, Magwarie 대학도 가고,

호주 블루마운틴

호주 수도 캔버라 가서는 누구나 들어가서 앉을 수 있는 계급 없는 국회의사당도 보고,
전쟁기념관 가서 대리석에 새겨진 한국전쟁 전사자 명단도 보고,
큰아들 내외와 함께 북쪽 Pittwater 가서 태평양바다에 발도 담그고,
오페라하우스도 가고, Darling-habour도 가고,
Queen Victoria 동상도 보고 …
가까이 있는 설근이 어머니 집도 방문해서 같이 점심식사 하고,
어머니가 94세이신데, 아주 건강하고 깨끗하시다.

설근이는 먼 객지에서 살림하고 아이들 키우며 사느라 무거운 짐을 지고, 가슴이 많이 좁아지고 다리 관절이 안 좋아서 걷는 데 불편해한다. 그러면서도 가족들 친척들 친구들 이웃들에게 항상 따뜻하게 대하고 나누고~, 조카들이 '천사고모'라고 부르고 있다.
나는 집에 머무는 동안 때때로 사띠 수행을 가르쳤다.

"제행무상諸行無常 제행무상諸行無常
일체는 지나간다, 사라져간다.
몸도 마음도 허공처럼 텅~ 비어 있다.

3편 〔붓다-빠리사 시절〕

새 생명의 길이 환~ 하게 열려온다.

설근아, 가슴 활짝 펴고
열심히 힘차게 살거라~.
이 세상 모든 것은 한때의 인연~,
끊임없이 지나가고 사라져간다.
아무것도 걱정하고 괴로워할 것이 없어~"

7월 24일 (수요일)~,
시드니 공항에서 작별하고 돌아왔다.
설근이가 섭섭해서 어쩔 줄을 모른다. 나도 모르게 눈물이 흐른다.
그리운 제자들~, 그리운 사람들~.

2. 〔불사의 현장 Report ②〕 2023년 12월 13일~, 외로운 한우 어머니 찾아서

1) '광명찬란~, 광명찬란'~, 이 세상의 평화를 위하여

가) 아침정진~, 사띠 수행과 축원

2023년 12월 13일 (수요일)
안성 죽산 도피안사 '옥천산방玉川山房'~,

아침 8시에 기상하면서 가족사진을 향하여~,
집사람과 보현이와 가족들 향하여 손을 흔들며 큰소리 외친다.

'광명찬란 광명찬란
불성광명이 눈앞에 찬란하다.
나무석가모니불~, 우리도 부처님같이~
만세~ 얼쑤~'
2023년 12월 13일 수요일
희망찬 하루가 밝았도다.'

공부방으로 나와서 창문을 활짝 열고
밖의 하늘 산 나무들 바라보며 외친다.

'광명찬란 광명찬란
불성광명이 눈앞에 찬란하다.
나무석가모니불 우리도 부처님같이~
만세~ 얼쑤~'

허리에 손을 짚고 몸을 좌우로 흔들며 노래한다.

'오~ 찬란한 아침이여~,
부처님 오시네~'

그리고 법당 부처님 향하여 합장
예배 올리고,
하하하 웃으며 밖의 친구들과 아
침 인사를 나눈다.

'Good Morning~ Everybody~,
미스트 쌍풍 장군~'

'쌍풍雙楓'은 내 공부방 바로 앞
을 지키고 있는 두 그루 단풍丹楓
나무~, 우리 공부방 수호 신장神
將이다. 그래서 '쌍풍 장군'이다.

도피안사 내 공부방 옥천산방

팩에 든 영양죽 하나를 데워서 간소하게 아침공양 하고, 9시 반부
터 '아침수행'을 시작한다.
30분 동안 체조하고 가볍게 제자리 달리기 하고, 의자에 앉아서 30
분간 'Sati 수행'을 한다.

〔아침 Sati 수행 순서〕
① '호흡 사띠' ~,
　들이쉬고 내쉬면서 '하나' '둘' ~ '열'
② '무상無常 사띠'~,
③ '사념처四念處 사띠'~,
④ '붓다의 마지막 말씀'~,

⑤ '보살 원생서원願生誓願'~,

⑥ 축원~,

　가족들 제자들 친구 도반들~,

　그리고 열심히 살아가는 이 땅의 동포들~,

　산 자나 먼저 떠난 자들~,

　얼굴 하나하나 눈앞에서 보며, 이름 하나하나 외우며 축원한다.

⑦ 회향 ; '광명 사띠~.

　아침정진 하고

　가볍게 운동하고~

나) 커피타임~, 오늘은 내가 시봉당번이다

12시~,

대중들이 모여서 점심공양 하고~,

커피를 끓여서 즐거운 커피타임을 갖는다.

오늘은 내가 시봉당번~,

포트에 물을 끓이고 커피를 타고 물을 붓고~,

소반에 받쳐 들고 식탁으로 가서 실상월 보살, 보안 거사, 광은 보살과 함께 커피를 마시면서 소담笑談을 나눈다.

나는 이 커피 시봉侍奉을 수십 년 째 해오고 있다.

지금은 종무실장 보안 거사와 하루씩 교대로 하고 있다.

'늙었다'고~, '박사님'이라고~,

다른 대중들 시봉 받는 것~, 나는 제일 싫어한다.

'늙은이'가 누구인가?

'젊은이들' 섬기는 사람이 곧 '늙은이'다.

'박사님'이 누구인가?

삶 속에 지친 도반들 친구들~,

커피 한 잔 타서 권하는 것이 곧 '박사님'이다.

'부처님'이 누구신가?

대중들 나누고 섬기는 이가 곧 '부처님'이시다.

작고 외로운 동포들~,

아침마다 맨발로 걷고 걸어서 찾아가 나누고 섬기면서 시봉하는
이가 곧 '부처님'~, '불보살님'이시다.

다) '광명찬란 광명찬란'~, 이것이 '평화의 진언'이다

12시 반쯤~,

용설호 포행布行길에 나서면서 나는 이렇게 외친다.

하늘 바라보고~, 땅 바라보고~, 동포들 바라보고~, 숲들 나무들
꽃들 새들 바라보고~, 큰 소리로 '광명진언'을 외친다.

이것이 '광명진언'이다. '광명 사띠'를 요약한 것이다.

〔합송 ; 광명진언光明眞言〕

'광명찬란 광명찬란

불성광명이 눈앞에 찬란하다.

나무석가모니불~ 우리도 부처님같이~,

만세~ 얼쑤~'

순간~,

하늘 땅 동포들이

용설 호숫길-포행길

부처님 광명으로 환~ 하게 밝아온다.

하늘 땅 동포들이 달려와 한몸이 된다.

순간~,

숲들 나무들이 부처님 광명으로 환~ 하

게 밝아온다.

숲들 나무들이 달려와 한몸이 된다.

포행길을 걸어가면서

시도 때도 없이 '광명일구光明一句'를 외

친다.

〔광명일구光明一句〕

'광명찬란 광명찬란~'

이것이 '광명일구光明一句'다.

'광명진언'을 한 마디로~, 일구—句로 줄인 것~,
호흡하듯, 입에 달고 다닌다.

절 앞길의 숲들 나무들 바라보면서
나는 또 이렇게 '광명일구'를 외친다.

'광명찬란 광명찬란~,
'친순이 친돌이, 삼순이 삼돌이들아~,
나와 놀자~, 봄이다~.'

순간~,
친순이 친돌이 삼순이 삼돌이들이 부처님 광명으로 환~ 하게 밝아
온다.
친순이 친돌이 삼순이 삼돌이들이 달려와 한몸이 된다.
'친순親順'이는 암컷나무들~, '친돌이親乭伊'는 수컷나무들~,
'삼순이三順伊'는 나하고 특별히 친해서 이름을 지어준 세 그루 나
무들~,
하나는 '멋순이'~, 길가에 우뚝 선 암컷 은행나무~,
둘, 셋은 '산돌이'와 '원돌이'~, 나란히 선 수컷 소나무들~,
'순順이'는 새끼 치는 암컷이고, '돌이乭伊'는 수컷들이다.
새끼 치느라 고생하기 때문에 항상 암컷 '순이'들을 먼저 내세운다.
'Lady-first'~, 내 사전辭典에는 이렇게 적혀 있다.
'멋순이'는 가을에 은행알을 조롱조롱 낳기 때문에 '멋순이'고,

'산돌이'는 젊은 소나무~, 오래오래 살아라고 '산돌이',
'원돌이願乭伊'는 늙은 소나무~, 금생이 다하거든 보살의 원력으로
다시 돌아오라고 '원돌이願乭伊'~.

절 입구 끝머리에 암컷은행나무가 서 있다. '끝순이'다.
나는 또 '광명일구光明一句' 외친다.

'광명찬란 광명찬란~,
끝순이야~, 나와 놀자~'

날씨가 궂을 때는 이렇게 외친다.

'끝순이야~,
단디~'

포행 마치고 절로 돌아올 때는 차례차례 나무들에 손바닥을 대고
귀를 대고 수액樹液의 흐름을 온몸으로 체감하며 대화를 나눈다.
사랑하는 친구들과 스킨십(skin-ship)을 나누며 체온을 공유하는
것이다.

'광명찬란 광명찬란~'

이 한마디가 '평화平和의 진언眞言'~,

평화를 불러오는 '진언~, 진리의 말씀'이다.

우리가 서로 차이를 뛰어넘어 한 몸 되는 길이다.

이 '평화의 진언' 외우면서,

우리가 마음 비우고 비울 때~, '어둔 나(自我)'는 사라지고

광명찬란 광명찬란~, 불성광명이 솟아나고~,

이 광명 속에서 우리는 한몸이 되는 것이다.

좌파/우파~, 남/북~, 동/서~,

노/사~, 남/녀~, 흑/백~,

하늘 땅~, 숲 나무 꽃들~,

흐르는 물~, 말없는 바위~,

하늘 날으는 새들~,

산길 내달리는 노루 사슴들~,

'광명찬란 광명찬란~,'

이 한마디가 그 누구도~, 그 무엇도~,

편 갈라 서로 해치지 않고 함께 사는 평화의 길이다.

이 한마디가 서로 주고받으며 함께 살아가는 공생의 길이다.

이 한마디가 이 땅에서~, 이 지구촌에서~, 인류역사에서~,

서로 해치는 전쟁과 살육殺戮~,

영영 소멸시키는 평화공존의 길이다.

2) ‘안녕하세요’~, 이 한마디가 세상을 바꾼다

가) 용설리~, ‘작은 정토~, 부처님나라’

2023년 12월 13일 (수요일)

12시 반쯤~, 점심공양과 커피타임 마치고 포행布行 길 나선다.

조금 내려가면 용설리 마을이 나오고 마을 앞에 큰 호수가 다가온다. 본래 저수지인데, 호수처럼 넓어서 ‘용설호龍舌湖’~, ‘용설호수’가 된 것이다. 사시사철 낚시꾼들이 끊이지 않는다. 이 호수를 따라서 둘레길이 나오고, 이 길이 내 포행로布行路다.

길을 가다가 이웃들을 많이 만난다.

호수길을 걷다가도 많은 사람들을 만난다.

나는 만날 때마다 먼저 고개 숙여 인사한다.

‘안녕하세요~’

사람들이 처음에는 멋쩍은 듯 ‘네~’ 하고 겨우 대답하다가, 매일같이 하니까 차츰 익숙해져서 이웃들도 따뜻하게 화답해온다.

‘안녕하세요~’

이제는 이렇게 서로 인사하는 게 용설호수길의 풍토가 되었다.

나만 보면 먼저 인사하는 이웃들도 많다. 기분이 흐뭇하고 따뜻해
진다.

광명찬란 광명찬란~, 어느새 용설리 마을이 '작은 정토'로~, '작은
부처님나라'로 변해가고 있다.

몇몇 이웃들은 낯이 익어서 서로 웃으며 인사한다.

마을 입구에 사는 한 노인과 그새 많이 친해졌다. 트렉터를 타고 일
하러 나가다가, 나를 보면 이빨 맘껏 드러내면서 활짝 웃는다. 나하
고 비슷한 연배인데, 그 모습이 천진동자天眞童子다. 석주 스님을 연
상시킨다. 그 모습 보면 참 행복해진다.

'참 좋은 이웃들~,
참 아름다운 용설마을~'

얼마 전 마을의 한 카페~,

'추억 속으로'에 차 마시러 들어갔더니, 그 노인이 몇 달 전 돌아가
셨다고 한다. 집에서 감나무에 올라가 감을 따다가 잘못된 것이다.
가슴에 철렁한다. 좋은 친구를 잃은 상실감에 한참 말을 잊었다. 그
리고 눈을 감고 축원하였다.

'친구님~,
그 천진한 미소로 곧 돌아오소서.
보다 빛나는 모습으로 다시 돌아오소서.'

나) '안녕하세요~', 이 한마디 그리 힘들까?

이 한 마디가 세상을 바꾼다.
이 한 마디가 나를 바꾸고,
우리 가족~, 우리 직장을 바꾸고~,
동포들의 세상을 바꾼다.

'안녕하세요~',

이 한 마디가 어둠을 걷어내고, 찬란한 불성광명을 불러온다.
이 한 마디가 실로 공생共生의 에너지다.
이렇게 서로 먼저 인사하면서 우리는 함께 살아간다.
이 한 마디가 불사不死의 에너지다.
이렇게 서로 인사하면서 우리 마음이 활짝 열리고
보살의 원력이 솟아나고
서로 나누고 섬기는 불성佛性이 솟아나고
우리는 죽는 것 가운데서도 죽지 아니하는 불사의 길로~,
원생願生의 길로 나아간다.
이것은 '눈앞의 팩트~, 사실事實'이다.
가정에서 아침에 일어나 만나는 가족들한테,
'안녕'~,
미소 가득 먼저 이렇게 인사해보라.
금세 가족 분위기가 달라진다.

이혼하는 부부~, 가출하는 십대들이 사라져갈 것이다.

직장에서 아침 출근할 때 만나는 동료들한테,

'안녕하세요'~,

미소 가득 고개 숙여 먼저 이렇게 인사해보라.

직장 분위기 달라지는 것이 눈에 보인다.

계층 간의 갈등이 사라지고, 집단따돌림이 사라져갈 것이다.

'안녕하세요~'

이 한마디~,

왜 못할까?

못 깨달아서 못할까?

한소식 하고 나서 할까?

이 한마디가 그리 힘들까?

3) 한우 어머니 찾아서~,
외롭고 아픈 한우 어머니 찾아서

가) 외로운 한우 어머니~, 아들 남편 먼저 떠나보내고

2023년 12월 13일(수요일) 2시쯤~,

호수길 옆 '정오의 카페'에서 따끈한 라떼 한 잔 마시고 있다.

포행 마치고, 호수길 쉼터에서 20분 정도 사띠 수행하고, 카페로

온 것이다.

한 잔 5천 5백 원~, 돈이 아까워서 한 달 한두 번쯤 들린다. 이제는 엄전한 여주인이 알아보고 커피를 끓여서 쿠키 몇 조각과 함께 직접 좌석까지 가져다준다. 이웃 늙은이라고 대우하는 것~, 고맙다.

따끈한 커피 한 잔~,
참 행복하다.
마음 비우고 다가가면, 행복은 이렇게 사소한 것인데~.

문득~,
한우 어머니가 생각난다.
'한번 찾아 가겠다'고 한 약속이 생각난다.
한우네~, 한우 어머니는 우리절 도피안사 단월이다.
20여 년 전, 절에 처음 와서 송암 스님 따라 몇 번 간 것이 인연이 되어서, 지금까지 이어오고 있다. '단월檀越'은 부처님 당시의 'Dāna-pati/다나빠띠'를 중국인들이 발음대로 옮긴 것인데, '나누는(布施, Dāna) 사람(主, pati)'~, 곧 '시주施主'를 일컫는 말이다. '나누는 사람이 주인공'~, 이런 뜻이다.

한우 어머니~,
오래전에 장성한 큰 아들 대우를 잃었다. 교통사고다.
2년 전에 한우 아버지가 병으로 돌아가셨다.
지금 한우 어머니는 거곡마을 큰 집에서 덩그렇게 혼자 살고 있다.

한우 어머니는 눈물로 세월을 보낸다. 항상 눈이 충혈돼 있고 눈물이 고여 있다. 둘째 아들 한우는 해병대 장교인데, 최근에 대령으로 진급해서 사령부에 근무하고 있다. 아들과 며느리가 가끔 오긴 하지만, 한우 어머니는 홀로 외롭다.

작년 가을 나는 의정부 집 근처에서 '백세 삼계탕'을 한 마리 사서 들고 한우 어머니를 찾아갔다. 몸이 너무 마르고 쇠약해서 볼 수가 없다. 아픈 데가 많아서 방 살림장에 약이 가득하게 쌓여 있다.

지난 여름에 포행하다 한 번 들렀더니, 천주교 수녀님들 두 분이 먹을 것을 사들고 와 있다. 한우 어머니 홀로 외롭게 살고 있다는 것을 어떻게 알고 찾아온 것이다.

거곡마을 외로운 한우 어머니 집

불자집안인 것을 알고 온 것 생각하면 좋게 보이지 않는다. 그러나 이렇게까지 하면서 그들의 사명을 다하려는 천주교도들의 헌신을 생각하면~, 몇 십 년 절에 다녀도 어려울 때 누구 하나 찾아와서 위로해주는 이 없는~, 그런 생각마저 아예 없는 오늘의 우리 불교도 생각하면~, 할 말이 없다.

며칠 전에도 의정부집에 가 있는데 한우 어머니가 전화를 하셨다.

때때로 전화를 하신다.

"박사님~, 오신다더니 왜 안 오세요?"
"한우 어머니~, 곧 한번 갈게요.
밥 잘 챙겨먹고 있어요.
스스로 챙겨야지 누구 믿을 데 없지 않습니까?"

약속해놓고 아직도 못 가보고 있다. 한 마을 살면서 십 분이면 갈
텐데~, 내가 게으르고 힘이 빠졌나보다.

나) 한우 어머니~, 외롭고 아픈 한우 어머니들~

'정오의 카페'에서 바로 나와서 큰 길 따라서 거곡마을로 향했다.
매일같이 포행하는 정다운 길~, 20분 정도 지나서 거곡마을 입구
~, 노인회관 옆에 있는 한우 어머니집에 도착했다.

'새 농민
이윤택 이승옥'

대문 기둥에 걸린 문패~,
한우 아버지, 한우 어머니 성함이다.
대문이 열려 있어서 바로 들어갔다.

'한우 어머니~'

아무 대답이 없다. 부재중不在中~,
폰으로 전화를 했다.
지금 임플란트 하느라 병원 갔다가 돌아오는 중이란다.

"커피나 한잔 하고 가셔야지요, 기다리세요~"

1시간 정도 기다렸다. 3시가 다 돼서 택시가 왔다.
마루 테이블에 마주 앉아서 안부를 나누었다. 지난번보다 얼굴이
좀 좋아 보인다. 다행이다. 마음이 놓인다. 한우 어머니가 커피와
떡을 한 접시 내왔다.

"아픈 데는 없으세요?"
"허리가 아프고 다리가 아파서 걸음을 잘 못 걸어요."

허리에 감는 보호띠를 내 보인다.

"나이 들면 다 그래요~,
웬만한 건 그러려니 하고 지내야지요.
아들 며느리 자주 옵니까?"

"아들은 군대 때문에 거의 못 오고 며느리가 가끔 옵니다."

"자식도 옆에 없으면 남이지 뭐~, 다 그래요~,
그러려니 해요."

이런저런 얘기들~,
한 시간 정도 수다를 떨었다.

"공부하러 가야 해요~.
또 올 게요~.
절 공부방으로 한번 와요, 떡이나 몇 개 싸가지고~,
법당의 부처님도 뵙고~."

"예~, 그러겠습니다."

절로 돌아오는 길~,
나도 모르게 눈물이 난다.

'내가 뭐라고
재미없고 무뚝뚝한 나를 기다리고 있을까.
한우 어머니나 나나~, 많이 외로운가 보다.
우리 이웃들~, 저렇게 외로운 분들~,
저렇게 아픈 분들~, 얼마나 많을까.
"안녕하세요"~, 따뜻한 인사말 한 마디라도 기다리는 사람들~,
저렇게 외롭고 아픈 한우 어머니들~,

얼마나 많을까. 얼마나 많을까.~'

다) 'Soon, Here and Now'~, 오늘 하루의 삶이 무량수 무량광

「2023년 12월 13일 (수요일)~,
아침 사띠 수행
점심공양 때 커피 시봉당번
'광명찬란 광명찬란~'
이렇게 외치면서 용설호수길 포행
'제행무상諸行無常 제행무상諸行無常'~,
쉼터에서 사띠 수행
'정오의 카페'에서 라떼 한 잔
한우 어머니집 방문
산방山房으로 돌아와 4시간 글쓰기~」

그래~,
나는 오늘 하루 불사不死로 살았다,
수많은 전생前生들~, 닥쳐올 내생來生들~,
오늘 하루의 삶으로 살아냈다.
무량수 무량광無量壽 無量光~,
무한생명을 오늘 하루의 삶으로 살아냈다.
'광명찬란 광명찬란'~,
불성광명의 삶을 오늘 하루의 삶으로 살아냈다.

'만분일萬分一~, 우리도 부처님같이'~,

오늘 하루의 삶으로 살아냈다.

전생의 삶이 오늘 하루의 삶이 되고,

오늘 하루의 삶이 곧 내생의 새로운 생명이 되는 것~,

이것이 인과법因果法~, 인연因緣의 도리~,

무한생명의 자연질서~, 세세생생 보살도~.

〔정사유正思惟의 시간〕

「그래~,

불사不死는 죽지 않는 것이 아니지,

무한생명은 영겁永劫을 사는 것이 아니지,

마음 텅~ 비우고 지켜보면~,

'불사不死'는~,

오늘 하루 애쓰고 애쓰면서

참고 견디면서, 싸워 이기면서

작은 욕심, 작은 분노, 작은 고집 버리고

'안녕하세요'~,

이렇게 먼저 다가가 따뜻한 미소로 인사하고,

외로운 한우 어머니들 만나서 수다라도 떨고,

따끈한 커피 한 잔 끓여서 대중들에게 시봉하고~,

이렇게 열심히 살아가는 것~,

이것이 '팔정도의 길'~, 이것이 '작은 보살의 길'~,

이것이 곧 '원생願生'~, '만인불사萬人不死의 길'~,

3편 〔붓다-빠리사 시절〕

이것이 '무한생명의 길'~, 세세생생 보살도~.

죽는 것 가운데서도 죽지 아니하고,

내생에 빛나는 몸으로 다시 돌아오는 길~,

그 유일한 길~.」

'불사不死'는 죽지 않는 것 아니라,

'영생불멸永生不滅' 탐하는 것 아니라,

오늘 하루 이렇게 살아가는 것~,

그냥 아무 생각 없이~, '죽음'도 '삶'도 아무 생각 없이~,

오늘 하루 이렇게 그냥 애쓰고 애쓰면서 살아가는 것~,

다만 이것뿐~.

3. 〔불사의 현장 Report ③〕 내가 아파보니~, 파스 한 장이 구원이고 불사더라

1) 내가 아파보니~, 도처에 '작은 보살들'~, '시민보살들'~

가) 느닷없이 들이닥친 고통~, 깨어나 보니 걸을 수가 없다

2024년 2월 1일(목요일)~,

아침, 잠에서 깨어보니 움직일 수가 없다.

며칠 전부터 왼쪽 발목이 좀 아프고 오른쪽 엉덩이뼈가 좀 아프더

니~,

'그러려니' 하고, 쉬고 있으면 지나갈 줄 알고 있었는데~,

어제저녁 공양 때, '발목이 이상하다'고 얘길 했더니, 공양주 실상월 보살이 신신파스를 한 봉지 챙겨주어서 붙이고 잤는데~, 기어이 사달이 벌어진 것이다.

한 발짝도 걸을 수가 없다.

머리맡에 호신용으로 세워둔 긴 막대기를 짚고서도 일어설 수조차 없다. 30여 분을 삐그적거리다가 겨우 화장실 다녀오고, 겨우겨우 죽 하나 데워먹고~, 점심공양시간이 다가오는데 움직일 수가 없다. 오늘저녁에 절 대중들의 외출 대중공양도 약속돼 있는데~,

종무실장한테 메시지를 보냈다.

'보안 거사~,

왼쪽 발목이 탈이 나서 움직일 수가 없네.

오늘 점심공양 못 나가요.

저녁 회식도 못 나가고.

좋은 모임 빠져서 서운하다고 전해줘요~'

점심 챙겨먹을 생각도 못하고 누워 있는데

실장이 죽을 챙겨들고 왔다.

"오후 두시 반경, 스님 포행 끝나면, 죽산 성모의원으로 가십시다.

제가 처리 못하면 어떤 병원 가라고 일러줄 테니까~,
그냥 두면 더 고통 받습니다."

2시 반이 다 됐는데 아무리 애써도 걸을 수가 없다. 실장이 와서 팔을 붙들고 쌍지팡이를 집고 겨우 차를 타고 성모의원으로 갔다. 의사 선생님이 발을 보더니, '관절염입니다'~, 간단히 진단 처방을 내리고, '내일 또 오세요' 하신다. 본래 말이 없는 양반이다. 주사 한 대 맞고, 1시간가량 물리치료 하고, 실장이 그새 약 타오고~, 절로 돌아왔다. 4시 반이 넘었다. 실장은 오늘 행사준비로 분주히 가고~, 내 방으로 올라가야 하는데, 오르막길이라 걸을 수도 없고~, 어찌할 줄 모르고 서 있는데~, 우리절 자원봉사 광은 보살이 와서 자기차로 방 앞까지 데려다준다고 한다. 염치불구~, 차를 탔다. 가파른 찻길을 한참 둘러서 내 방 앞까지 왔는데, 문까지 갈 수도 없어서, 광은 보살이 팔을 붙들고 가까스로 문을 열고 들어왔다. 저녁도 겨우 죽 하나 데워서 먹고, 의사선생님 처방 약을 먹고 누워 있는데, 송암 스님이 고로쇠약수 한 통을 보내오셨다. 한 잔 마시니까 기분이 상쾌해진다. 실장이 용건이와 성근이한테 전화로 알려서 아이들과 며느리들이 전화를 해 왔다.

"아버님~, 오늘밤 지나보고 차도가 없으면
내일 큰 병원으로 모시고 가겠습니다."

TV 한참 보다가~, 밤 12시 반경 잠들었다.
너무 일찍 자도 일찍 깨니까, 일부러 11시 넘어서 잔다.
'새 나라 늙은이 스타일'이다.

나) 내가 아파보니~, 이분들이 보살님~, 파스 한 장이 불사不死~

2024년 1월 2일 (금요일)~,
8시에 잠이 깨어나서 보니까, 몸이 가볍다.
발목도 많이 좋아져서 살살 걸을 수가 있다.
작은 기적~, 감사하고 감사하다.

'부처님~, 감사합니다,
불보살님~, 구세주 관세음보살님~, 감사합니다.
여러분~, 감사합니다.'

아이들한테도 '괜찮다' 메시지를 보냈다.
'감사합니다'~, 하고 답신이 왔다.

[절의 대중들]
송암 스님~,
벽암 노老거사님~,
종무실장 보안 거사~,
오랜 세월 절 지켜온 한솥밥 도반들~,

3편 [붓다-빠리사 시절]

묘덕심 보살, 실상월 보살, 광은 보살, 묘안 보살~,
때때로 무거운 짐 날라주는 후배 김재성 교수~,

〔도피안사에서 만난 오랜 인연들〕
전남 화순에서 고고孤高하게 정진하시는
우리 시대의 수행자 성혜 스님~,
오랜 세월 함께 수행해온 도반들~,
법해 거사, 혜관 거사, 명국 거사, 황보 원장~, 마산 정만월 보살,
원진 거사, 동덕 거사, 덕래 거사~, 무진의 보살, 무위심 보살,
용주 거사, 입법심 보살, 이제운 거사~, 청련화 보살,
문수월 보살, 자운 김종석 거사, 무상화 보살, 수원 보살, 자선 보살,
실상화 보살.
성모의원 원장선생님~, 간호사님들~,

내가 아파보니~,
이분들이 바로 보살들이다.
내가 겪어보니~,
내 주변의 작은 사람들~,
평소에 별 생각 없이 만만하게 대했던 주변 사람들~,
눈길도 잘 주지 않고 그냥 지나쳤던 내 주변의 시민들~,
이들이 바로 보살님~, 자애慈愛의 대大보살님들~,
귀하고 존엄한 이 땅의 '시민 보살님들'~,
곧 '불보살님'~, '구호천사들'이시다.

이 죽산~, 용설리~, 도피안사~, 우리 집안~,

바로 여기가 정토淨土~, 사바정토娑婆淨土~,

곧 '부처님 나라'다.

내가 아파보니~,

내가 병들어 겪어보니~,

파스 한 장이 불사不死다.

무심코 건네 신신파스 한 장~,

이것이 외로운 늙은이에게 삶의 희망을 북돋우는 불사, 구원이다.

어깨를 공유하고~, 병원으로 실어가고~,

진료하고 처방하고~, 주사 놓고 물리치료하고~,

못 걸어서 쩔쩔 매는 사람 방문까지 실어다주고~,

이 작은 것들~, 이 작고 사소한 것들~, 일상적인 것들~,

이것이 불사不死~, 구원~, 대자대비大慈大悲~,

이 작고 평범한 도리~, '눈앞의 팩트~, 사실들'~,

있는 그대로 보는 것이 곧 '깨달음' '한소식'~,

이 도리 눈뜨는 것이 곧 '아눗따라-삼마-삼보리'~,

60년 공부해도 못 본 도리~, 팔십일곱 들어서 겨우 본 것이다.

내가 아파보고~, 겪어보고~, 이제 겨우 본 것이다.

실로 부끄럽고 부끄럽다.

내가 아파보고 겪어보니~,

장애동포들의 아픔과 외로움들~,

눈앞의 사실로 있는 그대로 보게 된 것이다.

'작은 손길 하나' '작은 관심 하나'~,

저 친구들이 얼마나 간절히 기다리고 있는지~,

눈앞의 사실로 있는 그대로 보게 된 것이다.

전국장애인연합의 친구들이 아침마다 전철역에서 호소하는 그 심정~,

눈앞의 사실로 있는 그대로 보게 된 것이다.

두 발로 걸을 수 있다는 것이 얼마나 큰 은혜이고 축복인지~,

눈앞의 사실로 있는 그대로 보게 된 것이다.

한평생 불교 한다면서~,

저 친구들 위하여 아무것도 하지 않으면서

'깨달음' '한소식' '명상' '참선' '해탈열반' '구국구세'~,

큰소리~, 헛소리만 쳐온 것~,

한없이 부끄럽다.

2) '천 원짜리 한 장'~, 이것이 불교다, 99.9% 동포들 살리는 길이다

가) '천원' '천원 주세요'~, 강가 강(Gaṅga 江) 선착장의 충격

2013년 1월~, 여든 살~,

열두 명 청보리순례단으로 새벽 강가 강(Gaṅga 江, Ganges 江) 선착장에 갔을 때,

그 이른 시간에, 수백 명의 거지떼들이~,

아니, 인도 동포들~, 인도 현지 시민들~, 중생들~, 민중들~,

찬 새벽바람을 온몸으로 맞으며 기다리다 우리 일행을 보고 일제

히 달려와서 손을 내밀며 유창한 우리말로 외쳤다.

'천원, 천원~,

천원 주세요.'

나는 너무 충격을 받고

천 원짜리 한 장 꺼내줄 생각도 못하고

한참동안 등신처럼 서 있었다.

이때 함께 가던 제자 김미자 보살이 말했다.

'부처님께서 출가할 수밖에 없었네요~'

나는 다시 한 번 충격을 받았다.

그리고 생각했다.

[정사유正思惟; 불사不死의 현장]

「하아 ~, 그래~,

부처님께서 출가할 수밖에 없으셨구나~,

그래~, 부처님께서 이런 사람들 속에서 나오셨구나~,

불교가 이런 사람들 속에서 나왔구나~,

붓다 석가모니께서 이런 사람들 때문에 출가하시고

이런 사람들 찾아서 아침마다 걸식하시고,

이런 사람들 눈앞에 보면서 대면 사띠(對面念) 하시고,

시장바닥에서 한센병 환우患友들 무릎 맞대고 둘러앉아

이런 사람들 위하여 '고집멸도苦集滅道'~, 단순명료한 길 설하시고,

'작은 나눔, 작은 섬김'~, 피땀 흘리며 몸소 행하시고,

팔십 평생~, 이러시다 낡은 수레처럼 늙고 병들고 무너지고,

마지막 날도 이런 사람들 찾아서 피땀 흘리며 목말라 하며

구시나가라 언덕길 걷고 걸으시다, 이런 사람들 속에서 돌아가시
고~,

이런 사람들이 부처님 시신을 메고 자기들 마을로 뫼시고,

이런 사람들이 불 지펴서 다비하고,

이런 사람들이 부처님 뼛조각 하나하나 수습하고~」

Historical fact~,

이것이 역사적 사실이다.

증거가 남아 있는 불사不死의 현장이다.

나) '파스 한 장' '천원짜리 한 장'~,

　　이것 아니면 아무도 돌아보지 않는다

'안녕하세요'~,

따뜻한 미소 인사 한마디~,

외로운 이웃 찾아가 손잡고

수다 떨고 함께하고~,

파스 한 장~,

천원짜리 한 장~,

의사 선생님의 처방 하나~,

간호사님의 주사 하나, 물리치료 1시간~,

시원한 고로쇠물 한 잔~,

차에 태워서 문 앞까지 데려다 주는 작은 정성~,

아이들의 근심~

……

이렇게 작고 사소한 나눔과 섬김~,

실제적인 삶에 이익 되고 행복 되는 것~,

아플 때 작은 힘이 되고~,

외로울 때 의지할 말벗이 되고~,

괴로울 때 따뜻한 위로가 되고~,

몸 아플 때 어깨로 기댈 수 있고~,

목마를 때 물 한잔~,

이런 것 아니면,

아무도 돌아보지 않는다.

지금 여기서 눈앞에서 볼 수 있고

즉시 도움이 되고 행복을 가져오고

'누구든지 와서 보라'고 할 수 있는 것~,

이런 실제적이고 눈에 보이는 이익~,

손에 잡히는 현실적 행복~,

이것 아니면~, 세상 사람들 아무도 관심 없다.

'깨달음' '한소식'

'해탈 열반' '불성' '성불'

'우주진리' '법신불' '진여불성'~

이런 거대담론巨大談論~, 고매한 진리~,

이런 작고 사소한 이익 행복으로 행동하지 아니하면,

다 헛소리~, 허구~, 환상~,

불교의 범주 영역 밖에 있는 것들~,

아무도 귀 기울이지 않는다. 누구도 감동하지 않는다.

이것이 요즘 세상 사람들 행태다.

아니~, 옛날부터 세상 사람들은 다 이랬다.

이것이 정상正常이고 보편普遍~,

이것이 '법(法, dhamma)'이고 '눈앞의 사실事實'이다.

우리는 '노老 삥기야(Piṅgiya)의 신앙고백'을 기억하고 있다.

그는 왕복 만 리萬里 험한 길 걸어서 부처님 친견하고

다시 고향 고다와리 강으로 돌아와 이렇게 고백하고 있다.

〔합 송〕

허리 곧게 펴고 합장하고

저때의 노촌 뻥기야 지켜보면서

간절하게 함께 외우며 깊이 새긴다.

(목탁/죽비~)

　　　"지금 여기서

　　　눈앞에서 볼 수 있고

　　　즉시 이익 되고

　　　탐욕을 소멸하고

　　　고통을 없애는 법~,

　　　부처님께서는 이런 법을 제게 설해주셨습니다.

　　　부처님께 견줄 자는 어디에도 없습니다."

　　　　　－숫따니빠따 5, 18「도피안의 경」15 －

3) '죽지 않아요, 죽지 않아요'~,

　　동포들 앞에 나아가 당당 선포하시오

가) 도반들~, 이제 나가서 '불사不死의 소식' 선포하세요

도반들~,

이제 일어서서 저 동포들과 함께 걸어요.

외롭고 아픈 한우 어머니들과 함께 걸어요.

이름 없는 저 거리의 작은 동포들과 어울려

갈등과 고통의 이 고된 뙤약볕 길 함께 걷고 걸으면서,

명상도 하고 참선도 하고~, 공도 찾고, 우주진리도 찾고~,

'나〔自我〕'도 찾고, '마음'도 찾고~, '부처'도 찾고, '한통'도 찾고~,

'마하반야바라밀'도 찾고~, '아미타불' '관세음보살'도 찾고 … ,

이제 그럴 때가 되지 않았습니까.

이미 너무너무 늦었지만~,

지금이라도 떨치고 일어서서 걷고 걸어야지요.

도반들~,

이제 그만 일어서세요.

그만큼 앉아 있었으면 됐어요.

이제 홀홀 떨치고 일어나 함께 걸어요.

동포들 앞에 나아가 선포하세요.

우물우물 쭈뼛거리지 말고 대놓고 우렁차게 선포하세요.

〔합 송〕

「동포들 들으세요.

죽지 않아요 죽지 않아요.

부처님 따르는 사람들은

죽는 것 가운데서도 죽지 아니하고

빛나는 몸으로 다시 돌아와요'~」

'안녕하세요'~,

따뜻한 미소로 먼저 다가가 인사하면서 거리로 나가 이렇게 '불사 不死의 소식' 크게 외치세요.

밥 한 끼, 커피 한 잔~, 천 원짜리 한 장~, 나누고 섬기면서 이 '불사의 소식' 시민들 앞에 나가 외치세요.

외로운 이웃들 옆에 앉아 가만히 귀 기울여 경청하면서 '죽음'에 짓눌려 두려워하고 방황하고, '천국' '영생'~, 뜬구름 좇는 이 땅의 동포들 시민들~,

그 앞에 나가 이 '희망의 출구' 활짝 여세요.

저때 붓다와 초기대중들은 아침마다 거리로 나가 작고 외로운 동포들 찾아서 무릎 맞대고 둘러앉아 이 '불사의 소식' 전하고 함께 나누었지요.

이것이 불교지요~,

이것이 '붓다의 불교'~, '아라한 불교'~, '보살불교'~,

불교~, 처음부터 이런 것이지요.

나) 오로지 '부처님, 관세음보살님 생각'~,

　'무한하신 원력대로 인도하소서'

2024년 5월 18일(토)~,

광주 5.18 동포들 생각하는 날~,

일어나기 힘들다.

어제부터 등판이 좀 이상하더니, 아침에 심해져서 운신하기가 어렵다. 속은 멀쩡한데 등판이 아파서 깜짝깜짝 놀랐다. 통풍痛風이 발에서 등으로 옮겨간 것 같다. 극도의 통증으로 순간순간 의식을 잃어버릴 것 같다. 이런 속에서도 아침일과를 진행했다. 5.18 동포들 앞에 합장 묵념 올리고, 운동은 못하고, 침상에 누워서, '제행무상諸行無常 제행무상諸行無常~', 마지막으로 '보살의 원생서원'을 고했다.

'보살원생 서원합니다.
보살원생 서원합니다.
원력으로 살고, 원력으로 돌아오기 서원합니다.'

10시 반부터 아픈 몸을 무릅쓰고 글 쓰는 작업을 시작했다.
부처님도 걷고 걷다가 가셨는데, 나도 일하다 가야지~.
김해 관음진 보살이 녹음해서 유튜브에 올리는 '죽지 않아요 죽지 않아요' 원고 작성해서 보내고, 다음 주 금요일 붓다-스터디 강의 원고 4쪽 만들어서 변혁주 도반에게 전송하였다.

12시 점심공양 시간~,
잘 움직일 수가 없어서 대중공양 '못 간다' 통보하고, 팩 죽 하나 데워서 먹었다. 겨우겨우 침상에 누워서 '염불念佛 사띠'에 들어갔다. '염불念佛'의 '염念'이 곧 사띠(Sati)~ 팔정도의 정념正念이다. '염불 사띠'~, 불보살님 지켜보며 일념으로 생각하는 시간이다. 법당 쪽을 향하여 모로 누워서 '관세음보살 정근'을 시작했다.

관세음보살은 내 구세불救世佛이시다.

합성合城 어린 시절~, 웅덩이에 빠져 가물가물하다가 살아난 이후
부터, 관세음보살은 구고구난救苦救難~, 내 평생의 구세불~, 수호
신守護神이다. 몸이 아플 때 무작정 '관세음보살 관세음보살~' 한
다. 어려운 일 만나도, 집안 가족들 무슨 일 생겨도, 무작정 '관세음
보살 관세음보살~' 한다. 치과병원 가서 이 뽑을 때도, 무작정 '관
세음보살 관세음보살~' 한다.

'관세음보살 관세음보살~'

처음부터 신앙信仰이다.

불교는 처음부터 끝까지 신앙이다.

부처님 생각하고, 부처님께 의지하고,

불보살님 찾고 부르는 기복신앙이다.

살거나 죽거나~, 있거나 가거나~,

이 모든 것 다 부처님의 대비원력大悲願力에 맡기는 원력신앙이다.

마음 비우고 지켜보면~,

부처님도 관세음보살님도 나와 한몸 아닌가.

자력이니 타력이니~, 자타自他가 끼어들 여지가 없다.

'부처님~,

무한하신 원력대로 인도하소서.

불보살님~, 관세음보살님~,

있거나 가거나~, 살거나 죽거나~,

무한하신 원력대로 인도하소서~.

보살 원생길 인도하소서~.

세세생생 보살도로 인도하소서.'

마음이 고요하고 편안하다.

두렵지 않다, 흔들림 없다.

'죽음' '사망'이라는 어둔 생각~, 이미 사라져갔다.

'생사일여生死一如'~, 나는 몸으로 느끼고 있다.

죽음은 새 생명으로 가는 출구다.

광명찬란 광명찬란~,

부처님 광명~, 관세음보살님 광명이 눈앞에 찬란하다.

지금 가도 아무 미련 없다.

기쁘고 감사하다.

속환사바速還娑婆~, 빛나는 몸으로 돌아올 것이다.

이것은 신앙이다, 신념~, 원력이다.

무량수 무량광(無量壽無量光, Amitabha Amitayus)~,

참되고 무한한 생명의 빛이다.

지금 오전 11시 25분~,

공부방에서 이 글 쓰고 있다.

몇 년 동안 쓰고 쓰고 또 써온 이 글~,

'죽지 않아요 죽지 않아요'

나의 불교인생 60년 현장 리포트'~,

그 대미大尾를 쓰고 있다.

혹시 갑자기 어떻게 될까봐,

통증을 무릅쓰고 이렇게 서둘러 끝내고 있는 것이다.

다음 일들은 남은 사람들이 잘할 것이다.

촐촐괄괄~,

촐촐괄괄~,

문득 어디선가 물소래 들려온다.

옥천玉川 물소래~, 고향 물소래 들려온다.

〈본문 끝〉

〔후기〕
용설龍舌 호수길 은행나무 아래서

2024년 7월 13일 토요일 오후 1시~,
나는 점심공양을 마치고, 커피를 타서 보안 거사(종무실장), 실상월
보살(법당보살), 광은 보살(공양주 보살) 등 절 대중들에게 시봉하고
주고받고 웃으며 즐거운 시간을 가졌다. '박사님이 탄 커피가 유난
히 맛있다'고 자원봉사 하는 광은 보살이 칭찬하는 바람에 기분이
좋아졌다. 호수길 포행에 나섰다. 절 입구의 숲길을 걸으면서 나무
들 바라보고 손을 번쩍 들고 큰 소리로 외쳤다.

'애들아~,
친순이 친돌이, 삼순이 삼돌이들아~,
나와 놀자~'

절앞 용설 마을의 호수길~, 아름답고 평화롭다.
여기저기 낚시꾼들이 세월을 낚고 있다. 걷다가 작은 밤나무를 만
났다. 애밤송이들이 주렁주렁 달려 있다. 짙은 그린(green)의 아
기밤송이들~, 선들 가을바람이 느껴진다. '아~, 가을이 멀지 않았
구나.'
한참 걸어서 내 수행터에 이르렀다. '수행터'라고 해봤자 작은 쉼터

의 은행나무 그늘~, 내 손으로 간이의자 3개를 모아서 만든 것이
전부다. 은행나무에 기대어 허리 곧게 펴고 앉아 '사띠수행'을 시작
하였다. 매일 하는 일과다.

먼저 '무상 사띠(無常 Sati'~),

'들숨~ 날숨~ 하나~,

제행무상 제행무상諸行無常 諸行無常

일체는 지나간다 사라져간다~,

몸도 마음도 허공처럼 텅~ 비어 있다,

새 생명의 길이 환~하게 열려온다.'

세세생생 보살도를 닦아지이다.

수행 마치고 쉼터 바로 옆에 있는 '정오의 카페'에 들어가~,

내가 좋아하는 라떼 한 잔 마신다.

한없는 평온과 기쁨~, 고요하고 고요하다.

이 글은 2022년 11월 23일 쓰기 시작해서 2023년 12월 13일~, 안
성 죽산면 용설리 도피안사 내 공부방 옥천산방玉川山房에서 본문
을 끝내고 몇 차례 고쳐 쓰고 또 고쳐 쓰고~, 2024년 5월 24일~,
오교五稿로 붓을 놓았다. 출판인연을 찾다가 덕암 거사 박종린 도
반의 주선으로 운주사 김시열 대표를 만나 세상 빛을 보게 된 것이
다. 여기까지 이르도록 힘이 돼주신 우리 가족들~, 절의 대중들~,
동덕 청보리들~, 자비를 나르는 수레꾼들~, 빠리사학교 도반들~,
운주사 친구들~, 오랜 도반 덕암 박종린 거사,

고맙고 고맙습니다.

『죽지 않아요 죽지 않아요』

이 글은 내 개인사個人史 형식을 취하고 있지만, 실로는 1970～1990년대 한국불교 현대사現代史를 현장체험으로 리포트하는 것이고, '해탈' '열반' '불사不死' '한소식' '깨달음'의 허구적 관념덩어리를 부수고, '부처님같이 살아가려고 애쓰고 애쓰는 보살은 빛나는 몸으로 다시 탄생하는 단순명료하고 생생한 무한생명(無量壽 無量光)의 메시지'를 현장상황으로 전하는 것이다.

사랑하는 이 땅의 불자도반들~,
죽음 앞에서 다시는 헤매지 말고~,
'나는 보살이다~,
세세생생世世生生 보살도~,
나는 빛나는 몸으로 다시 돌아와 동포들 함께 걷고 걷는다'~,

굳센 신앙 신념을 가지고 힘차게 당당하게 함께 살아갑시다.

세세상행世世常行 보살도菩薩道
구경원성究竟圓成 살반야薩般若
마하반야바라밀

2024년 7월 27일 玉川山房에서 김재영

무원無圓 김재영金再泳 법사

1938년 마산에서 출생. 마산상고를 졸업하고 서울대 사범대학에서 역사학을 전공하였다. 이후 동국대대학원 불교학과에서 김동화 박사에게서 배우고(문학석사), 동방문화대학원대학교에서 '초기불교의 사회적 실천에 관한 연구'로 박사학위를 받았다. 1984년 이후 지금까지 동방불교대학 교수로 '현대포교론'을 강의하고 있다.

1970년 동덕불교학생회를 창립한 이래 '우리도 부처님같이'라는 기치를 내세우고, 청소년 청년 대학생 중심의 '청보리운동'을 전개해왔다. 「보리誌」, 『룸비니에서 구시나가라까지』, 『우리도 부처님같이』를 출간하였고, '연꽃들의 행진' '붓다의 메아리' '판소리 佛陀傳' '전국지도자강습회' '전국청소년연합수련대회' 등을 통하여 1970~80년대의 한국불교 중흥운동을 견인해왔다.

1999년 동덕여고 명퇴 이후 지금까지 안성 죽산 도피안사 玉川山房에서 수행중이다.

죽지 않아요, 죽지 않아요

초판 1쇄 인쇄 2024년 12월 9일 | 초판 1쇄 발행 2024년 12월 17일
지은이 김재영 | 펴낸이 김시열
펴낸곳 도서출판 운주사 (02832) 서울시 성북구 동소문로 67-1 성심빌딩 3층
        전화 (02) 926-8361 | 팩스 0505-115-8361
ISBN 978-89-5746-861-6 03220   값 25,000원
http://cafe.daum.net/unjubooks 〈다음카페: 도서출판 운주사〉